本书得到教育部人文社会科学研究青年基金资助（项目名称："当代西方社会学中的建构主义思潮研究"，项目批准号：10YJC840098）；同时也是"江苏省高等学校优势学科建设工程资助项目"

紫金社会学文库

主编 周晓虹

郑 震 著

另类视野
——论西方建构主义社会学

中国社会科学出版社

图书在版编目（CIP）数据

另类视野：论西方建构主义社会学／郑震著．—北京：中国社会科学出版社，
2014.11

ISBN 978 - 7 - 5161 - 4475 - 6

Ⅰ.①另… Ⅱ.①郑… Ⅲ.①建构主义—社会学—研究—西方国家
Ⅳ.①C91 - 06

中国版本图书馆 CIP 数据核字（2014）第 143648 号

出 版 人	赵剑英	
责任编辑	王　茵	
特约编辑	崔芝妹	
责任校对	任晓晓	
责任印制	王　超	

出　　版	中国社会科学出版社	
社　　址	北京鼓楼西大街甲 158 号（邮编100720）	
网　　址	http://www.csspw.cn	
	中文域名：中国社科网　　010 - 64070619	
发 行 部	010 - 84083685	
门 市 部	010 - 84029450	
经　　销	新华书店及其他书店	

印　　装	北京君升印刷有限公司	
版　　次	2014 年 11 月第 1 版	
印　　次	2014 年 11 月第 1 次印刷	

开　　本	710 × 1000　1/16	
印　　张	18	
插　　页	2	
字　　数	286 千字	
定　　价	55.00 元	

凡购买中国社会科学出版社图书，如有质量问题请与本社联系调换
电话：010 - 64009791

编委会

总　序

周晓虹

　　2012 年，凭借南京大学"985"三期建设工程和江苏省人民政府"江苏高校优势学科建设工程"的资助，我们与社会科学文献出版社合作，推出了《孙本文文集》（十卷本）、《柯象峰文选》（一卷本）和《乔启明文选》（一卷本），将 1949 年前南京大学的前身——国立中央大学和金陵大学最有代表性的几位社会学家的著作重要刊印于世；与中国社会科学出版社合作，推出了《紫金社会学论丛》（十五卷本），将 1978 年改革开放以来暨中国社会学重建 30 年中，南京大学社会学学科教授们最主要的学术论文集结成册。当时，我们写道："从某种程度上说，这两套丛书，就是 80 余年来（自然其中有 30 年的断裂）南京大学社会学学科的主要精华之所在。"①

　　这样的叙述，是想表明我们欲图通过这两套丛书的编辑出版，对南京大学社会学系及其前身中央大学社会学系和金陵大学社会学系 80 余年的精神传承和学术成就进行一番系统的梳理和展示。我们为前辈们的成就而骄傲，也为吾辈自己的努力而欣慰。但是，我们没有忘记，除了过去，我们还有未来。

　　所谓我们还有未来，是指人类社会的繁衍、运行和进步不会完结，只要人类存在一天，我们就会对探究社会秩序和社会行为的奥秘怀有浓郁的热情和不懈的兴趣；所谓我们还有未来，是指中华民族的伟大复兴才刚刚

---

① 参见周晓虹《社会学学术共同体的锻造与延续》，《紫金社会学论丛（代序）》，中国社会科学出版社 2012 年版。

开始，近代以来我们的民族落后得太久，因而我们对通过自己的努力重新立于世界民族之林的想法非常真切，我们深信我们现在的尝试即所谓中国经验和中国体验对人类社会的发展与进步不会没有自身的价值；所谓我们还有未来，是指南京大学社会学系及在此基础上建立的社会学院，她的数十位教师及更多的后来者们都立志继续以社会学及社会科学研究为自己终生的志业，他们脚踏实地、兢兢业业，但他们同样抱负宏大、目光深远。

我们还有未来，决定了我们不会停止我们的观察、我们的讲授、我们的写作，也决定了我们有必要将上述 80 余年的社会学学科历史延续下去。近几年来，我们一直在继续努力：继 2004 年和 2008 年在教育部主持的第一次和第二次学科评估中取得社会学学科全国第五名和并列第三名的成绩之后，2012 年我们又进了一步，在第三次学科评估中取得了全国第三名的好成绩；2013 年我们主持的"社会学的国际化与本土化：为社会建设培养复合型创新性人才"项目，获得江苏省优秀教学成果特等次；2014年，在刚刚结束的"江苏优势学科建设工程"第一期成果评估中，我们又取得了"优秀"的成绩，并顺利进入第二期建设立项学科之列。这一切既说明了南京大学社会学学科的发展没有停步，也为我们与中国社会科学出版社继续合作，出版这套以个人原创首发为主的《紫金社会学文库》提供了基础。

出版《紫金社会学文库》目的是为南京大学社会学学科的教师们尤其是年轻的博士们出版自己的学术著作提供一个优质平台。长期以来，从事社会科学的教师们尤其是年轻的教师们出版自己的学术著作十分困难，他们用几年的时间写出的学术著作包括一些颇具分量的博士学位论文常常因为这一困难而束之高阁，无缘与更多读者见面。这不仅耗费了他们的心血，耽误了他们的职称晋升和个人进步，更重要的是影响到学科内部的良性竞争和中国社会科学的繁荣。为此，南京大学社会学院决定在出版《紫金社会学论丛》之后，继续与中国社会科学出版社合作，遴选本学院包括优秀博士论文在内的社会学学术著作，出版《紫金社会学文库》。我们希望《紫金社会学文库》的出版不仅使南京大学社会学学科及其学术共同体能够获得进一步锻造和延续的机会，也使得处在社会转型与巨变之中的中国社会学能够听到我们或浑厚或清脆的声音。

目 录

导论　西方建构主义社会学的问题意识 ……………………… （1）

　第一节　实证主义和实在论 …………………………………… （1）

　第二节　相对主义 ……………………………………………… （8）

　第三节　主客体二元论 ………………………………………… （12）

　第四节　语言与符号 …………………………………………… （18）

　第五节　从实践入手 …………………………………………… （26）

　第六节　本书的计划 …………………………………………… （30）

第一部分　本体论问题

第一章　从主体的视角看 …………………………………… （35）

　第一节　模棱两可的开端 ……………………………………… （35）

　第二节　社会作为突生的建构 ………………………………… （42）

　　一　继续一种模棱两可：主我与客我 ……………………… （42）

　　二　关系、事件与过程 ……………………………………… （51）

　第三节　生活世界的基础性 …………………………………… （62）

　　一　主体视角中的意义问题 ………………………………… （62）

　　二　日常生活世界的基础性与多重实在 …………………… （72）

　　三　日常生活的秩序建构 …………………………………… （78）

　附录："总体性机构" ………………………………………… （87）

第二章　转向客体 ……………………………………………… （96）

第一节　让权力说话 …………………………………………… （96）

第二节　符号的独白 …………………………………………… （109）

　　一　总体性的符号统治 …………………………………… （109）

　　二　时尚 …………………………………………………… （119）

　　三　象征交换 ……………………………………………… （124）

第三章　本体论的综合 ………………………………………… （127）

第一节　过程社会学 …………………………………………… （127）

　　一　结构与过程 …………………………………………… （127）

　　二　个体与社会（形态） …………………………………… （135）

第二节　实践理论 ……………………………………………… （145）

　　一　场与习性的双向关系 ………………………………… （145）

　　二　符号暴力 ……………………………………………… （151）

第二部分　认识论问题

第四章　早期的多样性 ………………………………………… （161）

第一节　主观性与客观性 ……………………………………… （161）

　　一　价值关联和价值中立 ………………………………… （161）

　　二　主观形式与客观性 …………………………………… （165）

第二节　实用主义与科学假设 ………………………………… （172）

第三节　生活世界与客观性 …………………………………… （177）

　　一　现象学的社会学 ……………………………………… （177）

　　二　理解与对再现性认识的批判 ………………………… （185）

第五章　批判客观主义和绝对主义 …………………………… （188）

第一节　人文科学 ……………………………………………… （188）

第二节　迈向虚无 ……………………………………………… （194）

第六章　在主观与客观之间 ……………………………………（198）

　第一节　投入与超脱 ………………………………………（198）

　　一　自然科学与社会科学 ………………………………（198）

　　二　过程社会学视野中的知识 …………………………（202）

　第二节　社会的客观性 ……………………………………（210）

结论　对可能性的展望 …………………………………………（216）

　第一节　天人合一 …………………………………………（218）

　第二节　建构的实在论 ……………………………………（225）

　　一　基础存在方式 ………………………………………（226）

　　二　认识的可能性 ………………………………………（234）

参考文献 …………………………………………………………（242）

主题索引 …………………………………………………………（251）

人名索引 …………………………………………………………（273）

后记 ………………………………………………………………（278）

导论　西方建构主义社会学的问题意识

第一节　实证主义和实在论

在当代西方社会学的领域中，建构主义（constructionism）已经成为一种挑战传统主流社会学立场的重要力量，它从认识论和本体论上试图并且正在颠覆着某些思想在西方社会学中的主导地位，这些思想主要是指实证主义（positivism）和实在论（realism）。不可否认的是，在实证主义和实在论之间无疑存在着诸多的分歧，其中最为核心的也许就是有关不能被经验直接观察或检验的实在的争论，实证主义者的经验主义立场使之拒绝此种实在的论调，而实在论者则对之情有独钟，结构主义者无疑是后者的一个重要代表（贝尔特，2002：2—3，252）。不过在社会学的历史中，实证主义者并非一味地拒斥诸如社会结构这种无法被直接观察到的实体的假设，调和的倾向早在孔德那里就已经出现，其重要的表现就是赋予实在论所假设的某些实体（如社会结构）以经验的实在性，因此孔德宣称社会整体或结构是经验事实，它甚至比组成它的部分更易于经验的观察和认识（哈耶克，2003：251—252）。而涂尔干有关社会结构的实在论立场无疑正是延续了这一传统。① 不过我们无意在此执着于有关它们之间的差异或调和的讨论，我们所关心的是它们作为建构主义的对立面所共同构造的认识论和本体论形态，我们将看到它们之间依然存在着许多共同之处，当然它们也可能为这个形态作出独特的贡献。

我们无意于在此详尽地分析各种实证主义和实在论的重要分支和类型，我们并不否认它们之间所可能存在着的差异甚至对立，我们所关心的不过是就建构主义而言实证主义和实在论作为批判和超越的对象可能显示出一个怎样的整体轮廓，② 这个整体的人为性是毋庸讳言的，它只是出于我们研究的需要而人为建构的靶子，我们最大限度地忽略了那些矛盾和冲突，但这不是对历史和事实的歪曲，它只是为了清楚地表明，

———————————

① 事实上，自然科学也同样面对无法在经验上被直接观察到的实体和过程的问题，如运动的分子及其质量、各种力和能量等，因此在这里所涉及的问题上，自然科学和社会科学的差异并不在于前者的对象都是经验上可直接观察的，后者则包含不可被直接经验的对象。不同的地方在于，自然科学有关那些理论上不可观察的东西的理论可以推导出一些可以在经验上加以检验的蕴含，从而将理论所设想的实体和过程与那些理论能解释、预测和回溯的经验现象相联系（亨普尔，2006：111，112），并一定程度地证实或证伪理论所假设的实体和过程的存在，尽管无法最终确定（亨普尔，2006：122）。而当社会科学试图建立这种联系的时候（如把行为和心灵联系起来），却面临了更加复杂的状况和不确定性。换句话说，社会科学难以像自然科学那样以相对较为稳定的联系来说明那些不可直接观察的东西的实体性，相反社会科学的尝试倒更多地表明诸如心灵和社会结构也许并非实体。经验的观察表明，个体的行动并不是对外部刺激的机械反应，但社会科学无法基于行动就以自然科学的效力证明存在着所谓的心理实体，因为经验的观察同时还表明个体也不能为所欲为，同样的行动完全可以支持相反的假设（如存在着支配行动的社会结构这样的外部实体）。由此支持其中的一方来反对另一方都将是不明智的，似乎唯一明智的做法就是保留两种相互对立的实体的假设，但平行论同样无法解释经验所描述的现象，因此顺理成章地似乎应该是设想两种实体之间的相互作用和相互生成，但设想一种实体必须依赖于另一种实体的作用才得以存在，即便那另一种实体的存在也同样需要以它的作用为条件，这种循环论证充其量只是对平行论的实在论所反对的那种还原论的一种调和，并不可避免地削弱甚至破坏了实体假设的说服力，这也就是为什么历史上的实在论者更多地采取了唯物论和唯心论的一元论立场，以避免还原论对实在论的损害。但正如我们已经指出的，这种做法并不能够有效地排除相反假设的存在，从而表明其立场不过是一种先入为主的偏见。

② 我们将看到建构主义也只不过是对一系列具有某些重要相似性的立场的统称，它们之间完全可能在其他方面有所不同甚至尖锐对立，以至于根本就不存在一个逻辑上完全一致的整体，它们充其量只是具有维特根斯坦所谓的"家族的相似性"（Wittgenstein, 1953/1999: 32；布尔在其以心理学为背景的社会建构主义研究中，针对社会建构主义者援引了同样的观点，参阅 Burr, 2003: 2, 15）。这里不仅存在着当代建构主义社会学内部的分歧，而且还存在着西方社会学历史中的不同的建构主义立场之间的差异。本书将围绕着各种建构主义的议题来阐明这些建构主义立场之间的关系形态。

建构主义将在哪些方面与实证主义和实在论交锋或分道扬镳（与其说我们是基于实证主义和实在论的历史形态来建构我们的模型，还不如说我们更多地是从建构主义批判的视角出发来建构一个为了建构主义的模型）。与此同时，我们也将忽视实际的作者在思想上可能存在的各种变样，纯粹类型的建构不可能兼顾个别立场的千差万别。因此我们可以说，西方社会学的实在论在认识论上主张一种客观主义和绝对主义的真理观，它主张知识是对其对象的一种符号的或观念的反映或再现（representation），这一反映具有绝对的客观性，即它并不预设任何具有主观性的前提条件，观念就如同一面平滑的镜子真实地反映着对象。这一立场无疑被实证主义者所分享，后者进而强调社会学的知识显然应当由符合因果决定论的判断所构成，这已经隐含了一种本体论的预设，即实在论者所断言的那个"独立于我们有关它的表象而存在的外部世界"（Burr，2003：22—23）遵循着机械的决定论法则。换句话说，社会学的对象作为独立于社会学观念的客观实体有其自在的普遍规律性，或者说有其固有的因果决定论的本性，而社会学的研究者正是要通过客观的方法来获得与其对象相一致的规律性的知识。这一思路延续了古老的本质主义传统，我们将看到反本质主义（anti-essentialism）是建构主义的一个重要特征（Burr，2003：5—6；Allen，2005：36）。正如我们已经指出的，严格意义上的实证主义者基于其经验主义的信念而倾向于拒绝无法被直接经验或无法以推论的方式在经验上加以检验的实在的预设，这导致实证主义者和实在论者在因果说明问题上的分歧（贝尔特，2002：254，255）。严格意义上的实证主义者既反对诸如社会结构这样的外部实体的预设，也反对主体主义中有关内在性的实在论，后者主张主体的心灵是一种本体的实在，它具有其固有的本性，后者是解释社会现象的逻辑前提。当然，我们的讨论仅仅是理念类型式的，实际分享了此种内在本质主义思路的理论完全也可能带有浓厚的实证主义色彩（正如我们已经指出的，客体主义的实在论也存在类似的现象），如试图以客观化了的信仰、欲望和理性倾向来解释个体行动的理性选择理论就是一个很好的案例（参阅 Bohman，1991：18—30）。此外，并非所有坚持内在性思路的作者都赞同有关实体的提法，例如，经验主义者休谟无疑是笛卡尔之后的个人主义哲学传统中的一员（Elias，1991a：9），其哲学倾向于以个体的主观经验和本性作为逻辑的出发点，但他却明确否定了灵魂是实体的观点（Hume，1999：250，254）。他反对唯物主义者将所有的思想和广延（extension）联系在一起，同时也批判唯心主义以一个简单和不可分的实体来解释思想与知觉，主张各知觉之间的差异与区分使得它们不可能表现为一个实体的活动（Hume，1999：239，245）。虽然在休谟看来，与唯心主义的无法理解的实体假设相比，唯物论者的观点在经验上似乎有部分的合理之处（在部分的情况中物质和运动可以被想象为是思想的原因），但是同样不能将灵魂视为一个物质实体。再如，尽管胡塞尔的现象学无可争议的是笛卡尔的主体性视角在 20 世纪的重要继承人（有关笛卡尔的问题我们将随后讨论），但他却明确反对笛卡尔的先验实在论（胡塞尔，2002：33），不过这丝毫也不妨碍建构主义将凸显主体地位的胡塞尔的现象学作为批判的重要对象之一。事实上，胡塞尔尽管反对将其所谓先验自我解释为一种实体的存在，但他丝毫也没有因此而否认这一自我的真实存在和本体论地位，他的先验主义和本质主义倾向与实在论相比有过之而无不及，我们甚至可以认为，胡塞尔对笛卡尔的先验实在论的批判丝毫也不意味着他自己的理论更好地摆脱了相关的风险，就如同他对心理主义的批判丝毫也没有能够使他有效地摆脱唯我论的风险，因为问题的实质并非只是某个概念词汇的使用与否，而是这一概念所被赋予的观念内涵是否被有意或无意地加以遵循。事实上，一个作者完全可以不再使用"实体"或"实在"这样的字眼，但是他却依然共享着那些实在论者的理论精神，如对本质主义的内在性或外在性的坚持，对本质主义的内在性或外在性的本体论或存在论优越性的强调，等等，这使得我们有必要指出，建构主义的批判绝不仅仅是词汇的批判，当我们使用诸如"实在论"这样的概念的时候，也并非只是执着于某个词汇自身的魅力，相反，我们意在以其揭示某种观念的立场，如果这一观念以各种变样的方式超出了某个词汇的范畴，那么这只能表明我们不应当拘泥于个别的词汇。因此不应当教条地使用我们在此所谈论的实证主义和实在论这样的字眼，它们意在传达出某种或某些立场，这并不意味着那些并未使用这些概念的作者就一定能够豁免于建构主义的批判。我们之所以使用这些概念是因为它们的确能够最大限度地为我们勾勒出反建构主义的认识论和本体论形态，而且这些概念也的确作为反建构主义的概念而具有重要的社会历史意义,这将很容易通过对历史的简要梳理来加以证明。

我们以粗略的线条勾勒了一幅由实证主义和实在论所共同组建起来的反建构主义立场的图景,它的整体性完全取决于同建构主义之间的对立,否则其内部的张力将立即导致难以调和的分裂。[①] 不过我们显然不能仅仅满足于此种抽象的勾勒,对其思想史乃至社会史的谱系进行简要的澄清,无疑将有助于我们进一步地理解它们的实质。我们无意于对此进行过多的阐述,我们将把关注的焦点仅限于西方近现代社会和思想的历史范畴,这使得我们不可避免地遭遇启蒙运动的思想先驱之一笛卡尔,他不仅在认识论上是实证主义和实在论真理观的一个重要来源,而且也为本体论上的实在论奠定了重要的基础。可以说近现代西方思想中的认识论和本体论的二元论在思想上都滥觞于笛卡尔的启发,正是笛卡尔在思想上澄清了统御现代性的二元论思维方式,尽管这当然并不意味着一种个人主义式的解释。[②] 我们无意否认笛卡尔思想之对西方传统理念的继承和发展,例如其身心二元论之与古希腊哲学乃至基督教哲学所发展的精神与物质的二元论的重要关系(罗素,1976:91),其对世界的理性主义的态度和有关自然世界中存在各种一致性的假设显然来自于基督教神学的影响(米德,2003:1,2,9,328),其关于主体的论点也并非前无古人(罗素,1976:87—88),而有关实体的议论更是从亚里

---

① 孔德和涂尔干式的调和与其说是解决了问题,还不如说是把他们的整体主义的实在论强加给了经验主义,从而人为地将问题加以压制。因为他们没有能够向我们富有说服力地揭示社会结构或社会整体是如何被经验所直接观察到的,他们只是一厢情愿地宣称这个整体的客观实存性和经验的可观察性,正是这种从有关社会整体的先入之见出发,将社会整体或社会结构加以实在化和经验化的独断做法,才使得一些人将孔德的实证主义说成是一个唯心主义体系(参阅哈耶克,2003:252),而帕森斯则批评涂尔干在社会事实问题上的观念实在论,从而指责他陷入了唯心主义(帕森斯,2003:496,497)。这里围绕整体论所展开的批评并不意味着我们对个体主义的路径采取默许的态度,相反,以上对从方法论整体主义视角所展开的调和论的批评,同样适用于任何试图从方法论个体主义的视角出发对实在论和实证主义所进行的类似调和。

② 我们通常将本体论上的二元论称为主客体二元论,将认识论上的二元论称为主客观二元论,不过在不易引起误解的情况下,为了行文的方便,并且考虑到本体论对认识论的分析上的奠基地位(这不是一种不可逆的单方面决定,不是将认识论彻底还原为本体论,更不是将认识论和本体论视为彼此外在的两个层次,我们将在后文阐明这一点),我们倾向于将它们笼统地称为主客体二元论(当然也不排除相反情况的可能)。在主体和客体、主观和客观这两对概念的使用上也存在着类似的现象(当然在不引起误解的情况下,我们也会根据言语的习惯来用一方替代另一方)。

士多德哲学至经院哲学而发展的老话题，如此等等；然而这些都不能否认笛卡尔及其时代在西方近现代历史中所具有的重要的开端作用，这些影响的意义并不是简单的复制和继承，也不具有必然的因果推论的作用，笛卡尔哲学为相关议题所注入的时代的科学精神和人本主义色彩便足以诠释一种分离或断裂，只不过并不存在所谓的绝对断裂或开端，即便是最彻底的变革也少不了历史影响的唤起作用（郑震，2009：15—17）。

在认识论上，笛卡尔十分清晰地展现了一种实在论的真理观，他断言对象以某种方式客观地存在于理智之中，这无疑是再现论或反映论真理观的最为典范的表述："'理智中的客观存在'在此并不意味着'由一个客体来决定理智的一个行动'，而是意指客体以如下的方式在理智中的存在，在这种方式中理智的对象是正常地存在在那里的。我的意思是太阳的观念就是太阳自身存在于理智中——当然不是形式上存在着，就像它在天上那样，而是客观地存在着，也就是说，以这样一种方式，在其中客体正常地处于理智中。现在这种存在的模式当然没有外在于理智的事物所拥有的那种存在模式完美；但正如我所说明的，它并不因此而只是虚无"（Descartes，1986/1999：85—86）。此种认识论的实在论与对客观世界的机械论和决定论的论断相结合，构成了日后成长起来的实证主义认识论的重要基础。尽管笛卡尔以其理智主义的态度为认识论的客观主义奠定了基础，从而没有主张一种认识论的主观相对主义（它具有一种怀疑主义的倾向——这里的"相对主义"一词是在流俗的含义上被使用的，我们将在后文表明，我们对相对主义一词的理解要远为宽泛），但是他赋予心灵在认识活动中的基础地位的做法（这不应当混同于我们在此所说的主观相对主义）却深刻影响了西方认识论的走向。笛卡尔对心灵主体在认识活动中的最初本原地位的强调（笛卡尔，2000：67）直接导致了人们对认识的主观性的重视。罗素写道："出自笛卡尔的一切哲学全有主观主义倾向，并且偏向把物质看成是唯有从我们对于精神的所知、通过推理才可以认识（倘若可认识）的东西。欧洲大陆的唯心论与英国的经验论双方都存在这两种倾向；前者以此自鸣得意，后者为这感到遗憾"（罗素，1976：87）。罗素在此所言的"主观主义"其实是一个宽泛的提法，它同时囊括了我们所谓的认识论上的客观主义和主观（相对）主义。实际上，秉承了笛卡尔倾向的英国经验主义就发展出一种怀疑论的立场，这与笛卡尔本人的基于科学理性和意识哲学的客观主义立场恰成对照（我们可以将其视为笛卡尔思想的一个意外后果）。

在本体论的方面，笛卡尔虽然没有抛弃有关神这一绝对实在的论调，但这不过是为心物实在论提供一个形而上学的依据（参阅 Descartes，1986/1999：31），心物实在论才是笛卡尔哲学的历史意义所在。他将心灵视为自由意志的主体，将物质世界视为由机械论和决定论的法则所支配的领域，这两种截然不同的实在的任何一方都不能决定另一方，这一心物二元论的划分明确开启了后世有关本体论上的二元论的争论（郑震，2009：30）。笛卡尔在其认识论中对理智心灵的基础地位的强调与其关于心灵的实在论一同影响了后世西方思想中的主体性的视角，这一视角经由康德的发展而作为一种主体主义的哲学人类学在西方的思想中打下了深刻的烙印。这其中当然少不了由基督教所开创的个体主义精神的深远影响（参阅迪蒙，2003：22）。这一切共同参与塑造了西方社会学中的主体视角和方法论个体主义的立场。不过虽说笛卡尔对心灵的实在显示出了某种认识论上的侧重，但他依然是一个心物二元论者，他有关物质世界遵循机械论和决定论法则的论断对后世的科学精神产生了重大的影响，这一影响主要在 19 世纪被法国的实证主义者推广到了关于社会现象的研究之中（哈耶克，2003：117）。这一转变并非突然，它体现了对 19 世纪的西方人而言，随着控制自然的能力大大增强，认识自然的问题不再像过去那样显得紧迫，虽然问题本身并没有被彻底解决，但是主体和自然客体之间的对立变得不再重要了（Elias，1991b：125）。相较之下，在法国大革命和英国工业革命的推动下，社会问题成为 19 世纪思想领域的一个重要话题，面对动荡的社会，19 世纪法国的浪漫保守主义者（如圣西门和孔德）宣称社会是一个拥有维持秩序的自主力量的独立自主的实体（叶启政，2004：93），这一思想通过涂尔干的"社会事实"这一概念而在社会学的领域中获得了重要的地位，其具有浓厚的整体主义色彩的实在论立场（我们忽略了此种现代整体主义的产生所包含的大量历史细节，相关问题可参阅迪蒙，2003）被方法论个体主义者哈耶克斥为是唯科学主义的观念实在论的错误（哈耶克，2003：52）。由此笛卡尔的心物实在论中的物的一方，便一定程度地在 19 世纪被伴随着资产阶级的兴起而兴起的市民社会所取代了，这一社会被涂尔干视为拥有其固有的存在和固有的本性的客观的精神实体（涂尔干，1995：12，18，20），涂尔干甚至赋予它"物"的名称（涂尔干，1995：35），尽管社会事实并不是物质之物。此"物"对彼"物"的替代，既昭示了社会历史的变革和社会学的兴起，同时也颇为戏剧性地暗示了思想史的曲折传承和精神继替。而笛卡尔的心物二元论也就在社会学的领域中很大程度上被所谓的个体与社会的二元论所取代了（后者无疑是前者的众多变样之一）。

第二节　相对主义

到此我们不难看出，作为建构主义的重要对手的实证主义和实在论思想不过是笛卡尔影响之下的启蒙运动以及其后的社会历史发展的产物。那么这是否意味着当代西方社会学的建构主义仅仅是一个当代的产物，并且可以被理解为是对启蒙运动的一种反抗或背叛？答案只能是否定的。这不仅是因为社会学的建构主义并非只是起源于当代，事实上早在社会学发展的早期，建构主义就已经显露端倪，且在之后的历史中一直若隐若现，只不过直到 20 世纪的中后期，伴随着被人们寄予厚望的主流社会学在 60 年代应对社会问题时陷入严重危机，以及西方资本主义在第二次世界大战之后的迅速发展导致了所谓的消费社会的兴起和消费文化的扩张——文化问题成为社会学的核心问题之一，加之资本主义的全球化扩张所带来的多元文化对文化中心主义的冲击，以及 20 世纪末期由互联网所推动的网络信息化的发展所带来的网络社会的去中心化（参阅波斯特，2001：23，45）[①] 等，建构主义才在西方社会学的领域中发展为一种较具主流性质的思潮，并引起了人们广泛的关注；但更重要的是，建构主义的思想与它所反对的实证主义和实在论一样与启蒙有着复杂的关联，事实上，启蒙本身并不是一个同一性的过程，笛卡尔的

[①]　我们引用这一"去中心化"的意图并非是要主张一种绝对自由或无约束的发表意见的状态，而是相对于传统主流媒体的支配模式而言的。事实上，在互联网中并不缺少各种监控和支配的力量，只不过它们更为隐蔽，它们对话语的多样性的控制更为被动（与传统主流媒体相比，互联网为各种非主流的声音提供了更大的空间，它们更难被事先检查和控制），它们更难保持一种高度垄断的地位。

理智主义和意识哲学固然占据了主导地位，但这并不妨碍具有不同精神气质的思想也同样在孕育和成长，① 我们可以笼统且宽泛地将这种思想称为是相对主义（我们刚刚提到的那些 20 世纪中后期的社会现象无疑是促进相对主义在当代西方社会学中扩张的重要条件）。② 对此，我们可以看到斯宾诺莎将善与恶、条理与紊乱、冷与热、美与丑、褒和贬、功和罪等观念归咎为人的心理状态和想象，从而拒绝把它们视为事物本身所固有的属性（斯宾诺莎，1983：41，42，169）；我们可以看到帕斯卡尔以人心的理智来质疑笛卡尔的万能理智（Pascal，1931/1999：2，78，79），并肯定人的局限性和质疑绝对的真理（郑震，2009：46—50）；我们还可以看到英国经验主义的怀疑论倾向；看到康德反对纯粹理性能够认识自在之物，主张主体只能基于自身先天的感性直观和知性范畴来获得对现象的认识（康德，2004：25，39—40，108，109），从而无意中极大推进了主观相对的思想倾向的发展；看到黑格尔有关绝对或真理在时间中生成的哲学；看到马克思的历史唯物论对人之存在的社会历史性的肯定；以及尼采的透视主义和海德格尔断言人之存在的意义是时间性；等等。这些从启蒙时代直至 20 世纪的哲学思想以不尽相同的方式推动了相对主义的发展，尽管这并不总是作者本人的意图所在，甚至完全可能是作者本人所反对或部分反对的，例如，斯宾诺莎的哲学中并不缺少笛卡尔的理智主义的烙印，其有关实体的形而上学论断则毫无疑问地排除了时间性的意义（郑震，2009：38，39）；康德主张人的心智给自然立法的做法正是为了应对由休谟的怀疑论所引发的危机，他"在休谟已建立的经验世界的界限内发现了必然性和普遍性"（米德，2003：48）；黑格尔的生成的真理虽然肯定了时间所具有的重要性，但真理的生成所走过的是一个封闭的圆圈（黑格尔，1979：11），这本身就是一种绝对主义的形而上学；而马克思以其历史唯物论所试图揭示的

---

① 当流行于西方中世纪的上帝这一绝对权威的地位开始松动之后，在明显有其局限性——即便是肯定了人的自由意志在本质上并不逊色于神的笛卡尔也不能否认这一点（Descartes，1986/1999：40）——的人类主体的地位开始上升的过程中，在神学的意义上被高度压制的各种怀疑的可能性终于获得了更为充分的释放空间。

② 我们对此词的宽泛性使之区别于各种习惯性的用法，尤其区别于那些仅仅把相对主义一词等同于不可知论的消极观点，我们将在以后的论述中逐步阐明我们对相对主义的理解。

却是现代资本主义社会经济运动的自然规律，它具有铁的必然性（马克思，2004：8，9—10，10，874）；此外海德格尔在谈论真理本质的相对性的同时，却又强调真理的本质的真理的不变性（海德格尔，2002：163），如此等等。这恰恰表明推动建构主义形成的相对主义精神的发展经历了曲折的过程，而如此众多风格各异的作者的参与也暗示了相对主义思潮恐怕很难具有一个完全同一的整体面向，事实也正是如此，这不可避免地影响了建构主义的内在分化和发展。本书的研究将揭示，"相对主义"一词涵括了从极端的怀疑主义到较为温和的相对主义的广阔空间，这在一定程度上促成了不同风格的建构主义思想。相对主义既是将建构主义与实证主义和实在论区别开来的主要精神，也是将建构主义内部分裂开来的重要因素之一。

当然，深刻影响了社会学建构主义之生成的相对主义精神的发展并不仅仅是哲学史内部的过程，西方现代自然科学的发展和巨变以及相关的科学哲学的诠释无疑也是相对主义精神得以丰富和发展的一个重要来源，其对社会学建构主义的发展具有直接的重要性。伴随着非欧几何、相对论和量子力学等现代数学和自然科学思想的发展，统治传统科学思想的牛顿—笛卡尔的决定论的认识论模型失去了其支配的地位。这绝不仅仅是人们针对同样的对象用一些新的证据推翻了旧证据所支持的假设，从而改进了科学研究的结论，而是一场关于世界观的激进变革，它意味着原本被决定论、机械论和还原论所统治的认识论模型让位给强调或然性、不确定性、复杂性和相对性的非决定论的模型。巴什拉写道："简言之，我相信科学正开始将它的论证建立在尝试性的、复杂的模型之上，简明的观念被保留给特定的并且总是暂时的目的"（Bachelard，1984：163）。牛顿—笛卡尔的认识论模型主张发现绝对时空中的机械的因果法则，它一方面相信决定论是客观世界所固有的特性，另一方面则主张客观的知识应当具有决定论的先天形式（Bachelard，1984：101）。然而，正如巴什拉所指出的，现代自然科学的发展充分揭示了传统自然科学所展现的决定论的自然秩序不过是通过技术手段人为简化的产物，它不可避免地依赖于蓄意的选择，是人为排除各种干扰和所谓的不重要的现象的结果，尽管此种不重要往往只是表明了无法对之加以思考而已（Bachelard，1984：104，108）。"自然的真正秩序是我们凭借由我们自行支配的技术手段而放入自然之中的"（Bachelard，1984：108）。这一论断完全颠覆了客观主义的反映论思想的绝对主义迷信，指出了科学的认识论和方法论本身就是一种人为的理性建构，科学绝不仅仅是在客观的实在中发现实在所固有的规律，科学所给出的世界的图像已经包含了科学的视角。如果说传统的自然科学对其理智主义的（intellectualistic）先入之见缺乏自我意识，那么 20 世纪的自然科学则通过承认时空的相对性，通过反对将因果关系等同于决定论，通过正视复杂性、不确定性和或然性的重要意义，从而以一种非决定论的世界观揭示了那个先入之见的历史局限性。不仅如此，新的科学正因为放弃了理智主义的狂妄自大而重新审视自己的地位，它不再盲目地信奉所谓的绝对真理，它接受了一种科学的怀疑主义，这不是不可知论的虚无主义态度，而是一种理性的审慎，因此"对科学而言，真理不过是对不断出现的错误的一种历史的纠正，而经验则是对共同且基本的错觉的一种纠正"（Bachelard，1984：172）。巴什拉称之为一种新科学精神的出现，换句话说，20 世纪的自然科学并不因为颠覆了牛顿—笛卡尔的宇宙观而自诩获得了绝对的真理，它放弃了这一自相矛盾的主张，新科学的精神就在于不断地寻求自我否定与超越，不再迷信任何绝对的话语。

即便是像亨普尔这样的实证主义者在面对巴什拉所描绘的新科学精神以及相关的科学哲学思想的冲击下，也不得不承认："科学假说或理论不能结论性地为任何一组有效的资料数据所证明，而不论这组资料数据有多么精确和广泛。这件事对断言或蕴含一般规律的假说或理论来说更加明显……因此，严格地说来，在科学中判决性实验是不可能的"（亨普尔，2006：42—43）。亨普尔一针见血地指出了经验知识的真理性无法被最终确定，因此经验知识所假定的实体无论得到多么强大的经验资料的支持也不可避免地包含了建构的特征，它必须对未来的检验敞开，这同时也就意味着尽管科学总是试图寻找所谓的普遍的法则，但我们却无法一劳永逸地确定此种法则的存在，绝对的普遍性不过是一种形而上学的幻觉。正如米德所强调的，科学的法则不应当被视为定论（米德，2003：316—317，318）。不仅如此，亨普尔还指出，人们不可能无前提地收集经验资料，也不可能仅仅依据问题去收集经验资料，而是必须依据由问题所引发的假设来收集相关的资料（亨普尔，2006：19，

20）。这意味着科学的观察不可能是无前提的绝对客观的活动，总已经有某些先入之见在指导着科学家的研究活动。而在科学假说的可信赖性的问题上，亨普尔也同样背离了实证主义的经验主义教条，他承认某一科学假说的可信赖性依赖于当时科学知识总体的相关部分（亨普尔，2006：69），这一论点显然意指科学假说的意义与科学知识情境的关系问题，换句话说，科学假说的可信赖性并非只是由经验的证据所决定的（更何况正如我们已经指出的，不存在判决性的证据）。科学假说的可信赖性与其所处的科学情境中的其他所有相关的假说和理论密切联系在一起，那些支持它的假说和理论被人们接受的程度将直接影响到该假说的可信赖性。这些清楚地表明科学假说的可信赖性具有双重的相对性，一方面是经验证据上的相对性，另一方面则是情境关联上的相对性，因为任何经验的证据都将面临未来的不确定性，而由各种假说和理论所组建的科学知识的情境也不可避免地具有社会历史性的特征。不过亨普尔显然没有能够进一步深入地思考假说的可信赖性问题的社会历史意义，他依然停留于科学论证的层次，从而忽视了科学活动作为一种社会活动始终处于更大的社会时空之中，而科学家作为一个群体不可避免地有其利益诉求和社会关联。事实上，不仅科学自身的评价标准并非人们所想象的那样客观和确定，而且各种非科学的标准也始终在威胁着科学的判断，后者对于社会科学显然是一个更加凸显的问题，这便是埃利亚斯在投入与超脱的名义下所主要思考的问题之一（Elias，1998：219，220，225）。我们无意在此详尽地展开相关的议题，我们所要指出的是，即便是在被许多人视为绝对主义思维方式最坚固堡垒的自然科学的领域，相对主义也已经获得了不可否认的重要地位，这并不意味着向认识论上的虚无主义妥协，而是意味着人们最终意识到，科学知识的有效性与一种理性的相对主义并无矛盾，相反，后者将有助于促进一种开放和谦逊的态度，它以抵制绝对主义的狂妄自大的方式为通向也许更加有效的知识奠定基础。

第三节　主客体二元论

虽然在相对主义问题上的倾向是影响建构主义逻辑本身强弱变化的

也许是最为重要的因素，但是依然存在着其他一些重要因素，它们在不同的层次上将建构主义内部区别为相互差异甚至对立的派别。本书将着重予以讨论的就是在主客体二元论问题上的立场，之所以关注这一因素对建构主义社会学内部分裂的影响，就在于这一话题不仅是当代西方建构主义社会学的核心话题之一，而且也是当代西方哲学社会科学的核心话题之一，不仅如此，这一因素的影响贯穿于西方建构主义社会学的整个历史，并大致从本体论的角度将这一历史划分为几个重要的阶段（非常有趣的是，这些阶段与相对主义的认识论立场的温和与激进的阶段性差异基本重合，尽管它们之间并没有必然的关联），从而显示出除相对主义因素之外的无可比拟的重要性。更何况发端于笛卡尔哲学的主客体二元论的问题直接影响着相对主义的历史表现形态，例如主观相对性的问题无疑是一种从主体视角出发的二元论的相对主义论调，但人们完全可以采取从客体视角出发的客观的相对主义立场，并以此来解释主观相对性的客观起源，后者同样也是一种二元论的表现。我们之所以强调相对主义精神的首要性，主要是因为二元论问题并不排斥实证主义和实在论（而相对主义至少是作为纯粹类型的实证主义和实在论所拒斥的），这体现了二元论思想在西方近现代思想中几乎无所不在的统治地位。不过在超越二元论的问题上建构主义似乎表现出某种独特性（当然只是就部分建构主义思想而言），这不仅是由于实证主义和实在论本身在历史的缘起上负载着浓厚的笛卡尔主义精神，而且也是由于实证主义和实在论在认识论上的客观主义使它们不可能不局限于二元论的偏见，在认识论上反二元论将意味着它们的自我否定；而它们在本体论上也大多停留在内在性与外在性的二元对立的设想之中，充其量只是以一种还原论的方式来变相地复制二元论的神话（郑震，2009：37—38）。即便某些实在论者试图以行动和结构之间的相互生产来克服主客体二元论（贝尔特，2002：255—256），这种做法也极大地削弱了实在论的强度（它直接威胁到了实体的持存性假设），且不论保留二元双方的实体身份也将不可避免地损害对主客体二元论的超越（郑震，2009：218），毕竟实体的假设本身就暗示了二元论的合法性，实体之间的相互作用本身就已经预设了实体的存在。因此，对实在论而言，在本体论上反二元论意味着必须抛弃传统的实体形态（如个体的本性或社会事实），将用于超越主客体二元论的非二元论的状态实体化——以此来确保实在论本身的存在。但这一看似可行的方案却蕴含着无法解决的困难，它意味着用一个新的实体来取代旧的实体，但非二元论的状态所指向的首要的并非物质现实（如个体的肉身或社会的设施，事实上，这些物质实体的存在最容易引发二元论的错觉），相反它首先意味的往往是非物质的关系或意义，二元论正是将原本作为一个整体而存在的关系或意义人为地割裂为二元对立的状态才陷入困境，而将非物质的关系或意义重新实体化不仅缺乏事实的根据，而且实在论有关持存性和不可分性的假设也与关系或意义的过程性和多样性形成了严重的矛盾（关系或意义的变化、差异和分裂的事实与一个具有整体上的本质特征的自在存在的实体的假设显然是不相容的），① 这使得人们无法捍卫此种实在论的立场。②

主客体二元论的问题贯穿了整个西方社会学的历史，社会学建构主义的历史自然也不能例外。正如我们已经指出的，在二元论问题上的本体论差异将西方社会学的建构主义划分为几个重要的历史派别，这一划分将西方建构主义社会学的发展大致区分为三个重要阶段，虽然这三个阶段并非完全前后相继，而是存在着一定的重合与交错，但是它们的确为我们绘制出某种历史的进程。之所以如此，一个重要的原因恐怕就是主客体二元论正是社会学得以从中生成并获得自我认同的那个西方近现代文化氛围中的关键因素之一。作为西方近现代社会产物的社会学从一开始就不可避免地与这一问题纠缠在一起，主客体二元论的问题不仅是社会学所可能思考的基本问题之一，更是社会学得以产生的历史语境的内在构成因素，社会学正是产生自笛卡尔的理智主义传统和资本主义现

---

① 我们将在适当的地方阐明实在论有关实体的持存性和不可分性这两个实为一体的假设的基本内涵和理论意义（参阅本书第一部分第三章的第一节）。

② 我们将看到，以过程性的关系事件来取代实体概念的思路无疑是建构主义社会学的一个重要倾向。而建构主义社会学（尤其是当代建构主义社会学）之所以凸显关系概念则有着多方面的思想来源，其中主要来自于如下两个方面的影响，一方面是以相对论为代表的现代自然科学的变革所带来的启发，我们将看到米德以其对相对论的哲学研究而揭示了这一启发的具体内容；另一方面则是索绪尔的结构主义语言学的贡献，其有关总体的关系性、符号的任意性以及意义产生自语词之间的差异的观点对结构主义和后结构主义产生了深远的影响（Giddens，1987：81，84）。除此之外，马克思和齐美尔等人也为关系性思路的发展作出了贡献（布迪厄、华康德，1998：16；叶启政，2004：398）。

实的共同孕育，以至于主客体二元论以不同的形式组建或激发了社会学的思维方式（社会学的反思性特征使之完全有可能反思甚至质疑酝酿它的理智主义传统所蕴含的二元论倾向，尽管我们将看到西方社会学试图超越二元论的各种企图并不像它们的设计者所构想的那样成功）。如果不考虑各种实际程度上的差异，且仅就二元论的问题而言，以笼统的方式我们大致可以将西方社会学的思维方式区分为三种类型倾向，即主体视角倾向、客体视角倾向和反二元论倾向。换句话说，建构主义社会学不可能不在核心的意义上触及主客体二元论的问题，它甚至可能明确地反对或否认它无意中所坚持的二元论倾向，这体现了二元论的思维方式已经转化为西方思想所广泛具有的不言而喻的前意识（关于"前意识"可参阅郑震，2009：251—254），这也就是为什么反二元论的倾向总是具有一种高度自觉的特征，只有当人们以反思性的质疑一定程度地破除了主客体二元论的前意识梦魇，① 人们才有可能发起对二元论的超越。因此无论是二元论者还是反二元论者都不能拒绝二元论的问题及其成果。对二元论者而言，拒绝就意味着自相矛盾地否定它自身的存在，它引以为豪的各种概念和方法无不直接或间接地蕴含着二元论的取向。而对于反二元论者而言，不仅其反对本身就已经肯定了二元论问题的无可回避的现实性，更重要的是，只有在二元论所建构的理论遗产的基础之上，反二元论的工作才可能取得成效，尽管后者不可避免地需要创造性的批判和生产。毕竟，主客体的思维方式是认识现实的过程中所不可或缺的一个重要的分析性环节，它在理论上将原本作为整体而呈现的现实（如人类群体的社会生活）分析为各种理论所建构的要素（如行动者与社会结构），从而为在更高的认知层面还现实整体以本来面目奠定了不可或缺的基础。不过在更高的认知层面中所出现的整体不再是最初那个原始而朴素的现实，这不是说这个现实的朴素的整体性被思想所遗忘（这正是二元论的错误所在），而是说这个现实在思想的过程中经历了分析的解构和综合的重构，从而使我们能够理解其运作的过程和机制

———————————

① 之所以是"一定程度地"就在于，即便不彻底的反思也能够促成一种超越二元论的意图，而西方社会学的相关案例也的确不同程度地陷入了此种不彻底性，这为其失败或部分的失败埋下了伏笔。

（正是在这一意义上我们说思想从朴素的原初现实出发，并回到这一现实本身）。① 二元论之所以沦为一种必须加以批判的立场完全在于它已然膨胀为一种试图凌驾一切的终极判准，仿佛它即是现实本身所遵循的内在逻辑，以至于它在观念上转化为人们在直觉中体验现实的一种信念——一种前意识的信念，从而使人们的对象化认识一定程度地远离了原初的朴素现实，将一种人为的建构转变为关于现实的幻觉。其结果就是原本作为手段的分析工具成为了目的本身，将现实加以二元论化似乎成为现实之本来状态的自我呈现，不仅对现实的认识仿佛仅仅从属于认识主体与认识客体的二元对立，而且现实本身仿佛理所当然的是以二元论的方式来加以构成的，其结果就是各种理智所虚构的二元论立场之间的无休止的徒劳争论。

建构主义社会学的确在很大程度上也陷入了此种徒劳的争论，这在建构主义社会学发展的前两个阶段的划分中有着清晰的体现。正如我们已经指出的，我们大致可以根据本体论的视角将西方社会学的建构主义划分为如下三个发展阶段：相对而言在方法论上更倾向于主体视角的第一阶段，② 其代表人物有齐美尔、米德、许茨、戈夫曼、加芬克尔等人，我们将看到他们当中几乎没有一人可以被称为完全的方法论个体主义者。这一阶段的大致时期是从 19 世纪末至 20 世纪的 60 年代，我们

---

① 这一切毫无疑问地体现了人的局限性，只有通过如此的转换人才可能一定程度地认识包括他自身在内的这个世界，一个原初而朴素的现实世界只能被人类在其直觉的实践中所体验和建构（也正是因此人与其融为一体，这便是人之存在的原初状态），而无法在对象化的认识中被原初地把握（这个对象化本身就已经设定了一种二元的分析状态——认知的主体与认知的客体，认识活动本身就是以这样一种人为的二元划分为前提的，这也就是为什么人们极易陷入二元论的桎梏之中）。

② 必须指出的是，这一类型的作者在对待主体视角的态度上并不是完全单向度的，事实上，只是就总体而言，这一类型的作者在本体论上较之客体主义者更倾向于主体的视角。而在认识论问题上他们却存在着严重的分歧（我们将在本书第二部分的第一章阐明这一点）。此外值得一提的是，沃特斯在其著作中从其所谓的社会世界的构成性要素的性质和说明的角度两个方面对西方社会学建构主义的界定是十分狭窄、残缺和不准确的（参阅沃特斯，2000：7—9）。他忽视了认识论上的建构主义问题，这使得他所界定的建构主义仅仅局限于本体论的狭窄层面。他很大程度地忽视了建构主义社会学的历史发展和历史多样性的问题，从而将许多建构主义社会学家排除在外。他所谓的建构仅仅是指能动者对社会世界的建构，这使他忽视了关于主体的实在论问题，以至于没有看到他所谈论的一些作者的建构主义立场其实并不那么彻底。

可以将这一时期称为西方社会学建构主义的早期阶段。① 与特征并不那么鲜明的第一阶段相比，建构主义社会学的第二阶段的特征则鲜明得多，它在本体论上坚持客体主义的视角，在认识论上批判客观主义的立场。这一阶段的主要代表人物是后结构主义者福柯（主要就其前期思想而言）和布希亚，其所处的时期是 20 世纪 60 年代以来的当代阶段。而所谓的第三阶段则是与第二阶段几乎同时的反二元论的阶段，之所以将这一阶段列为第三阶段则主要是从理论逻辑的发展入手，毕竟无论是本体论还是认识论上的主体视角和客体视角都在 20 世纪 70 年代之前获得了巨大的发展（后结构主义正是以建构主义的方式延续和改造了此前的结构主义思潮），也正是基于这样的发展，反二元论的倾向才获得了孕育和成长的丰富的历史基础，从而在 20 世纪的六七十年代迅速成长起来。这并不意味着反对主客体二元论的倾向仅仅始于这个时期，只不过 20 世纪六七十年代出现了一些立场更加鲜明且主观上更具综合取向的作者，他们的工作较之前人的确在克服主客体二元论的问题上更近了一步。第三阶段的主要代表人物有埃利亚斯、布迪厄和吉登斯等人，其中埃利亚斯也许是个例外，其创作期纵贯 20 世纪的多数时间，但是考虑到直到 20 世纪 60 年代埃利亚斯的建构主义社会学思想才获得了广泛的影响，而且他的许多著作正是在那之后才撰写和问世的，因此将其列入当代之列似乎也未为不可（这从一个侧面暗示了直到当代，反主客体二

---

① 这一阶段的划分无疑会引发某些争议，问题的关键就在于将这些作者称为建构主义者是否合适。人们往往习惯于把当代社会学中的后结构主义者称为社会学的建构主义者，他们对社会学的实证主义和实在论价值观的近乎彻底的批判以及他们在相对主义立场上的激进态度使他们理所当然地成为当之无愧的建构主义者。而我们所说的那些早期的建构主义者尽管对实证主义和实在论无一例外地持有批判的立场，但是他们批判的程度却不尽相同，更重要的是他们甚至可能或多或少地与实证主义和实在论分享了某些重要的立场（参阅谢立中，2006），尽管这种分享既不可能是全方位的也不一定是程度上相当的，但这还是不可避免地削弱了他们作为建构主义者的地位。就此种分享而言，他们当然不是我们在此所说的建构主义者，我们只是就他们的思想所显示出的建构主义的方面而将他们称为建构主义者。我们能够从他们的思想中不同程度地发现各种局部或近似的建构主义倾向，与当代激进的建构主义相比此种倾向的保守性是不言而喻的，但这正是早期建构主义社会学的广泛特征。我们将会看到，与所谓的激进的建构主义相比此种保守性并不必然意味着缺陷（同样后结构主义社会学家的激进性也并不必然意味着优点），在剔除了其消极的方面之后，它依然可能给予我们各种启发和借鉴，这也正是要对之加以思考的重要原因之一。

元论的倾向才开始获得了较为成熟的发展空间，从而也更加容易被世人所接受）。

第四节　语言与符号

如果说围绕主客体二元论所展开的争论为我们澄清了何者建构（什么支配着建构的过程）这一问题的话，那么语言与符号则为回答如何建构提供了一条重要的线索，尽管这并不是唯一的线索（以布迪厄等人为代表的当代实践理论主要在现象学和后期维特根斯坦哲学的影响下，对前语言或前话语层次的研究为我们揭示了有关如何建构的更为丰富的信息，我们将在下节讨论这一问题），但它的确被众多的建构主义者所强调。

在早期的建构主义社会学中，无论是米德的符号互动论，还是许茨的现象学社会学，抑或是戈夫曼的戏剧理论，或者加芬克尔的常人方法学都无一例外地赋予语言或符号以重要的地位。这些在方法论上偏重主体视角的作者之所以强调语言或内涵更为宽泛的符号在其建构主义理论中的地位，其主要原因就是语言或符号所彰显的文化维度在西方近现代历史中具有重要的主体性内涵。正是启蒙的人文理性传统赋予了文化与人之主体性以内在的联系，文化肯定和代表了人的主体性的存在（叶启政，2004：207—209）。的确，正是语言和符号传达并凸显了文化的存在，如果没有包含语言在内的各种符号的意指和象征的运作，文化之使人超越于自然而彰显自身之主体性存在的意义将无从实现（或现实化）。① 这也就是为什么米德会宣称，正是语言这一在人类有机体与环境的关系过程中所突生的事件使得具有反思性智能的人类的行动与低等动物的行为区别开来（语言与心灵或意识处于同一突生程序之中），而

---

① 不过正如巴尔特所指出的，符号学乃是语言学的一部分，也就是说如果没有语言的阐释，任何符号的可沟通的含义都将无从谈起（巴尔特，1999：2，3）。不过在我们看来这里所说的符号的含义并非是指生产符号的实践的意义或法则，后者是文化的潜在状态，语言与符号不过是意义所蕴含的可能的关系性或关系的可能性在实践中现实化的产物（参阅郑震，2003；2007；2009）。不过在不引起误解的情况下我们也在通常的含义上使用"意义"一词，而当其出现在思想史的语境中时，当然应当尽可能从其历史含义的角度来加以理解。

符号是区别于自然意义的人的遗产（Mead，1934：78，124）。虽然米德的符号互动理论所谈论的姿态（gesture）并不局限于语言，但是语言作为表意的或有意识的姿态（Mead，1934：79）无疑是米德所主要思考的对象，因为它与代表区别于低等动物的人类的社会发展水平的社会建构密切相关。米德认为语言代表了姿态发展的最高阶段，理性的过程只有凭借语言的过程才能够进行（Mead，1934：74），人类的心灵正是出现于由语言所主导的符号互动的社会过程之中（Mead，1934：133），而个体也正是以语言为媒介才能够获得其人格（Mead，1934：162）。米德并不否认符号互动的社会过程对人类个体的心灵、自我和人格的社会化建构，但这并不意味着一种否定个人主体性的单向度的过程。事实上，他明确地指出，人格中包含着主我（I）和客我（me）两个方面（Mead，1934：182），他正是以主我这一概念延续了肇端于笛卡尔并经康德而发展的主体主义思想的脉络，创造性的主我从未缺席，"现在我们实际所做的事，我们所言说的词语，我们的表达，我们的情绪，那些都是'主我'"（Mead，1934：279），只不过这些也同时融合了社会化的客我（Mead，1934：279），主我与客我总是不可分割地设定了对方的存在，这体现了米德对待主客体二元论的一种调和态度（此种带有齐美尔烙印的调和态度正因为肯定了二元状态的实际存在，因此也就暗示了米德在处理主客体二元论问题上的失败）。对于米德而言，在社会互动过程中建构对象的意义并不必然需要语言的意指或表征作用，意义早在语言和符号出现之前就已经存在，但是语言的出现的确使得对象的建构进入了一个更高的阶段——这是反思性智能和自我意识的阶段。米德写道："语言并不仅仅符号化一个事先已经存在的处境或对象；它使得那个处境或对象的存在或出现得以可能，因为它是那个处境或对象从中得以被创造出来的机制的一部分"（Mead，1934：78）。不过米德的确由于过分关注于其所谓的有意识的或者说自我意识的（self-conscious）层次，而使他的研究过分拘泥于其所界定的语言符号的领域，他将人类的情感和感觉意识排除在自我意识之外，甚至将它们与低于人类的动物的智能相提并论（Mead，1934：81，135）。这不可避免地使其符号理论显得过于狭窄，其理智主义的偏见使之忽视了人类社会中极其丰富的非语言符号的重要性，其意识哲学的立场也使之无法在蕴含着无可替代的重要性的前意识和无意识的领域中开拓出理论的思路,① 我们将看到正是通过对理智主义和意识哲学的批判,以及相关联的对潜藏于意识层面之下的精神层次的深入挖掘,某些当代建构主义者才超越了单纯的语言层次的局限性。

　　不过第一阶段的建构主义也不乏对米德思想的重要补充,例如受到米德所开启的符号互动论传统影响的戈夫曼便将关注的焦点投向了那些更为戏剧性的、情境性的、非词语的、可能是无意图的符号沟通活动(Goffman, 1959: 2, 4),不过戈夫曼依然过分依赖于意识分析,② 这

---

　　① 与本书所主要涉及的几乎所有作者不同的是,我们严格区分了前意识和无意识这两个分析性的概念,从而赋予它们不同的含义和重要性。我们甚至主张将后文所涉及的那些当代作者的无意识理论改造成一种前意识理论(当然,对我们而言这种以精神层次来命名的方式完全是分析性的)。因此我们对米德的批评实际强调的是他对我们所理解的前意识问题的完全忽视(有关对意识、前意识和无意识的区分和界定可参阅郑震,2007: 25—28)。关于前意识问题我们也会在后文适当的地方加以讨论。

　　② 戈夫曼并非没有提到无意识问题(在我们自己的语境中我们更乐于将其称为前意识问题),例如他指出:"剧组成员到处使用一种非正式的并且常常是无意识习得的姿态和神态的词汇(vocabulary),凭借这种词汇共谋的舞台表演暗示(cues)可以被传递"(Goffman, 1959: 180—181)。他进而指出:"这些暗示越是被无意识地习得和使用,一个剧组的成员就越是容易甚至对他们自己掩盖他们实际作为一个剧组在行动"(Goffman, 1959: 184)。然而这种偶尔被提及的无意识维度显然没有成为戈夫曼戏剧表演理论的主导性分析框架,他也没有将他所提到的人们关于体面标准的理所当然的态度(Goffman, 1959: 108)所蕴含的理论潜力加以深入挖掘,以至于过分强调了其研究对象的意识特征,并忽视了其所谓的无意识和表演之间的矛盾。我们在戈夫曼那里所主要看到的是必须用适当的情感反应来掩盖真实的情感反应(Goffman, 1959: 217),是努力以舞台表演的方式来造成社会的道德标准已经被实现的印象(Goffman, 1959: 251),如此等等(当然我们并不否认这些状况在日常生活中的存在)。换句话说,戈夫曼的表演(performance)概念依然主要停留在意识哲学的层面,甚至如果不想陷入自相矛盾的话,它恐怕也只能停留在这一层面(戈夫曼对此估计不足)。事实上,当戈夫曼提及无意识问题的时候,他已经无意之中在威胁他自己的理论,毕竟很难想象个体在掩盖自己的真实情感或制造道德表象的时候是无意识的,因为一种无意识的表演也就不再是表演了,当个体将他自己的行动视为理所当然的时候,他就是在表达他的社会历史的真实(至少对他而言并没有什么需要掩盖的)。这就取消了戈夫曼所给出的表演的必要条件,即在社会结构的期待和表演者的某种真实状况之间的差异乃至矛盾,用戈夫曼的话说也就是在表演出来的自我(社会化的自我)和在本质上具有心理生物学特征的表演的自我(完全人性化的自我,all-too-human selves)之间的差异乃至矛盾的问题,正是此种差异乃至矛盾激发了一种蓄意表演的意识状态,使个体投入类似于舞台表演的实践中去(且不论戈夫曼有关两种自我的假设所体现的齐美尔和米德的影响及其二元论的错误)。

使得原本可以通过不言而喻的前意识加以有效解释的社会现象被过分地渲染成类似于戏剧化的蓄意表演和伪装,但日常生活在多数情况下并非如此(吉登斯,1998:214)。而深受现象学影响的加芬克尔则试图表明,日常生活中的行动者以一种不言而喻的自然态度生活在世界之中,加芬克尔并没有像米德那样强调意识或自我意识的重要性,相反,不言而喻的状态暗示了一种缺乏反思意识的状况,以至于作为那些能够胜任的社会成员们的集体协作之成就的秩序现象对于这些共同的建构者而言是未被注意的、乏味的、不显眼的但却是对所有人都可见的"街头的工作"(Garfinkel,2002:118,190,191)。

尽管第二阶段的建构主义在语言和符号的重要性问题上有过之而无不及,但诸如福柯和布希亚这样的建构主义者却是站在一个截然不同的立场上来关注语言与符号的建构作用的。尽管文化依然是关注的重点(如福柯的话语分析实则是对文化领域的研究,而布希亚则直言其所谓的符号即是文化),但是对文化的理解却不再顾及它原本所承载的主体性内涵,相反文化以一种客体主义的姿态而呈现,而文化的相对主义内涵则被挖掘到了极致。后结构主义者对语言的迷恋无疑有其结构主义渊源的影响,毕竟索绪尔的结构主义语言学无疑是 20 世纪西方结构主义思潮的主要来源之一,正如我们已经指出的,索绪尔有关符号的任意性和意义的关系性的观点深刻影响了结构主义和后结构主义的思想,这一影响的重要表现就是退入文本和能指的领域(Giddens,1987:91),以至于在后结构主义者的笔下最终幻化出一场充满了不确定性和多样性的无所参照的语言或符号的游戏。另一方面,我们也不能忽视海德格尔的语言本体论对于第二阶段的建构主义者所造成的实际影响。毕竟在当代哲学和社会理论的语言转向中,语言学既没有提供一般性的程序模型,也没有为转向的最有价值的形式提供可以借鉴的观念(Giddens,1987:78,80)。不过被海德格尔赋予本体论地位的语言并非人们所言说的经验语言,而是使经验的言说得以可能的先验的道说,因此就其本质而言并非人在言说,而是与存在相对应的本质的语言在言说,因为"人的要素在其本质上乃是语言性的"(海德格尔,2004:24),这便确立了语言的本体论地位,"语言绝不是人的一件作品,而是:语言说。人说,只是由于人应合于语言"（海德格尔，2000：79）。对海德格尔而言，语言的本体论地位就其根本来说并不只是因为它为人的经验言说奠定了本质的基础，而是它与存在之间近乎神秘的关系，"道说与存在，词与物，以一种隐蔽的、几乎未曾被思考的、并且终究不可思议的方式相互归属"（海德格尔，2004：236）。我们无意纠缠于海德格尔的无所帮助的神秘主义的先验论（郑震，2006），而当代的建构主义者们对海德格尔的此种先验的道说也并无兴趣，不过海德格尔的语言本体论对传统工具论语言观的激烈批判无疑产生了深远的影响。海德格尔写道："事物在言词中、在语言中才生成并存在起来"（海德格尔，1996：15）。"词语本身就是关系。词语这种关系总是在自身中扣留着物，从而使得物'是'（ist）一物"（海德格尔，2004：159）。以一种不同于海德格尔的视角，我们可以将他的观点发展为一种有关人的语言对人与物的存在的社会历史建构的思想，这已经部分接近于福柯的话语实践的建构主义思路了，但福柯所谓的话语实践还包含了一种权力的本体论。此种权力的本体论始终受到来自权力所生产的知识的某种内在制约（Foucault，1977：27；1978：98），以至于权力只是在与知识的相互依存中显示出其优先性和决定性。此种把知识和社会历史性的权力战略内在联系在一起的思想显然包含了对认识论的客观主义和普遍主义的挑战。福柯着重研究了现代人文科学（human sciences）的知识问题，他指出人文科学所研究的是人的存在方式的经验表现（文化建构的无意识），因此人文科学并没有研究人的本性，而是研究在时间中变化的人（Foucault，1970：352—355，363，364）。但是人文科学却将其有关表象的知识视为一种普遍性的确定的知识，从而将其所描绘的人的形象去历史化，并在主体主义的谱系中赋予这个人的形象以先验的主体性，从而把人作为主体来分析，由此人不仅是认识的经验对象，也是认识的先验主体，似乎正是这个先验的主体性才使得对人的经验认识得以可能。但尽管如此，福柯认为人文科学的研究不能超越表象的范围，它们的存在、存在方式、方法和概念都扎根于文化的事件之中（Foucault，1970：371），其知识的有效性不能超越文化的地域，人并非人文科学的无时间的对象，人文科学的不可回避的历史性摧毁了其对自身知识的普遍有效性的要求（Foucault, 1970: 370, 371）。①

　　福柯以权力的本体论来取代语言的本体论, 这可以被视为对海德格尔的现象学保守主义的一种批判和超越, 但福柯的权力本体论同样存在着严重的缺陷。如果说海德格尔的语言本体论在先验哲学的幌子下把人的语言幻化为一种形而上学的至高无上的神秘本源, 从而在一种隐蔽的主体主义人类学的框架中来批判笛卡尔与康德的绝对主体, 因此强调语言与存在的优先性和人类主体的有限性; 那么福柯则试图以所谓的话语的实证性（positivity）所扮演的历史的先验性（historical *a priori*）角色（Foucault, 1972: 127）——其实质则是在话语中被连结在一起的权力和知识（Foucault, 1978: 100）的历史的先验性——来彻底清除主体主义的影响。姑且不论诸如权力这样的概念所具有的主体哲学的背景所暗示的某种困难（Habermas, 1987: 274）, 以及强调权力相对于知识的本体论的优越性所具有的武断色彩, 仅就福柯（至少在其早期思想中）试图彻底边缘化和派生化主体概念的做法无疑带有浓厚的二元论色彩而言——福柯无意之中站在了笛卡尔主义的立场上批判了笛卡尔, 此种笛卡尔主义的残余使福柯的理论不可避免地陷入主客体二元论的某种困境之中, 这也许就是为什么晚年的福柯会针对这一问题给出各种说明以图挽回其偏激的理论所造成的消极影响（Foucault, 1997a: 283, 292,

---

　　① 必须指出的是, 正是主要基于福柯对人文科学及其相关问题的研究使我们有理由将他视为一个激进的建构主义者, 福柯正是以一种激进的建构主义态度来思考包括社会学在内的人文科学的对象, 并赋予人文科学的知识以一种建构主义的认识论特征。不应忽视的是, 福柯在批判人文科学的同时严格地将人文科学与他所谓的现代认识论领域的三个维度区别开来, 这三个维度分别是数学和物理科学、经验科学（语言学、生物学、经济学）以及哲学的反思（Foucault, 1970: 347）。福柯并不否认这三个维度也是他所谓的现代认识论领域（"the epistemological field" 或 "the *episteme*"）所建构的产物, 不否认它们的形成带有建构主义的色彩, 毕竟对福柯而言, 权力无所不在, 不存在外在于权力的知识, 任何知识都是特定权力关系的产物（Foucault, 1978: 98; 1980: 52; 1997b: 17—18）。然而它们与人文科学却具有根本的差异, 福柯主张语言学、经济学和生物学是研究人的一般本质的经验科学（将语言学和经济学与作为自然科学的生物学纳入一类的做法显然值得商榷）, 它们所研究的对象不同于人文科学所研究的作为文化建构的人的存在, 后者不是科学的对象（Foucault, 1970: 366—367）。不难看出, 福柯在人文科学的问题上所采取的激进态度并不能够被推广到他所提及的其他知识领域, 而福柯本人也没有对这些领域展开实际的研究, 因此我们的讨论仅限于福柯对人文科学及其相关问题的研究, 而这也正是福柯早期思想的主体所在。

293，299），然而福柯的徒劳争辩只是进一步暴露了他在二元论问题上的非反思的偏见，他晚年的缓和立场丝毫也没有清算其早年的错误（郑震，2009：161，162）。

与前后并不那么一致的福柯相比，布希亚的符号理论（或者说文化理论）则一以贯之地将客体主义的建构主义思想发展到了极致。① 他彻底否定了启蒙的主体概念，并转而谈论一种客体的统治（Baudrillard，1988：198—200），即由编码规则所主导的对人的工具理性化的技术统治（Baudrillard，1993：173，174，183）。布希亚的社会学思想主要围绕着他所谓的第二次世界大战之后在西方资本主义世界所出现的消费社会而展开。他分析消费的逻辑起点并不是主体的需要，尽管在诸如《消费社会》等早期著作中布希亚并未放弃生产秩序的优先性，主张在日常生活中消费依然从属于生产秩序（Baudrillard，1998：47），但是布希亚有关现代个体及其需要的客体主义解释却从来没有改变过。对于布希亚而言，现代消费个体的需要从来就是系统根据其内在的逻辑所引发或建构的个体的功能，其实质不过是符号秩序强加于个体的无意识的社会约束。个体需要的真正主人或者是生产秩序所主导下的消费的符号秩序（这一立场体现了布希亚早期思想在马克思主义影响下对生产的优先性的强调），或者就是当布希亚宣称生产终结之后的超级现实主义的编码系统（此前的符号秩序在布希亚的理论中摆脱了生产秩序的支配，从而确立了消费领域的统治地位）。② 对此，布希亚一方面谈论着人的彻底的异化，另一方面他又似乎自相矛盾地否认存在着异化（Baudrillard，1998：191，192）。原因在于布希亚认为，消费社会完全消解了启蒙的主体概念，因此这种相对于现代主体概念而言的彻底的异化也就不再是异化了，因为根本就没有这一异化的对立面的存在，也就是说在消费社会这个符号统治的社会中连有关现代主体或人的主体本质的神话想象都

---

① 考虑到布希亚的思想在不同的时期往往呈现出不同的风格，我们对布希亚思想的研究将主要局限于其20世纪70年代最具社会学色彩的著作。

② 布希亚并没有荒谬地否认人有其自然的生理需要，但那并非他所关心的对象（Baudrillard，1998：79）。他对消费的分析全然是在文化的层面展开的，消费时代的社会学重要性正在于将自然的原初层面普遍地重组于符号的系统之中，以文化来替代自然（Baudrillard，1998：79，96）。

没有了立足之地。① 布希亚进而指出，消费本身也是一个神话，是当代社会有关它自身的一个陈述（Baudrillard，1998：193）。实际上对消费而言，唯一客观的现实是消费的观念，只有人们以为消费社会是存在的这一点才是存在的，丰裕的消费社会只是存在于人们的观念中，存在于人们对符号所操纵的消费的区分和差异的无意识的盲从中，而这对于符号的统治而言已经足够了。通过在一种编码的无意识的纪律中训练，人们能够按照符号游戏的规则来活动，由此消费可以取代所有的意识形态，并最终独自承担起整合整个社会的角色（Baudrillard，1998：94）。

与此种客体主义相伴随的则是认识论上的虚无主义立场。布希亚认为当代资本主义社会是一个参照价值毁灭、现实与确定性已死、能指与所指分离、生产被再生产吸收、遵循编码（code）规则的模型（model）（"参照的能指"）这个符号的建构成为再生产的依据和一切意义的来源的时期。由于没有了任何意义上的真实的参照物，在一个符号模拟的时代，传统对立面之间的差异消失了，对立双方可以相互替换（Baudrillard，1993：8，28）。不再有目标和对现状的超越，有的只是对符号统治秩序的再生产（Baudrillard，1993：21，28）。"今天现实本身是超级现实主义的（hyperrealism）"（Baudrillard，1993：74），超级现实超越了再现，不再是符号与现实之间的交换，而是符号与符号之间的交换，是能指的自我指涉，意义不是来自于对一个外在于符号的客观现实的参照，而是来自于符号之间的关系。这个超级的现实完全处于模拟之中（Baudrillard，1993：73），它打破了现实与想象之间的矛盾，因为这个超级的现实不过是对现实的符号想象。布希亚显然夸大了当代资本主义文化建构的自主性，他将麦克卢汉的"媒介即消息"的逻辑加以泛化并推向极致，将文化建构的社会历史的相对性扩展为一种否认任何客观性的文化主义的模式，于是就产生了模型或者说能指的霸权。由此所剩下的只是对模型的参照、能指的自我指涉、文化的模拟和内部循环，文化既制定了

————————

① 不过值得注意的是，尽管布希亚研究现代资本主义社会的建构主义思路十分激进，但是他在 20 世纪 70 年代所倡导的用于对抗资本主义社会的符号逻辑的前现代的象征逻辑则暗示了一种人性的假设（凯尔纳，2009：739—740），正是这一假设为其理论提供了另一种异化批判的基础（这与布希亚有关消费社会的神话的总体性论断 [Baudrillard，1998：195，196] 显然是不一致的），并暗示了某种实在论的残余。

问题，又为这些问题制定了答案（Baudrillard，1993：62，63，67）。

布希亚的极端主义似乎暗示了理论的逻辑将不得不经历一种转折，否则思想将迷失在极度的偏狭和过度之中。这一转折力求超越主客体二元论那非此即彼的宿命，并试图摆脱语言和符号的霸权。

第五节　从实践入手

对海德格尔的语言本体论可以有一种完全不同的改造使用，即既肯定存在着先于经验言说的更为基础的文化层次，同时又合乎逻辑地拒绝将这一层次解释为某种神秘的先验语言。事实上，主要在胡塞尔的生活世界理论、海德格尔的基础存在论、梅洛—庞蒂的知觉现象学和后期维特根斯坦的实践哲学的启发下，像布迪厄和吉登斯这样的当代建构主义者的确走到了这一步。埃利亚斯无疑以其有关无意识的理论与布迪厄等人分享着类似的观念，只不过不宜将他放在同样的思想谱系中（20 世纪初期德国的现象学文化和德国的知识社会学显然对埃利亚斯相关思想的形成产生过重要影响。参阅基尔明斯特、门内尔，2009：612）。有趣的是，埃利亚斯、布迪厄和吉登斯等人既是挖掘前话语层面的实践理论家，① 同时也是立志超越主客体二元论的建构主义者，这使得本节的讨论直接对应于第三阶段的建构主义社会学。虽然两者之间并没有必然的联系，但是从最基础的层面入手来解决二元论的问题，不仅有助于在根本上解决问题，而且各种派生的二元论自然也就迎刃而解了。

埃利亚斯认为，自我与社会的二元对立是在现代资本主义社会的形成和发展过程中所产生的一种社会历史性的观念形态（Elias，1991b：31，55—56），它并不具有人们所主张的那种客观实在的特征。他进而以一种关系主义（Elias，2000：99，135，412—413）驳斥了社会结构的实在论。埃利亚斯写道："有其规则性的社会并不外在于个体们；它也不只是一个'对立于'个体的'客体'；它是每个人当他说'我们'的时候所意指的东西"（Elias，1991b：61）。社会是人与人之间、群体

---

① 不是说语言和符号就此变得不再重要，而是说语言乃至符号的建构主义意义是建立在一个非语言和非符号的基础之上的，正是这个基础为它们的建构提供了实践的可能性和合法性。

与群体之间的一种关系状态，日常生活世界的社会结构是关系结构，而人们所津津乐道的个体的独特性和社会的相似性不过是人与人之间的关系的两种不可分割的功能（Elias，1991b：55，60）。由此，埃利亚斯以关系和功能取代了实体（无论是社会实体还是心灵实体）。他指出要克服主客体相互外在和对立的观念，就必须在与整个运动的人类网络的关系中来看待个体自身（主体的欲望）与他的社会外壳（或者说超我）（Elias，1991b：56）。事实上，无论是个体的独特性还是社会相似性都是个体所处的社会关系的建构，而社会关系网络对个体的建构并不只是消极的复制（Elias，1991b：55）。埃利亚斯不仅反对主体主义和客体主义，而且拒绝那种相互分离的内在与外在之间相互作用的观点，在他看来个体及其行动只能从他参与建构的社会关系结构的角度来加以理解，一种关系是不能被还原至处于关系之中的任何一方的（Elias，1991b：32—33，61）。此种关系主义的世界观并不否认个体在其行动中具有某种决策的余地，只不过后者是由社会历史性的关系结构所支配的，而且无论个体拥有怎样强大的意志和智慧，他都无法打破关系网络的自主规律（Elias，1991b：50，51，53）。[①] 生活在其不言而喻的自然态度中的个体正是在他参与建构的那种关系的支配下产生了主客体二元论的幻觉。埃利亚斯以社会习性（social habitus）来说明这类误识的状况，他写道："社会习性的一个特质向反思呈现为某人自身本性的一个特征，以及一般意义上的人类本性的一个特征"（Elias，1992：11—12）。这一制造幻觉的习性正是人们所共享的习惯化了的实践原则（Elias，1991b：182；Elias，1992：94），这是先于言谈和思考的文化层次，它以一种无意识的方式确保了一种不被质疑的状态，以至于个体遗

---

① 然而这一关系形态的自主性和支配性却暗示了某种新的二元论风险。毕竟对实在论的批判并不等同于对二元论的摆脱，福柯的关系权力和布希亚的符号客体思想就是典型的例子。我们并不否认特定的社会关系相对于特定的个体甚至个体们可以具有某种先在性和支配性，也不反对像埃利亚斯那样主张人们所共同建构的社会关系可能带来每一个个体所意料之外的后果乃至约束性。但是，这些并不能够证明社会的关系链条具有某种相对于社会行动者的逻辑上的优先性。埃利亚斯依然还是在个体与关系（或社会）的二分法中进行讨论，甚至理所当然地将关系凌驾于个体之上，用一种关系的决定论取代了实体的决定论（Elias，1991b：22—23）。究其根本就在于，埃利亚斯并没有彻底根除还原论的逻辑，他依然沿用了二元论者的个体与社会的研究思路，并简单地宣称要从社会的关系结构来理解个体（Elias，1991b：61）。

忘了习性本身也只不过是一种习得的产物，仿佛它是自明的公理。

与埃利亚斯一样，布迪厄所理解的社会结构也是关系性的，但布迪厄所谈论的是个体和机构所占据的各种社会位置之间的客观关系。他采用了埃利亚斯的习性概念，并主张拥有客观关系结构的社会场是习性得以生成和运作的社会空间。习性正是个体在社会空间中所内化的一个倾向性的系统（Bourdieu，1990：77），之所以是倾向性就在于，习性不是对象化的、反思性的和以话语的方式来加以陈述的理论命题，而是一种身体的不言而喻的实践感（或者说前理论的实践知识），它是个体对于场的秩序的自然态度（一种无意识或信念），个体并没有意识到一种世界的秩序具体化为他自身的信念，这导致了对日常生活秩序的最大限度的盲从和自然化的错觉（Bourdieu，2000：102）。不过，布迪厄并没有将习性视为一个消极的产物，他主张习性是在特定限度内的创造的源泉（Bourdieu，1990：81），它具有生产性和创造性。然而布迪厄显然更加热衷于揭示在场的客观结构和习性的主观结构之间的准完美的对应，并以此来探讨行动者在其实践中对生活世界秩序的再生产，以及在这一再生产中所隐含着的未被意识到的暴力。如果我们可以将此种对习性的创造性的实际忽视视为学术旨趣和批判策略的话，那么布迪厄赋予客观结构以逻辑上的优先性的做法（Bourdieu，1998：13；2000：152）就不能不说是一种二元论的残余，此种将特定的关系结构相对于特定个体的优先性转化为一种逻辑优先性的做法显然犯了与埃利亚斯同样的错误，也就是说，布迪厄只是在一种关系结构的语境中谈论能动主体的可能性，以至于关系结构才是最初和最后的现实，这也就无怪乎布迪厄会做出如下的论断："当同样的历史弥漫于习性和生活环境、倾向性和位置、国王和他的宫廷、老板和他的公司、主教和他的主教管区的时候，历史在某种意义上与它自己沟通，将它自己的反省反馈给它自己"（Bourdieu，2000：152）。

不难想象，第三阶段的建构主义者在认识论问题上会合乎逻辑地坚持超越主客体二元论的立场，这不仅是因为不再存在绝对的主体以其先验的理性来捍卫认识论上的绝对客观性，也是因为在认识论上对二元论的纵容将导致无法圆说的自相矛盾。埃利亚斯认为即便在自然科学中也不可能排除估价的因素（Elias，1998：219），但自然科学家的确比社会科学家能够更好地保持其估价的自主性，从而更好地减少了诸如个人的期望、群体的利益、社会的认同等非科学估价的影响。其关键就在于社会科学家不可避免地成为其所研究的那些社会形态的参与者，这使得他们更难抵挡他治性估价在其研究中的侵入（Elias，1998：225，226）。埃利亚斯用投入（involvement）来形容此种被非科学因素所左右的现象，与之相应的便是象征着科学的独立性的超脱（detachment）。如果说投入使科学从属于非科学的价值关联，而超脱则使科学远离此种价值关联，那么社会学的认识便显然在这两者之间摆动。绝对客观的认识显然是不存在的，因为即便超脱也不可避免地会包含自治性的估价因素，更何况社会学的研究较之自然科学更容易被投入所困（而自然科学也不可能完全超脱）。但即便是高度投入的研究也并不等同于绝对的主观性，投入与超脱的提法本身就抛弃了此种主观与客观非此即彼的假设，任何认识活动都不同程度地既是投入的也是超脱的。埃利亚斯指出，之所以放弃使用"主观"和"客观"的提法，就在于它们隐含了主客体二元论的假设（Elias，1998：245），使用投入与超脱这一对概念正是试图摆脱二元论的困扰，它们仅仅是思维的工具，如果将它们视为描绘了两种独立现象之间的彻底区分的话，它们将变得无效（Elias，1998：218）。事实上，投入与超脱所构成的完全是一个连续统，彻底的投入和彻底的超脱不过是这一连续统的非实在的两极，任何知识都处于两极之间。对布迪厄而言，社会学认识论的二元论问题无疑也是必须加以克服的困境，他明确地指出理性的产生有其历史条件（Bourdieu，2000：70），这显然是对笛卡尔的绝对主义理性概念的批判。但这丝毫也不意味着他将因此而倒向一种无所顾忌的相对主义，相反布迪厄既拒绝所谓的抽象的普遍主义（代表了对无前提的客观性的盲目信仰）也拒绝所谓的玩世不恭的、除魅的（disenchanted）相对主义（代表了怀疑主义的倾向）（Bourdieu，2000：70—71）。事实上，习性那不言而喻的信念本身就暗示了海德格尔的不可彻底排除的先入之见的存在（Heidegger，1999：192），这也就是为什么布迪厄试图倡导一种反思社会学的原因之一，只有通过对貌似不言而喻的前提的反思性的把握，才能够避免陷入抽象普遍主义那貌似无前提的盲目自大之中，也才可能通过对信念所编织的错觉的历史性批判，从而拒绝怀疑论的犬儒主义。所以社会学的认识既不可能是一种绝对客观主义的认识，也不可能是一种绝对主观主义的认识。布迪厄要求到科学所建构的对象（社会空间或场）中去寻找主体的可能性以及主体建构对象的工作的可能性的社会条件，从而揭示主体的客观化行为的社会限度（Bourdieu, 2000：120）。布迪厄试图以主体认识活动的客观社会条件来消除主观相对主义的威胁，尽管这个条件本身作为社会历史性的前提也暗示了认识活动的社会历史局限性。正如埃利亚斯有关认识论的研究实际是在其本体论的关系主义背景中展开的一样，布迪厄一以贯之地坚持了其有关客观关系结构的逻辑优先性的做法，从而也就将其反二元论的不彻底性带入了认识论的领域，当然实际的问题并不止于此。

第六节 本书的计划

鉴于以上对西方建构主义社会学的问题意识的简要梳理，我们已经明确了本书的研究框架是基于建构主义社会学的问题旨趣。我们将以西方社会学的建构主义，尤其是当代西方社会学的建构主义作为研究的对象，通过本体论和认识论这两大线索来澄清建构主义社会学的历史脉络和思想风格，① 进而

---

① 事实上，本体论和认识论不过是人们从事研究活动的两个概念工具，它们不应当被二元论地加以割裂，因为现实本身并没有如此割裂。任何社会本体论的判断都已经包含了对社会学的认识活动及其对象的本体论身份的判断，这也就是为什么我们不可能在分析本体论问题时完全排除对认识论的暗示或提及。例如认识活动究竟是由个人主体所支配的还是由社会结构所主导的，以及这里的主体或社会结构的存在性质是什么（这一点直接关系到认识的主客观性的问题）。主张个人主体支配认识活动的立场往往由于对主体的认识能力的不同理解，从而将认识活动纳入如下的两极以及它们之间的不同变样，即主观相对的（如经验唯我论的怀疑论）和绝对客观的（如理智主义的意识哲学）；而主张社会结构支配认识活动的立场则可能因为对社会结构的相对主义理解而采取一种客观相对性的判断（如福柯与布希亚的后结构主义），如此等等。此外，还存在着超越二元论的假设，它宣称认识者既不是绝对的主体也不是被社会客体所决定的傀儡，这一取向可能倾向于在逻辑上一致地要求克服认识论的主客观二元论（如埃利亚斯和布迪厄）。此种本体论在认识论中的在场同时也就意味着认识论的研究在认识者和认识对象两个方面（对社会科学而言这两方面的本体论性质是一致的）都无法外在于本体论的论断。不仅如此，社会的建构不可能完全排除认识活动的反身性介入，作为认识产物的知识完全可能以社会行为为中介参与到对包括认识活动在内的社会现实的建构之中。这表明认识活动不是单纯地认知对象，它同时也能够改变它的对象（它自身也能够一定程度地成为它自己的对象），从而产生某种本体论的后果。由此可见，本体论和认识论不过是人为的分析建构，是我们从不同的问题视角出发对现实所进行的抽象，这种抽象不能掩盖它们的共属一体性。不过并非所有的作者都会刻意探讨以上的问题，我们也不打算在以下的研究中刻意地讨论这些问题，它们将不同程度地寓于我们的行文之中。

对建构主义社会学的基本问题进行深入的剖析，从而为建立一种更为合理的建构主义社会学奠定基础。此种社会学必须存在于绝对主义和怀疑论之间，即存在于对实在和真理的盲目信仰和彻底怀疑之间。我们可以将其称为一种建构的实在论（或实在的建构论），它显然不是简单地拒绝实证主义和实在论，建构主义应当是对实证主义和实在论的扬弃。

因此我们的研究不仅仅是对历史的反思和批判，反思和批判恰恰为我们提供了重构的机遇，我们已经看到即便是第三阶段的西方建构主义社会学也没有能够彻底地解决它们为自己所提出的超越笛卡尔主义的二元论的问题，而结合当代中国社会学的研究，我们不难看出这些问题的形式意义依然不可低估。尽管当代中国社会学所面对的中国的经验现实与西方建构主义社会学所主要思考的西方现象有着实质上的巨大差异，但是当代中国社会所经历的变迁无疑和现代西方资本主义社会的全球化扩张有着重要的联系，这为我们思考西方社会学的建构主义提供了一个现实的背景，而当代中国社会学的研究也同样需要避免笛卡尔主义二元论的消极泛滥，二元论总已经伴随着西方社会学思想的传播而成为我们所需要面对的一个切身的问题（且不论主客体二元论对当代中国社会的更广泛意义上的影响）。正是在此意义上，西方建构主义社会学的历史恰恰为我们提供了筹划一种更为合理的建构主义社会学的契机，这不仅意味着批判实证主义和实在论的笛卡尔主义偏见，而且意味着摆脱西方建构主义社会学的笛卡尔主义阴影；这不仅需要以对当代中国社会现实的关注作为理论建构的经验支撑，而且需要一种非笛卡尔式的精神来指引对二元论的理论扬弃。我们已经看到，当代西方建构主义社会学正在为寻找这一精神而殚精竭虑，然而它们所陷入的困境暗示了笛卡尔主义在西方社会学乃至现代西方思想中的根深蒂固（甚至是在更广泛意义上的社会生活中的根深蒂固），这意味着我们不可能期望从当代西方建构主义社会学的成果中获得直接的线索，西方建构主义社会学必须成为一个被扬弃的分离点。

这是否需要一种理论的重建来营造一种非笛卡尔式的理论精神，回答是肯定的。但是这一工作却无须仅仅凭借对西方思想的反思和批判来展开，我们将发现对中国思想源头的回溯将使我们获益匪浅，那里并没有笛卡尔式的二元论偏见，相反中国古代思想的独特性为我们提供了"天人合一"的精神理念，这与深陷西方现代性传统的思想相去甚远。

第一部分

本体论问题

第一章   从主体的视角看

第一节   模棱两可的开端

当我们以主体视角来诠释早期建构主义的本体论立场时，这并不意味着那些将社会整体或社会结构还原为主体建构的作者都是我们所说的意义上的建构主义者，我们显然不能将那些以实在的主体来还原社会现实的作者视为建构主义者，因为他们在本体论上仍然是实在论者。否则，像涂尔干和帕森斯这样的实在论者也将成为我们所说的建构主义者，因为他们不过是以社会实体来还原主体的存在，[①] 于是乎就成了本

[①] 早年的帕森斯也许是部分的例外，在《社会行动的结构》一书中，帕森斯并没有否认行动者可以做出影响事态发生的选择和努力（帕森斯，2003：827），尽管他也明确指出了对行动产生约束作用的规范和条件的存在（帕森斯，2003：49—50，827），从而否定了方法论个体主义的可能性。不过帕森斯思想的发展很快就将这一部分的例外也一并取消了。此外尽管晚年的涂尔干基于肉体这一有机体来谈论一种代表了个人独特性的个体化的因素（涂尔干，1999：346—348），但是涂尔干显然更加倚重于作为社会事实的非个人因素，他直截了当地指出："个体化并不是人格的基本特征"（涂尔干，1999：347），个体化充其量只是社会因素的非因果性的物质条件（涂尔干，1999：348），而真正对于个体的存在具有决定性意义的则是外在于个体而产生和存在的社会事实，正是这个社会事实既强加于个体也赋予个体以主动的因素（涂尔干，1999：282，312；此外还可参阅涂尔干，1995：17），它是人格的基本要素，同时也是个体差异的重要来源（涂尔干，1999：359）。我们并不否认晚年的涂尔干在思想上产生了某些缓和的倾向，例如他写道："人类本性中最具有特色的属性是从社会中来的。然而，另一方面，社会也只有在个体之中并通过个体才能存在和生存"（涂尔干，1999：455）。不过即便是在这一意义上，涂尔干心目中所谓的个体也绝非方法论个体主义意义上的，相反它是属于人类或人类群体的个体，是分享着社会观念或集体意识的属于群体的个体，这一个体的肉体独特性不过是理论上的次要补充，它并没有撼动涂尔干一以贯之的社会决定论的总体思路。

体论上的客体视角的建构主义者，如果这样的话，在西方社会学中恐怕就很少有谁不是本体论上的建构主义者了，这种既自相矛盾又毫无意义的立场当然不是我们所主张的。因此我们在此所谈论的作者将既反对一种社会的实在论又（至少是部分地）反对一种个人主体的实在论，① 但他们的论述风格与那些客体主义的建构主义者相比则是倾向于主体视角的。

经过以上的铺陈，我们不难想象以下的讨论将会受到诸多的限制，甚至可能会颇有争议，但是这恰恰表明建构主义在社会学中的发展有其初期的不明确性。例如主张方法论个体主义的韦伯在对待个人主体的问题上就显然存在着某种含混性，他一方面并没有放弃诸如自由意志（free will）这样的形而上学的假设（Weber, 1964: 121），他对待诸如动机和意识这样的主观因素也并不缺少实在论的本质主义倾向，但是另一方面，没有任何线索表明韦伯所津津乐道的主观意义（Subjective meaning）不过是康德意义上的主体的先天构造，相反它具有一种社会历史性的经验特征，"它绝不指一种客观上'正确的'意义，或者一种在某种形而上学的意义上'真实的'意义。正是这一点将关于行动的经验科学（如社会学和历史学）与那个领域中的独断学科（如法理学、逻辑学、伦理学和美学）区别开来，那些独断学科试图确定与它们所调查的对象联系在一起的'真实的'和'有效的'意义"（Weber, 1964: 89—90）。韦伯认为，像社会学和历史学这样的有关行动的经验科学所谈论的不是普遍的和先天的意义，不是绝对真实和客观正确的意义，也不是什么应当的意义，而是在经验上特定的、主观的意义。此种意义总是被个体们加以社会性地分享，这可以通过韦伯有关理解（understanding）的讨论而清楚地看出来。在对韦伯至关重要的（explanatory understanding）的问题上，韦伯主张将行动置入一个可理解的和更加包容的意义情境（context of meaning）之中（Weber, 1964: 95），并以此来了解行动者的动机，这实际承认了意义具有某种非个人的社会性特

---

① 我们将看到这一判断并不总是以那些作者本人的意愿为根据，他们甚至可能会反对我们的观点，而这恰恰体现了我们看待思想史的一种立场。至于那些将社会整体和社会结构视为实体的方法论整体主义者们，由于他们大多将整体视为一种突生的（emergent）产物，这使得我们有理由拒绝在任何意义上将他们视为本体论的建构主义者。

征。这一社会性特征还清楚地体现在韦伯有关意义充分（adequacy on the level of meaning）和因果充分（causally adequate）的讨论之中。在韦伯看来，所谓意义的充分性是指，作为社会学解释对象的社会行动必须具有合乎于常规的意义，即行动的动机合乎于习惯性的思维和情感模式，因此是可理解的（Weber，1964：99）。而所谓的因果的充分性则意味着社会行动的发生具有经验上的统计的或然性（这暗示了意义并不从属于普遍的因果规律，这是对实证主义的决定论思想的一种批评），因此行动的意义是合乎特定的因果规则的（Weber，1964：99）。韦伯认为任何的解释如果要称得上是社会学的概括，就必须同时满足意义的充分性和因果的充分性，缺少其中的任何一方都将导致社会学意义的丧失。因此，凡是不能被理解的现象，即使具有统计上十分精确的因果的或然性也不能够成为一种社会学的解释；而主观上可理解的行为，如果仅仅是一种偶然和个别的现象，则不能成为一种具有社会学意义的经验类型。

对此十分重要的是，韦伯明确地将其社会学的方法论个体主义和心理学的方法区别开来。在韦伯看来，心理学的主观理解方法充其量只是当社会学试图去解释行动的非理性时才发挥决定性的作用，但这丝毫也不会影响社会学方法论的立场（Weber，1964：109）。韦伯认为，理性行动的意向性并不是心理学意义上的心灵的（psychic），只有非理性的行为才可以被赋予此种心灵的特征，社会学所关注的社会行动的主观意义和个人动机不能等同于心理学意义上的心灵产物。韦伯有关社会行动类型的划分已经清楚地表明（Weber，1964：115，116），那些非理性的行动（传统行为和情感行为）在很大程度上属于韦伯所谓的非社会的行动（non-social action）。而韦伯明确宣称，尽管社会学并不仅仅局限于研究社会行动，但是决定社会学的科学地位的核心主题则无疑是社会行动（Weber，1964：114—115）。由此可见，韦伯显然将其社会学的焦点放在了理性行动尤其是工具理性的行动之上，以至于绝大多数社会学的规律都是建立在一种目的和手段之间的工具理性假设的基础之上的（Weber，1964：109）。这种客观的规律性使得社会学所关注的社会行动的意义并不从属于主观的任性，个体必须根据自我的利益来深思熟虑地适应处境（Weber，1964：123），这体现了社会条件对个体的动机及其行动的制约，它所隐含的社会建构的特征也使得韦伯的方法论个体主义并不完全从属于主体主义的实在论，尽管我们将看到这并不意味着韦伯倒向了客体主义的社会决定论。

以上的讨论只是为了澄清韦伯在方法论上至少部分地游离于主体主义的实在论之外，这使得我们有理由将其至少部分地作为一个强调主体视角的建构主义者来加以诠释。之所以是强调主体视角的，就在于一方面韦伯虽然没有将主观意义视为普遍的先天构造，但是他却将"有意识地对世界采取一种态度和赋予它意义的能力和意志"视为社会学的先验前提（韦伯，2005：31），从而暴露了其思想中的主体主义的实在论面向；另一方面，韦伯的方法论思想的建构主义特征更多地显示在从个体的角度来解释集体的存在。他写道："当在社会学的情境中提到一个'国家'，一个'民族'，一个'公司'，一个'家庭'，或者一个'军团'，或者类似的集体的时候，……所指的仅仅是个体的实际或可能的社会行动的一个特定种类的发展"（Weber，1964：102）。可见韦伯的逻辑出发点是个体的社会行动。事实上，集体在他的思路中仅仅是观念性的，在他看来，集体存在的概念在个体的观念中有一个意义，只是在个体的观念中集体才被视为实际存在的东西，并且由此它们才被个体部分地在行动中加以定向，并因此而对个体的行动发挥强大的常常是决定性的影响（Weber，1964：102）。韦伯并不否认被社会性分享的观念所可能产生的对个体行动的巨大的约束作用，但是真实存在的只有个体，集体只有在个体的观念中才具有实际的意义，它们完全是个体的社会行动的一种组织形态，这一形态并不具有独立于个体的客观的实在性，因为唯一客观实在的只能是个体的动机和行为。当韦伯强调集体观念对个体行动所可能具有的决定性影响的时候，我们当然不能将此种观点和涂尔干的观念实在论混为一谈，涂尔干思想中的个体与韦伯笔下的个体具有截然不同的含义，在涂尔干的理论中所谓的个体的意识和动机实质上是全然缺位的。韦伯对观念实在论的否定也从一个侧面向我们清楚地显示了他并没有将他所谈论的主观的意义加以实在化，这进一步证明了韦伯作为一个本体论上的"半"或"部分"建构主义者的合法性。

我们的讨论显然回避了韦伯的方法论立场与其众多历史研究之间的看似矛盾的问题。不过我们并不赞同将其视为一种真正的矛盾。这可以一定程度地从韦伯对待社会学有机体学说的功能分析（它对方法论整体主义的推崇是众所周知的）的态度中看出，韦伯写道："首先这一功能的参照框架有助于实际的阐明和暂时的定向的目的。在这些方面它不仅是有用的而且是必不可少的。但与此同时，如果它的认知的价值被过高估计，并且它的概念被非法地加以'具体化'，那是非常危险的。其次，在特定的条件下，为了说明一个给定的现象，这是唯一可以获得的用以确定对理解十分重要的社会行动过程是什么的方法。但是这仅仅是此处所理解的社会学分析的开始"（Weber，1964：103）。此段话再清楚不过地表明了韦伯对待方法论整体主义的立场，他并没有彻底拒绝一种整体论的思维方式，但他仅仅将其作为一种暂时性的权宜手段，仅仅作为通向方法论个体主义的一个理论性的环节，而不是对对象的最终的和具体化的把握。看到了这一点我们就不难理解为什么例如韦伯的比较宗教研究往往给人同其方法论立场不协调的感觉（例如 Weber，1958：54），这应当被视为韦伯历史研究的一种权宜策略，尽管我们也可以将其视为韦伯没有能够在其众多的历史研究中最终实现他在方法论上的许诺，他仅仅停留在自身理论发展的途中，且无意中可能给人以误导。

与韦伯相比，同为社会学奠基人之一的齐美尔在本体论上的建构主义立场则要清楚得多，这倒不是说齐美尔比韦伯在本体论上更是一个建构主义者，而是说齐美尔明确地从个体与社会这对二元范畴出发，为我们清楚地展现了他的部分实在论和部分建构主义的鲜明特征。齐美尔认为，个体与社会不过是人们在处理给定的统一体时所制造的方法论概念（Simmel，1971a：37—38），言下之意作为自主而独立的主体的个体和客观的社会结构都不能够单方面地概括实在的统一体本身，它们不过是人们为了理解实在而创造出的方法论建构，因此彼此对立的个体与社会其实不过是人们看待同一对象的不同视角（参阅 Simmel，1971b：17）。① 然而尽

---

① 尽管社会本体享有不可还原的基质的特权，但任何本体论论断却只能是由特定认识论思想所主导的认识活动的理论建构（它当然包含着与对象之间的关系），这本身就是一种建构主义的姿态。与此同时，任何有关社会本体的讨论都已经预设了某种认识论的立场，就像任何认识论的思想都已经预设了某种本体论的论断一样（谁在认识，认识者与认识对象的存在及其性质），而此种论断同时又预设了某种认识论的立场，如此等等。这种看似荒谬的理论上的循环论证恰恰揭示了一个事实，那就是本体论与认识论在理论上的共属一体性，只有当人们以分析的方式将它们区分开来的时候，人们才会将其误以为是一种循环论证。

管如此，我们将看到齐美尔社会学理论的逻辑出发点却首要地落在了个体存在者及其互动之上，社会的存在最终却取决于一种以互动为核心的方法论个体主义的逻辑。既便如此齐美尔笔下的个体身上依然弥漫着一种社会性，这正是我们有理由将他列入建构主义范畴的重要原因之一，他并没有仅仅从先验主体的角度来理解个体存在者。齐美尔对待个体存在者的态度十分鲜明地体现了一种二元论的倾向，事实上他正是自相矛盾地试图以这一方式来克服主客体二元论。他写道："他既是社会化（sociation）的有机体中的一个环节，也是一个自主的有机的整体；他既为社会而存在，也为他自己而存在"（Simmel，1971b：17）。因此人这一社会存在者便具有一体两面的特性，他既是他自己的无法被社会所还原和消解的主人（这体现了主体主义的影响，隐含了一种先验主体的本质主义假设），也不可避免地与他人分享着某种社会性的特征（这暗示了个体存在者依然有其社会建构的特征）。由此齐美尔写道："他的存在（如果我们分析它的内容）不仅是部分社会的和部分个人的，而且属于基本的、决定性的和无法还原的一个统一体的范畴，除了作为人的两个逻辑上矛盾的特征的综合或同时性之外，我们无法命名这一统一体。这个特征是建立在他作为一个成员、作为社会的一个产物和内容的基础之上的；而相反的特征是建立在他作为一个自主的存在者的功能之上的，并且这个特征以它自己为中心并出于它自己的缘故来看待他的生活"（Simmel，1971b：17—18）。因此社会存在者不过是个体与社会这两个在逻辑上彼此矛盾的方面的综合，齐美尔将个体与社会的二元对立以一种依然是对立的方式统一在了个体的存在之中，这不仅没有在真正的意义上解决二元论的问题，相反它通过在个体的存在中肯定主客体矛盾的存在，从而在事实上支持了一种无法调和的特征（chracterizations）的二元论。

然而十分有趣的是，此种特征的二元论固然承认了社会对个体的部分建构，但是却并没有为社会赢得一种分析上的优先性或对等性，相反齐美尔思想中的主体主义倾向使之转而从个体的视角出发来铺展其理论的逻辑。他直言不讳地指出，社会的联系直接出现在诸个体之中，作为一种综合，它是纯粹心理上的，它无需外在于个体的因素，与其他人一同构成一个统一体的意识就是这个统一体所拥有的一切（Simmel，

1971b：7）。齐美尔明确地将社会化（或社会联合，sociation）的过程还原为心理过程（Simmel，1971b：9），从而彻底否定了社会作为实体的可能性，真正实在的不过是人类的行动者，尽管单一的个人不可能创造社会结构，但社会充其量仅仅是个体间的形式化的互动（Simmel，1971c：24，25，27）。我们无意于在此展开对齐美尔在康德哲学的启发下所形成的形式概念的探讨，我们只想表明在齐美尔的理论中社会结构并不是外在于个体的社会实在，相反它是心灵在互动中的建构，社会的形式或结构（帕森斯语）不过是个体间的互动模式（mode），它在个体的心灵中有其先天的本体论地位。① 这也就是为什么齐美尔断言："社会是一个超越于个人的结构，但那不是抽象的。……社会是普遍的，与此同时也是具体而活跃的"（Simmel，1990：101）。不是孤立的个体创造了社会，而是个体间的互动揭示了社会的形式（一种关系的视角）。相对于孤立的个体，社会具有一种客观性，但这并不是一种外在于个体并强加于个体的客观的实在性，因为社会的客观性不能超越于个体间的互动，它不是相对于个体而言完全抽象的客观性，它的普遍性始终内在于具体而活跃的社会互动之中，可以说脱离了个体的心智在互动中的具体发挥，也就无所谓社会可言。我们可以将齐美尔笔下的社会的客观性视为一种主观的客观性（或客观的主观性），这可以通过齐美尔对价值的讨论来加以说明。齐美尔认为，价值作为一个事实而存在于我们的意识中，它不是对象的属性，而是我们对对象的判断，是主体所固有的特征（Simmel，1990：63）。这一观点肯定了价值的主观性，但对齐美尔而言，这一主观性的论断主要是为了表明价值并非自然的客观现象，而一旦人们从个人主体的视角来看待价值，那么价值又是客观的（Simmel，1990：68），它具有一种社会的客观性或者说主观的客观性（或客观的主观性），它并不需要特定个体的认可就是一种价值，这体现了

---

① 尽管齐美尔赋予社会化的纯形式以主观的先天性，但是他并不否认这一纯形式本身必须从其自身的历史发展的角度来加以研究（Simmel，1971c：27）。齐美尔认为，与几何学不同，社会学所研究的历史心理现象并不能够确保形式的绝对同一性（Simmel，1971c：30，31），社会学家不能在逻辑上断言某种形式是纯粹的，因为根本无法将历史心理现象的形式和内容明确地区分开来，历史的变化取消了明确区分的可能性，社会学所研究的事实只有在其全部的内容中才是现实的（Simmel，1971c：30—31）。

价值的结构性特征。

第二节 社会作为突生的建构

一 继续一种模棱两可：主我与客我

米德的社会思想几乎将我们此前所揭示的模棱两可推向了极致，他毫不吝惜地使用诸如"本质"和"实体"这样的词汇，而且的确提出了像"主我"（"I"或"ego"）这样的带有浓厚本质主义色彩的概念。他将主我视为一个生物学的个体（biologic individual）或主体，一个有组织的冲动群（Mead，1934：372），而"一个冲动就是在某种机体条件下，以具体的方式对某种刺激做出反应的天生的倾向"（Mead，1934：337）。米德主张使用"冲动"一词而非"本能"，理由是正常的成年人类个体的冲动显然受到比低等动物的本能要多得多的修改和限制（Mead，1934：337），即便如此，显而易见的是，米德肯定了人类个体具有一种不可还原的原初主体性，尽管他宣称主我在本质上是一个社会因素（Mead，1934：279），但这并不是说主我来自于某种社会文化的建构，而是强调一方面主我的某些冲动只有通过与他人的社会合作或在他人的合作帮助下才能够公开地实现出来（这涉及例如繁殖或个体间为抵御外敌、获取食物所进行的合作等，我们可以将这类冲动称为"合作的冲动"）；另一方面，即便是狭义上或伦理上反社会的主我的冲动在广义上也是社会性的（我们可以称之为"敌对的冲动"），它们是所有人类个体所共有的，并且更加容易和直接地被适当的社会刺激所唤起，此外它们与第一种冲动融合在一起，并在某种意义上受其控制，它们与第一种冲动一样对人类社会组织来说是基本的、必要的和重要的（Mead，1934：304）。这也就是为什么米德将冲动称为社会—生理的（socio-physiological），他主张人类个体的生理活动也可能具有社会性，只不过在生理方面社会性的反应相对较少而已（Mead，1934：241）。我们有理由相信米德的主我概念显然是受到了笛卡尔与康德所开创的主体主义传统的影响，他的主我概念不过是以自然主义的生物学话语加以改造过的先验主体的变样。

正是因为将主我视为一种先天的社会—生理冲动，所以在米德看来，主我的反应是不确定的、不可知的（Mead，1934：175），我们只是在事后才能够确定这一反应，但那已经不是主我而是客我了，"作为给定的东西，它是一个'客我'，但这个'客我'是较早时候的'主我'"（Mead，1934：174）。主我不是一种社会文化秩序的经验建构，不是一种代表了共同体态度的理性化的建构（Mead，1934：334），相反它是这一建构的前提，是一切创造和变革的最基本的源泉，"'主我'给出了自由的感觉，主动的感觉"（Mead，1934：177）。"正是在那里新的事物得以产生，正是在那里存在着我们最为重要的价值"（Mead，1934：204）。到此我们似乎可以毫不犹豫地将米德定位为一个主体主义的实在论者，其主我思想的自然主义外表不过是一种包裹在先验主体哲学内核之外的生物学话语的伪装。然而，这一论断将因为其过分的偏狭而失去价值，因为与主我相对应，米德还给出了关于客我（me）的理论，主我与客我的二元划分使人联想起我们前文所讨论过的对米德产生深刻影响的齐美尔的形式上类似的观点。

米德认为主我与客我这两个不同的因素共同构成了个体的人格，正是因为有了这两个可以区分的方面，自我才既是负责任的又是能创新的（Mead，1934：178）。因此，撇开客我的方面将使我们无法理解米德社会思想中的个体形象，客我代表了与主我截然不同的方面，它是社会文化所建构的产物，只有预设一个社会整体或社会群体在逻辑上和时间上的优先性，客我才可能形成或被理解（Mead，1934：7，186）。对米德而言，人类个体的心灵和自我意识就其本质而言并不是什么与生俱来的心理实体，更不是什么先验的实在（Mead，1934：10，178，223），而是社会现象或社会结构的功能性的内化，它们是个体通过与他人的互动所形成的内化的产物（Mead，1934：133，164），这一内化并不能够改变它们的客观属性，它们在本质上依然是一个社会过程，或者说在本质上就是社会结构或社会现象（Mead，1934：133，140）。而这个客我之所以是功能性的而非实在性的，其关键就在于它们是主我在与环境的互动过程中所形成的一种工具性的突生的（emergent）适应（Mead，1932a：169，170。我们将在后文讨论突生的问题）。米德认为在人类的进化过程中，由于生理活动所存在的缺陷，于是在主我与环境的相互作用的过程中便形成了一种高度社会化的心灵与自我意识的适应形式，心灵的智能与自我意识是人类为适应环境所形成的达成目标的工具或手段，而这为一种超出动物社会的人类社会的产生奠定了基础（Mead，1934：240），这个人类社会是由语言所主导的理性的社会共同体，① 客我（心灵和自我意识）不过是它的内化的反映。但有趣的是最初产生的却是自我（self），独特的人类社会正是基于这一自我才得以可能，这里似乎存在着某个理论上的矛盾，即如果最初的心灵和自我不过是人类主我与客观环境之间相互作用的产物，而理性的社会只是在此基础之上才得以可能，那么这是否意味着米德有关社会过程的优先论是自相矛盾的，因为对于最初的客我而言，似乎并不存在一个在先的理性的社会过程（否则就要十分荒谬地设想在不存在理性存在者的前提下，已经存在着一种理性的社会过程）。② 米德认为，与个体主义的解释相比，社会

---

① 在米德看来，所谓的理性（reason）意味着个体能够在他自己的反应中采取其他相关个体的态度，即能够在整个合作的过程中采取与自己的动作（act）相关的群体的态度（Mead，1934：334）。而所谓的合理性（rationality）则意味着："如果个体能够采取他人的态度并以这些态度来控制他的行动，以及通过他自己的行动来控制他们的行动，那么我们就拥有了我们能够称为是'合理性'的东西"（Mead，1934：334）。这些观点揭示了米德的心灵和自我概念的一个重要特征："如果我们要成为我们自己，我们必须成为他人"（Mead，1932b：194），也就是采取由他人所代表的群体的态度，这是一种社会化的态度，"任何自我（self）都是一个社会的自我，但它局限于为之设定其角色的群体，它将不会抛弃这个自我，除非它发现它自己进入了更大的社会并生活在那里"（Mead，1932b：194）。米德认为自我的独特之处就在于它能够成为他自己的对象（Mead，1934：136），换句话说，米德所谈论的自我关键在于自我意识，也就是个体采取其所属的共同体的或一般化他人（the generalized other）的态度来理性地对待他自己（这也就是所谓的自我的反身性），米德将这一态度描绘为客观的、无人格的、非情感的，也就是理性的。而心灵不过是自我所拥有的一种认知或思维的能力，自我的反身性（reflexiveness）构成了心灵发展的本质条件（Mead，1934：134）。事实上，对米德而言，心灵正是语言所主导的符号互动（用米德的话说即我们与他人之间的外部的姿态会话，这些姿态是表意的符号）所建构的一种思维能力，通过这一能力，个体能够在其内心进行一种内在的对话（Mead，1934：47），而个体所采取的态度正是共同体的态度。心灵的思维使得个体能够对自己所卷入的社会过程中的他人的态度作出反应，并以这些他人或共同体的态度来指导自己预期的行动（Mead，1934：260）。这一切都充分地表明了理性化在心灵与自我的概念中所具有的核心意义，而这些意义的实现也都不能超越语言的范畴，因为正是语言这一表意的符号才使得理性化得以可能。

② 当然这并不代表我们赞同米德有关自我先行产生的论调，尽管米德丝毫也没有试图以此提出一种个体主义的思路，但即便不考虑米德所给出的社会过程优先论的解释（我们马上就会涉及这个解释所存在的问题），我们也不会赞同自我先行产生所隐含的二元论取向，当然米德并没有意识到这里所存在的对其思想的威胁。

过程的优先论可以合理地解释其自身的前提，也就是将生物学或生理学意义上的关系和互动（如我们此前所提到的繁殖等合作行为）视为一种社会过程（Mead, 1934：223），并以此来解释心灵与自我的产生。因此米德事实上提出了两种层次的社会过程，即生物学层次的和理性层次的。这一看似合理的论调实则隐含着理论上的误区，它是由米德的二元论思维方式所导致的。米德似乎没有意识到，他对人类社会所提出的问题同样适用于动物社会，他的生物学社会性同样会面对自身形成的逻辑问题，只不过他在客我问题上的方法论整体主义的思维方式使他无视其还原论立场所陷入的逻辑困境，仿佛他所例举的蜜蜂和蚂蚁的社会都是理所当然的；除此之外，在生物社会和客我之间显然不存在简单的连续性，这也就是为什么米德使用"突生"这一概念的原因所在，因此，米德与其说是给出了一种解释，还不如说是用突生的说明延迟了对问题的解答，并且掩盖了与生物社会属于不同层次的客我本身所面对的二元论问题的紧迫性（米德没有意识到，他所谓的生物社会过程根本无法解决这一问题）；然而更成问题的是，如果以生物社会为前提所突生的客我是先于理性的社会结构的（也就是说客我不是某个在先存在的理性社会结构所内化的功能性产物，而是个体的突生性建构），而客我的突生性也表明生物社会无法推论出客我的存在（生物社会过程的优先性充其量只是提供了自然的生理基础），那么最初的心灵和自我在实质上就承担起一种建构理性社会的责任，这原本在逻辑上应当顺理成章地衍生出一种方法论个体主义的思路（尽管这一思路也同样陷入二元论的错误之中），但米德却最终选择了理性社会过程的优先性，仿佛从生物社会过程的优先性到理性社会过程的优先性是理所当然的，仿佛理性的社会过程是直接从生物社会过程中突生的，这一看似理所当然的转变实则反映了米德思想中根深蒂固的二元论及其方法论整体主义的情结，以至于米德会无视我们所指出的那些困难，自相矛盾地坚持其社会过程优先性的论调。事实上，即便我们设想理性的社会结构与客我的突生是同时的（这是对米德最有利的解释，尽管它并没有得到米德的明确支持），也不能改变不存在时间上在先的理性的社会结构的事实（它充其量只是可以保证理性社会过程的逻辑优先性）。而米德主张用生物学层次的社会过程来解释客我最

初的突生性建构的做法已经清楚地表明，他并没有将解决问题的希望
寄托在一种同时性假设的基础之上（如果说在客我的最初产生的问题
上还存在着时间问题上的某种同时性设想的可能性——尽管米德的观
点似乎更支持一种相反的推论，那么对于理性的社会结构已经出现之
后的个体的社会化建构而言，米德主张社会过程的时间和逻辑的双重
优先性的立场则是显而易见的）。

　　到此我们不难看出，米德思想中的个体存在显然是由主我的实在
论和客我的建构论所共同构成的。其对于客我的实在论的批判还隐含
着一种社会行为主义（social behaviorism）立场，也就是以外部的社会
行为过程来解释诸如心灵、意识或经验的产生，从而反对将它们视为
内在的实体。米德认为，发生在大脑中的或者说发生在内部的是失去
或重获意识的生理过程，而社会过程则是发生在互动中的。不过米德
并不否认心灵和自我的存在，不否认它们作为心理现象的存在，它们
并不是社会过程（或非心理现象）本身，但是可以用社会过程来解释
它们的产生或建构（这一建构当然还有其生理基础），这也就是为什
么它们本质上是社会过程。因此，它们不是客观存在的实体，它们虽
然有其内在的生理基础，但是在很大程度上还是定位于客观世界之中
的，是外在的社会互动过程的功能性产物。虽然米德反对华生式的行
为主义，但他对社会行为过程的强调则显示了行为主义的影响，然而
也正是这一社会行为主义立场所包含的客体主义取向使他无法正确处
理主客体二元论的问题（这里的讨论仅限于客我的方面）。而心灵和
自我在内在与外在的身份上的含混，则表明了米德既承认心理行为又
偏重社会过程的解释所带来的某种困境。米德并不否认心灵和自我对
于社会过程的发展所起到的反作用（Mead，1934：226，263，308），
但即便社会过程向更高阶段的发展有赖于其所建构的自我的推动，但
是米德在本体论上还是将自我及其心灵视为派生的产物，本体论上的
支配地位还是被毫不犹豫地赋予了社会过程和生理过程。这导致米德
的思想被二元论所割裂，即一方面是生理过程中的自然主义和主体主
义的奇妙结合；另一方面则是社会文化领域中的方法论整体主义，这
一领域又被理所当然地区分为内在和外在的二元划分，尽管心理现象
在本质上还是被还原为社会过程，但它毕竟还是被赋予了不同于社会

过程的存在地位，甚至被认为可以发挥重要的反作用，这使得客我的地位问题显得十分含混和尴尬。到此我们不难看出，米德的社会思想受到主客体二元论的层层纠缠，而米德本人却似乎并不满足于一种二元论的简化倾向，这就导致他的社会理论充满了矛盾和混乱。

　　尽管存在着各种问题，但我们还是澄清了米德并不是一个彻底的主体主义者，也不是一个彻底的客体主义者。在我们进一步揭示米德的主体视角的建构主义理论之前，我们有必要澄清主我与客我的关系问题。事实上，米德尽管严格区分了主我和客我，并且常常在客我的意义上使用自我（self）一词，但在实际的社会行为中主我与客我并不是割裂的，"自我（The self）既是'主我'也是'客我'；'客我'设定情境，而'主我'对之作出反应。'主我'和'客我'都包含在自我中，并且在此相互支持"（Mead，1934：277）。一般而言客我体现了人们身上循规蹈矩和与他人在态度上一致的一面，它表现了社会控制（Mead，1934：210；Mead，1932b：192），它为主我提供形式、设定限度，是自我的习惯性的结构和形式。① 但"'客我'的结构并不决定'主我'的表达"（Mead，1934：210），主我的冲动是难以预见和控制的，但即便如此，通常情况下个体的动作却是由客我所决定的（Mead，1934：210。也就是说人们绝大多数社会行为都是循规蹈矩和无所创新的，尽管这并不意味着主我的完全缺场），当然也不排除一些极端的状况，在那里主我充当了主导因素，而客我的控制近乎瘫痪。不过这并不是说在主我和客我之间只能存在此消彼长的博弈，事实上，充满了不确定性和敢于创

---

　　① 这并不意味着客我与个体的独特性是全然对立的。米德认为尽管自我（self）是社会过程的产物，但是与之并不矛盾的是，每一个个体的自我反映这一过程的立场却是不同的，他们是由这一过程的不同方面所建构的，因此个体自我及其结构的共同的社会起源和建构并不排除广泛的个体差异的存在（Mead，1934：201，201—202）。与此同时，高度组织化的社会的分化和个体职能（function）的分化也为个体的独特性提供了空间，就这种职能的分化而言，"可以有共同的内容、共同的经验，却无需一种职能的同一性。一种职能的差异并不排除一种共同的经验；个体可以将他自己置于他人的位置上，尽管他的职能是不同于他人的"（Mead，1934：325）。这意味着属于同一个共同体的成员并不因为他们可以彼此理解和认同就变得一模一样，共同体的内部并不排除个体功能的分化（当然这也暗示了一个共同体完全可能分化为更小的共同体），这种分化所带来的差异并不排除不同个体就他们依然分享着某些共同的经验而言，能够一定程度地彼此理解。

新的主我也要凭借客我这个社会建构的手段才可能有所作为，我们不应当将客我仅仅设想为一个主我对之作出反应的消极的情境，客我已经与主我的发挥融合在一起，米德有关心灵和自我对于社会结构发展的反作用的论点已经清楚地表明主我不可能独自完成对复杂的人类社会的建构，没有社会历史文化的支撑，创造性的生理冲动也不可能有所作为。而米德所谓的两种基本的社会生理冲动之一的合作冲动则体现了主我与客我之间的最高的融合，因为作为米德符号互动理论的核心要件的沟通（communication）正是建立在基于共同利益的合作这一基础之上的（Mead，1934：257，257—258。尽管沟通又是合作的媒介，Mead，1934：259），他甚至认为合作是共同体的基础（Mead，1934：271—272）。米德的理论也许的确过分强调了合作及其所隐含的共识的意义，这损害了其理论对高度分化社会的解释力（贝尔特，2002：93）。虽然他并不否认另一种社会生理冲动即"敌对"对社会组织同样是基本的、必要的和重要的，但米德的社会理论却主要建立在合作假设的基础之上，客我正是产生于合作活动（Mead，1934：317），而米德心目中的理想社会也正是一个基于共同利益而达成普遍共识的全人类彼此同一的合作社会。米德的确无意中将他的伦理立场融入其社会理论的建构之中，即便我们不去讨论他的伦理立场具有多少合理性和可行性，但可以肯定的是，对合作与共识的过分强调的确限制了他的理论视野。①

我们曾经指出，米德的建构主义是倾向于主体视角的，这意味着米德更多地还是从主体的视角出发来铺陈其建构主义的社会理论，也就是说，米德的方法论整体主义不仅因为主我的存在而受到限制，而且其本身所呈现的面貌也与结构主义的客体主义立场有着一定的距离。这一问题的关键便是米德对社会结构的理解。正如我们的研究所表明的，米德的客我理论的实质是理性的个体能够与共同体的其他成

---

① 值得一提的是，米德对合作与共识的理解也过于狭隘，例如他将资产阶级和工人阶级、生产者与消费者、购买者与销售者之间的经济关系一味地看成是缺乏合作与共识的竞争和敌对的关系（Mead，1934：322—323），从而仅仅看到他们之间在利益和目标上的不一致，但却忽视了竞争本身也是一种合作，竞争的双方正是基于某些共识才可能进入竞争的状态，否则就将陷入霍布斯式的完全无序的战争。

员共同分享一整套的共同体的态度，从而能够在自己身上唤起自己的姿态在其他成员身上所唤起的反应，也就是能够理解共同体的其他成员的行为，这同时也就意味着个体能够以相对于其所属的共同体而言的普遍的方式来指导自己的行动，从而表明个体拥有一种理性的心灵和自我。因此，由一般化他人所代表的普遍性特征即米德所谓的社会结构或社会过程的关键所在，这意味着共同体的普遍的态度和行为方式，用米德自己的话来说它意味着一个话语的领域（a universe of discourse），即一个共同的或社会的意义系统，这是一个社会经验和行为的过程，表意的姿态或符号正是从中获得其意义（Mead，1934：89—90）。那么这是否意味着存在着某种涂尔干意义上的社会事实，它具有一种实体性的存在？米德明确地从其社会行为主义的立场指出，任何普遍概念一旦脱离了它们包含于其中并从中获取意义的社会动作就将毫无意义，它们并不具有什么实体性的存在（subsistential being。Mead，1934：90）。事实上，话语的领域正是那些践行和参与到一个共同的社会经验和行为过程之中的个人的群体所建构起来的（Mead，1934：89）。不能超出社会行动的层次来谈论社会结构或社会过程，社会结构并不是什么客观存在的实体，尽管它的确实际地存在着（Mead，1932c：87），它是在分享着共同体态度的个体之间的符号互动的社会过程之中被不断地建构和再生产的，它仅仅存在于互动的过程之中，它是过程性的而非实体性的，脱离了个体间不断组建起来的行动过程它将毫无意义，而这个行动的过程之所以可能也正是因为每一个参与其中的个体分享了一个共同的意义系统。与有关心灵和自我的讨论一样，米德有关社会结构的讨论依然以社会行为过程作为其重心，所不同的是对社会结构的研究实际就是直接探讨社会过程本身，而进化论有关过程决定形式（或结构）的观点（米德，2003：200，202）无疑对米德的社会行为主义产生了决定性的影响。因此不存在固定的结构实体，只存在过程之中的结构，结构不过是过程的表达（米德，2003：200），是在过程中形成和变革的。米德的社会行为主义肯定了社会结构作为个体间互动的过程性的建构，它既是这一建构的前提也是这一建构的结果，更为确切地说它实际就是这一建构的过程本身，这当然不同于通常所说的方法论个体主义，但它的确突出了个体及其心灵和自我的重要性，突出了自我参与其中的互动的核心地位，加之主我对于社会变革所发挥的不可替代的重要作用（Mead，1934：202，203，214），这使得我们有理由认为，米德的社会思想的确更多地体现了一种主体的视角。这一视角调和了一种方法论的整体主义，但整体的意义并没有超出符号互动的过程，① 整体论的价值仅仅在于不能将整体的性质还原至参与互动的任何一个个体，而这个整体并不因此而享有一种外在于个体的自在的规律性。相反社会整体只有通过将个体社会化为理性的存在者，或者在完全相同的意义上说，通过个体采取社会整体的共同态度来对待他们自身，这个整体或者说这个话语的领域才有可能存在（Mead，1934：156）。然而此种调和了方法论整体主义的主体视角却并没有能够真正地摆脱笛卡尔的主客体二元论，这不仅是因为它依然残留着主体主义形而上学的尾巴（主我），依然沉浸在主我与客我的二元论游戏中，而且是因为它解决二元论的方式本身也是二元论的。让我们以米德有关个体和共同体之间存在着相互影响（Mead，1934：215）的观点来说明这一点。这一看似有助于克服主客体二元论的观点其实却隐含着二元论的偏见，尽管米德认为不同个体影响共同体的程度是不一样的，绝大多数个体的影响都十分轻微（Mead，1934：215，216），但这并不能够为其观点提供合法性的证明，因为无论我们如何界定社会，但可以肯定的是它都不可能是某个个体的独创（哪怕只是极其微小的方面），根本就不存在个体与社会这对合理的分析对子，这种做法本身就与米德的互动论和过程论的立场相矛盾（也许人们会用诸如米德的表述有失严谨这样的方式来为米德开脱，但是我们的研究已经表明，正是米德对主我和客我的二元划分奠定了其整个社会理论的基调），当米德谈论个体与社会之间的相互影响时，他实际将个体和社会的二元存在合法化了，这正是米德无法走出二元论陷阱的重要原因之一。

---

① 从另一个方面这也表明，米德所研究的社会结构主要局限于符号互动的结构性特征，与许多结构主义社会学所讨论的社会结构相比，米德的结构概念显然要有限得多，就此来批评米德的局限性是没有意义的，那也许正是米德的兴趣所在。

二 关系、事件与过程

以上的讨论只是阐明了米德的社会思想的确具有一种建构主义的方面，并大致勾勒了其建构主义本体论的视角特点，然而有关如何建构以及被建构的对象实际是什么的问题则依然没有得到正面的揭示。米德认为突生（emergence）与适应是实在的两个重要特征（Mead，1932c：47），适应的观念体现了米德的进化论思想，而米德正是以突生来描述适应的过程及其机制，因此我们将从"突生"概念入手，它事实上是米德建构主义思想的核心概念之一。

米德写道："我已经把突生界定为事物在两个或更多不同的系统中在场，以这样一种方式，它在一个后来的系统中的在场改变了它在其所属的先前的系统或诸系统中的特征"（Mead，1932c：69）。这意味着突生的事物能够属于不同的系统，它并不仅仅属于其中任何一个系统，而是跨越了不同的系统，它的特征正因为此种在不同系统中的先后在场而具有其独特性，从而不能被它所属的任何一个系统所解释，事实上，突生事物的特征是在它所属的这些系统所具有的共同规律的意义上而存在的（Mead，1932c：50，66）。这也就是我们在前文所提及的，整体的性质不在组成部分中，我们不能用部分的特征来解释整体的存在。① 米德将突生的理念广泛地运用在其理论中，他不仅以此来解释诸如心灵、自我与意识的存在，而且还将其拓展至生命（生物学意义上的活物）和物体的领域（Mead，1932c：66），从而使得突生成为米德的社会哲学和自然哲学思想的核心概念之一。米德认为，突生是一种社会性（sociality）的表现（Mead，1932c：70）。他将"社会性"一词的范围拓展至社会世界之外的自然世界，它意味着同时作为几个东西而存在的能力（Mead，1932c：49），这是一种跨越单一系统的社会性。米德认为，现代物理学的电磁相对论（electromagnetic relativity）表明，物的世界包含着不同的时空系统，于是在物的世界中也存在着属于不同时空系统的社会性与突生。例如，在静止的旧系统中，运动物体的质量增加

---

① 我们将在后文指出，这种整体主义论断不过是一种幻觉，它是人们对部分和整体的错误界定的产物，我们将尝试一种克服整体主义偏见的思路（参阅第一部分第三章第一节）。

了，要解释这一增加，只能求助于一个不同于旧系统的新系统的时空结构，这正是电磁相对论的立场，于是便引入了不同的时空结构，物体正是因为能够存在于新旧系统之中才获得了它的社会性，它既是此物也是彼物，在不同的时空结构中物体具有不同的属性，但任何一个个别的时空都无法完全解释物体的存在。而生物学意义上的生命则既是活的又是物质世界的一部分，我们显然不能将生命仅仅还原为其中的任何一方，生命显然属于两个系统，因此生命是一种突生并具有社会性。米德认为，意识个体的存在既是生命（动物）又能够瞻前顾后，这里也存在着两个系统，意识既属于这两个系统又不能被其中的任何一个系统所解释，因此意识个体也是一种突生并具有社会性，而意识的突生意味着事物获得了意义和价值（Mead，1932c：67）。

我们所关注的焦点无疑将是米德有关人类社会的突生理论，事实上，我们前文在讨论客我时所提及的诸如心灵、自我、意识、社会结构等现象在米德看来都是突生的产物，它们既不是形而上学的实体也不是物质实体，它们的建构性的存在是由意义和语言来加以组建的。米德明确地指出，心灵被意义所占据，对对象的自我意识的经验（所谓的内部经验，与之相对的则是客观存在的物理对象或外部经验）是由意义所构成的（Mead，1934：131）。但意义并不是传统意义上的观念即纯粹的精神实体（Mead，1934：76），"它本质的或首要的不是一种心理内容（心灵或意识的一个内容），因为它根本就无须是有意识的，并且实际上直到在人类社会经验的过程中进化出了表意的符号，它才成为有意识的。只有当它变得与这样的符号相同一的时候，意义才变成有意识的"（Mead，1934：80）。这段话清楚地表明，早在意识和语言出现之前，意义就已经存在，因此意义不同于作为人类遗产的语言符号（Mead，1934：78），它也无须像语言符号那样必须在意识的层面运作。米德甚至写道："自然拥有意义和含意，但没有用符号来表示"（Mead，1934：78）。这是否意味着意义是自然物体所固有的成分，回答是否定的。事实上，米德对意义的界定远远超出了人类社会的范畴，在动物社会中依然有意义存在，因为简单地说，"意义是一个对象的内容，它依赖于一个有机体或一群有机体与对象之间的关系"（Mead，1934：80）。① 意义是一种关系性的存在，这意味着它至少属于两个系统，并且不能被其中的任何一个系统加以还原，它正是在这些系统所具有的共同规律的意义上而存在着，这也就是说，意义是一种突生的现象，它在本质上是关系性的，这也就是为什么它本质上既不是一种内在的实体，也不是一种外部的实在，尽管它的确客观地存在着。米德认为，有机体在一种无意识的状态中就已经和其周围的环境进行了互动，例如觅食的活动使得自然界中的某些物质现象具有了食物的属性，从而使自然物拥有了相对于有机体的特定意义，这是环境和有机体之间的关系性的突生建构，而这一建构对于有机体而言无疑拥有其生理的或感官的结构基础，正是后者规定了对象被经验到的内容（Mead，1934：130）；另一方面，在有机体之间的符号互动中，当一个有机体所采取的社会动作的姿态（符号）在与这一社会动作及其结果直接相关的另一个有机体那里能够唤起某种反应的时候，"第二个有机体的动作或调适性反应（adjustive response）赋予了第一个有机体的姿态以其所具有的意义"（Mead，1934：77）。然而，当有声的姿态能够在其发出者的身上产生这样的效果，即这一效果恰恰是该有声姿态在其所指向并对之做出明确反应的对象身上所产生的效果时，有声的姿态就变成了表意的符号（significant symbol）或语言（Mead，1934：46），"语言符号仅仅是一个表意的或有意识的姿态"（Mead，1934：79），它的存在或出现与心灵或意识的存在或出现处于同一个程序之中（Mead，1934：47，47—48），直到这时，也就是直到

---

①　这种关系性的视角在深刻影响了米德的齐美尔那里就已经有了某种表现，例如齐美尔认为区别于自然秩序的价值秩序（这一区别所表达的价值那不可还原的人类学特征使之不可避免地成为社会学研究的核心话题）是不能通过单个的对象或单个的人来加以解释的，他主张一种相对性的视角，即从人与对象、人与人的关系中去寻找价值的产生，因此在他看来交换即是事物的相对性的经济的一历史的现实化（Simmel，1990：101）。事实上，这种关系主义的视角也正是齐美尔理解其社会学的核心概念"互动"的方式（参阅叶启政，2004：398），只不过与米德相比，齐美尔并没有针对"关系"概念进行系统和深入的阐发，没有将关系主义作为一种本体论的自觉来加以强调，没有像米德那样将关系概念建构为其理论的一个明确的核心概念，再加上齐美尔的社会学思想在西方社会学历史中的影响的局限性，因此他对于西方建构主义社会学的关系主义的影响既不明确也不具有主导性的地位（这并不是说我们认为米德的影响就更为显著，相反米德的关系主义思想同样没有产生广泛和深远的历史意义，这与米德的社会理论在西方社会学的历史中长期所处的边缘地位不无关系）。

进入了人类社会的进化阶段，伴随着心灵、自我、意识以及语言在同一程序中的突生性出现，意义才进入了语言符号的领域，它被语言符号所表达或者说与其相同一，从而变成有意识的意义。不难看出，米德强调了人类意识的反身性或反思性特征，强调了人类行动者对其行动所负载的意义的有意识的理解，这种理解充分地体现为以语言为载体的自我意识的能力，即能够在自身唤起自己的行为在他人身上所唤起的反应，能够向个体指出自己的行为对于他人所具有的意义，能够以他人的态度来反思自己的行为。这体现了米德依然一定程度地沉浸在笛卡尔所开启的意识哲学的思路之中，从而突出了意识层面的重要性，并相应地忽视或贬低了前意识和无意识的问题，与之相关的则是缺乏对意外后果的理论思考（贝尔特，2002：91），这些都反映了米德思想的重大局限。

米德在其行为主义的意义上将构成心灵之独特内容的事物的意义称为态度或态度的组织（Mead，1934：125，126—127）。此种态度代表了人类对于其所生存的世界的有组织的反应，代表了在这个世界中为我们而存在的东西，正是人类基于其自身的特征而对外部的刺激所给出的态度及其所引起的反应为我们挑选并建构了为我们而存在的对象的世界（Mead，1934：128，129，165）。人类有机体并不是机械地对外部的刺激作出反应（Mead，1934：108），相反那个被行为主义者所津津乐道的刺激激起了人类行动者的反思性介入和有意识的选择，这一有其生理基础的反思和选择的过程充分体现了主体的能动性特征，它表明有机体的态度和反应并不是环境所决定的产物，相反实际发生的是有机体和环境之间的相互决定和相互依赖（Mead，1934：129，130，215），这一点既适用于动物社会也适用于人类社会（只不过它们的表现方式有所不同，动物以无意识的本能的方式来行动，而人类则具有反思性的意识特征）。富有意义的对象正是在人类有机体的社会性的能动反应的过程中才得以出现或被建构起来，这也就是为什么它是为我们而存在的，它的意义不可避免地被打上了人类心灵的烙印，这当然不是将主观性投射给客观的对象，而是对象和客我之间的关系性的意义建构（Mead，1934：280），这是一种社会化的关系建构。我们可以说，米德所谓的对象的意义正是存在于有机

体和环境之间，它既表现在有机体中也表现在物中，它既是物的内容
也是有机体的态度，它表明环境在改变有机体的同时也被有机体所改
变，这无疑体现了米德试图超越主客体二元论的一种尝试，尽管这一
尝试又是在一种主我和客我的二元论中组建起来的。① 米德以其社会
行为主义的口吻写道："社会环境根据社会活动过程而被赋予意义；它
是一种客观关系的组织，后者是在与一群参与到此种活动中、参与到社
会经验和行为过程中的有机体的关系中出现的"（Mead，1934：130）。
因此意义是一种高度社会化的客观关系，它是一种有组织的态度及其反
应，它不是绝对个人的独创，而是人类群体与其环境之间的关系，严格
地说环境正是在人类有机体的互动过程中被赋予意义（Mead，1934：
77）。也只有这样才可以理解，为什么米德认为"意义本身，即思维的
对象，通过个体刺激他自身在其对对象的反应中采取他人的态度，从而
在经验中出现"（Mead，1934：89）。这样的讨论当然并不仅仅局限于
人类有机体和物质世界之间的关系，它同样可以适用于人与人之间的关
系（正如我们已经看到的，这两种关系是密切联系在一起的），只不过
在人类行动者之间的意义关系中存在着对他人的反思性理解的问题，即
个体能够凭借他与互动的对象所分享的意义来理解他自己的行为在他人
身上所可能引发的反应，也就是在他自己的身上引发他施于他人的行为
在他人身上所引发的反应。这里的意义显然也是一种高度社会化的产
物，它来自于个体间的互动关系，它被不同的个体所分享，但却不属于
任何一个个体，用米德的话来说，实际存在的是一个共同的或社会的意
义系统，其发展所依据的是语言的符号化（Mead，1934：76），这是人
类社会阶段赋予意义的共同特征。然而十分有趣的是，米德甚至将人类
行动者之间的理解问题以一种近似的方式拓展至人与物的某些关系领

---

① 这让我们联想起我们曾经提到的米德有关个体和共同体之间的相互关系的观点，即当
个体采取了共同体的态度时，他显然被共同体所改变，但正是这一改变同时也改变了那个改变
了他的共同体，尽管个体对共同体的影响可能十分轻微（Mead，1934：215）。正如我们已经
指出的，这种观点十分清晰地暴露了米德的二元论立场，此种立场在有关人类和自然环境的关
系问题上则要隐蔽得多（在此我们没有涉及有关对人类与自然环境的关系采取一种整体主义的
立场所包含的二元论倾向，这涉及突生这一概念的合法性问题，我们将在本节的结尾通过批判
我们所关心的有关社会关系结构的整体主义来讨论这一问题）。

域，从而以一种近乎极端的方式展现了他的关系主义立场。米德认为所谓的我们是如何从内部经验出发而达到外部世界这样的问题是形而上学的问题，因此不应当加以考虑，应当加以关心的问题是对象是如何获得感性对象的内在特征的，这种特征是无法通过细分对象来揭示的（Mead，1932d：121）。米德在此所谓的感性对象的内在特征实则是指诸如压力和阻力这样的接触经验（contact experience。Mead，1932d：137），它们属于物理物的初级性质，它们无法凭借人类的感官经验（sensuous experience）而被明确地界定，从而区别于在我们的视觉、听觉、味觉和嗅觉中所呈现的次级性质（米德认为这些次级性质无法被物理物的特征所分享，也就是说物理物并不具有类似的性质）。① 米德认为，当有机体的对象在有机体中唤起了该对象作用于有机体的行动，于是对象就被赋予了诸如压力这样的内在特征，也就是说，只是就有机体采取物的态度而言，物才获得了感性对象的内在特征（Mead，1932d：122，125，134）。米德的意思是，只有当有机体把物对它的作用经验与它自己对物的作用经验相同一，即在接触经验中，将物对它的（例如）阻力与它推动物的努力相同一，只有这样物才获得了阻力这样的感性的内在特征。这不是用有机体的感官投射来解释物质质料（matter）的内在本质（Mead，1932d：123，135），而是将有机体自身也作为一个对象，有机体作为物质质料像物理物一样行动，从而实际发生的是对象与对象之间的物理特性的同一（Mead，1932d：124）。换句话说，正是因为有机体本身与其周围的客体同时作为物理物而相互作用，有机体才能够在这一意义上"理解"物理物作用于它的行动，也才可以说客体在有机体中唤起了客体自己对阻力的态度（Mead，1932d：130）。所以说诸如阻力这样的接触经验无非是有机体和物理物之间的特定关系中所突生的性质，它在经验中作为共同特征既在个体中也在外物中（Mead，1932d：134），但它显然不能用关系的任何一方来单方面地加以还原。而米德把通常用于人与人之间的"同感"拓展至人与物之间，可以说是将其关系主义的互动理论发挥到了极致，这一做法对于克服笛卡尔的心物二元论的思想的确具有某种启发性，但他以拟人化的方式来

---

① 这种关于初级性质和次级性质的划分显然源自洛克的传统。

谈论物的态度的做法显然并不可取。

我们一直在谈论的此种关系主义并非主张一种抽象的无时间的关系，事实上，时间的维度始终是米德社会理论思想的核心要件，其主要的概念形式就是过程（process）或经过（passage）。米德写道："我们已经看到意义的本质与社会过程密切地联系在一起，因为它是如此显现的，那个意义包含着作为它从中产生和发展的情境的社会动作的诸阶段间的这样三重关系：一个有机体的姿态和另一个有机体的调适反应（也蕴含在既定的动作中）的关系，以及与既定动作的完成之间的关系，这样一种关系以至于第二个有机体对第一个有机体的姿态作出反应，从而指出或指涉既定动作的完成"（Mead，1934：76—77）。可见米德强调社会动作的过程性，换句话说社会动作所包含的社会性特征就其本质而言是时间性的（Mead，1932c：82），社会性所意味的个体在不同系统间的转换本身就是一个过程，当米德说"社会性是同时成为几个东西的能力"时，这一表述的象征意味是显而易见的，它不应当被视为把社会性归咎为瞬间（instant），相反米德清楚地指出，瞬间仅仅意味着属于单一的系统，而只有在经过中对象才可能成为两个不同系统的成员（Mead，1932c：77），"从一个系统进入另一个系统的经过是既在机体（form）中又在环境中产生一种突生的机会"（Mead，1932c：85）。这绝不仅仅意味着一种时间上的先后关系，因为在经过中存在着事物结构的变化（Mead，1932c：79），在不同系统之间的转换意味着事物本身性质的变化，正是此种变化才凸显了时间维度的重要性，米德正是试图以过程（或经过）与变化的立场来颠覆那种认为在变化的现象背后有不变之物的形而上学观点，因此米德才强调经过是实在的特征（Mead，1932c：79），而这也就在根本上颠覆了实在论的立场，因为如此所诠释的实在是从属于过程和变化的。到此我们便不难理解，米德为什么会宣称，我们并不是历史或预言的必然性的产物，"我们的价值在现在之中，过去和未来仅仅为我们提供了实现这些价值的手段的细目和运动的计划"（Mead，1932c：90）。过程和变化取代了形而上学置入时间之中的必然性，在过去、现在和未来的关系中所存在的正是突生所带来的不确定性，正因为过去和未来与我们现在的任务产生共鸣（Mead，1932c：90），才使得一个共同的世界、共同的生活突现于现在的舞台之上，这是在时间的经过中才可能被建构起来的跨越不同系统的共同规律。米德写道："这个现在是那个突生的舞台，那个突生给出了新的天国和一个新的尘世，并且它的社会性正是我们心灵的结构本身"（Mead，1932c：90）。这也就是说，心灵是时间性的，心灵在本质上是过程，是从一种状态进入另一种状态的过程，从一种态度进入另一种态度的过程，从一种角色进入另一种角色的过程。与此同时，心灵可以先后占据这两个方面，并以反思性的方式坚持两者的共同方面（一般化的他人），而心灵对共同方面的反思能力则表明它是社会性发展的最高状态（Mead，1932c：85，86）。可以说心灵只能在与过程、突生和社会性的一体性中才能够被理解。经过不只是时间的流逝，而是从一种状态进入另一种状态的过程，这个过程打破了个体的孤立状态，使他与其他个体产生了联系，而心灵正是这种既是自己又是他人的突生现象，这一现象的实质是同时作为不同个体而存在的能力即社会性，这样心灵就是在"社会性的突生过程"（这一表述是为了体现它们的一体性）中所产生的超越了孤立个人的一种状态，它既不能被还原为个体自己，也不能被还原为其他个体，而是在不同个体之间所具有的共性的意义上存在，这就是一般化的他人。由此心灵的存在揭示了社会性的不可还原性、强调了社会性的过程性。这同时也就意味着，这个可以采取不同态度的心灵必然在态度转变的过程中转变其对过去和世界的解释，这就放弃了认识论上的绝对主义，因为心灵的社会性不是永恒不变的，社会性的时间内涵注定了它不可能处于一种不变的状态，正是旧系统与新系统的关系才使得社会性得以可能，取消了这种新旧变化的突生关系，也就取消了社会性。因此任何心灵的突生都意味着对过去和世界的重建，这种重建永远发生在现在之中，因为现在正是突生的舞台，于是实在就存在于现在之中（Mead，1932c：1，25，45），因为正是在现在之中实在才能获得使之成其为实在的含义和价值（Mead，1932c：25），而也正是因此不再有永恒不变的实在。①

尽管米德依然使用实在和本质这样的实在论的词汇，但是至少就其

---

① 我们将在本书的第二部分详细研究这里所涉及的认识论问题。

思想中的建构主义方面而言，他无疑已经使实在和本质从属于关系和过程。"如果事物的本质在过程中、在一个变化的系统中被发现，那么这一过程从不同的但却相关的观察者的各种各样的立场中所采取的不同的价值必然影响事物自身的本质"（Mead，1932e：144）。在此，本质并不像形而上学家所设想的那样是永恒和绝对的存在，本质与实在一样都是人与其对象之间的相互作用过程中的关系性的突生建构，"不可能划出令人满意的线，以至于将把对他而言实在的东西留在线的一边，而感觉材料则留在线的另一边。当我们考虑我们所谓的事物的意义时，这一事实变得特别的清楚。这些与必须被称为意识的东西无法解开地相互交织在一起；然而这些意义是科学对象的本质本身"（Mead，1932e：152）。这段话再清楚不过地向我们揭示了米德的建构主义思想，尽管米德并不否认客体先于有机体的反应而存在（Mead，1932d：133），但对人而言具有意义和价值的实在和本质都并非独立于人而客观存在着的，它们当然也不是人类行动者单方面的主观投射，它们正是人与对象之间的互动过程的突生产物，以至于根本不可能划出一条清晰的线条来将它们与人的存在区别开来。至此，我们有理由认为诸如实在（reality）和本质这样的形而上学概念在此种建构主义的语境中的确显得不合时宜，尽管米德依然在使用着这些陈旧的概念，但是他的确重建了它们的内涵，他甚至以一个新的概念来诠释它们的身份，这个新的概念充分展现了米德建构主义思想的特点，从而避免了传统概念的矛盾和歧义，这个新的概念就是"事件"（event）。米德写道："尽管形而上学的断言是有关一个终极的实在，然而科学家的程序和方法却并不沉思此种终极的东西。相反，他们面对在不断出现的新东西中突生的事件而思考持续的重建"（Mead，1932f：101—102）。任何突生的现象都只不过是事件，它们在时间的过程中不断地被重建。米德显然受到了现代物理学的巨大启发和鼓舞，他的事件概念在很大程度上正是这一启发的产物，"在电磁的世界中，物理物的终极要素是事件，因为时间已经成为它们的内容的本质特征"（Mead，1932f：110）。时间的本体论化颠覆了外在于时间的不灭实在的假设，在时间中突生的实在不能外在于经验的变革，因为科学正是尽可能地从众多的经验中抽象出共同的实在（Mead，1932f：117—118），而从经验中概括出这些共同实在的心灵作为一种突生的现象也不能超出经验之外而有所认识，在众多经验中被抽象出来的物的共同实在作为有机体与环境的关系中所突生的意义和特征显然只具有经验的实在性，这是一种经验的实在论，也就是一种突生的实在论，因为正如我们的研究已经充分表明的，经验本身就是在人类有机体与其世界之间的互动过程中所突生的现象。

到此我们不得不指出，米德对突生概念的使用无疑是其理论的极其核心的特点之一，米德将其理论中的大量关键性对象的产生归咎为一种突如其来的生成，这赋予了突生概念至关重要的解释性角色。很大程度上正是由于对突生概念的使用，才使得米德的社会理论避开了诸如社会结构的生成或自我的生成之类的棘手问题所造成的困难，并使之获得了一种逻辑上的自洽性，然而也正是这一貌似合理的解释构成了米德社会思想的一个重大缺陷。在米德的社会理论中，突生概念实际充当了对无法做出解释的一个冠冕堂皇的掩盖，这一掩盖显然利用了对象整体（对米德而言也就是各部分之间的整体性的关系）具有某些不可还原至这一整体的组成部分的特性这一论断（如社会整体的结构性特征不能用组成社会的个体的特性来加以解释，等等），但这恰恰是对部分和整体这一对概念的错误理解乃至错误界定所导致的，这也为米德原本具有启发意义的关系主义立场蒙上了一层阴影（我们将在后文的适当地方重新界定社会整体的组成部分或社会的基本单位，从而以此来彻底解决整体主义的挑战，在此我们暂且满足于指出解决这一问题的方向，尽管这实际上已经暗示了我们的立场）。正因为无法摆脱"个体与社会"的二元论的分析范式，并且在社会整体论这一二元论变样的错误立场上来界定其所谓的社会的部分和整体，米德才不得不采用"突生"这样的概念来解释其所谓的不能用关系的任何一方加以还原的关系特征。米德并没有意识到无论是部分（个体）还是整体（社会）都仅仅是分析的理性对对象的一种引人误解的抽象，其所谓的整体的优先性不过是一种二元论的错觉，这也就是为什么存在着无法用部分来加以解释的整体特征之类的整体论的伪命题存在的根本原因，正因为错误地将理论所虚构的个体视为同样由理论所虚构的社会整体的合理的组成部分（或者说基本的构成单位），才不得不在无法用个体解释社会（关系）这一分析上显然合理的论断的前提下设想出突生的解释，① 因为不然的话就无法满足米德的社会整体论的逻辑。在我们看来任何从个体是社会的基本组成部分的观点出发的立论都无法摆脱主客体二元论的桎梏，突生的提法不仅无法克服此种二元论的困境，相反它在实质上以一种貌似合理的方式重新肯定了二元论（社会结构的突生性意味着任何对整体主义这一二元论变样的批判都将是多余的），它以一种突如其来的生成试图掩盖理智的缺陷所导致的无能，因为如果与社会（关系）相对应的只能是一个个个体的存在者，那么你的确永远都无法从这些个体的存在中找到社会（关系）存在的逻辑根源。这也就是为什么我们尝试以共在来解释个体的存在状态，② 并且反对将个体与社会视为一组在克服主客体二元论方面充分有效的逻辑起点（这种立场常常导致通过所谓的个体与社会的相互作用来克服主客体二元论的幼稚企图），在我们看来，个体与社会这两个分析的虚构同时消失在实际发生的共在实践的过程之中，如果认清了个体与社会都只不过是分析理性针对社会世界中广泛存在的共在的实践过程所做出的引人误解的理论抽象和虚构，那么关于社会关系结构的突生议题自然也就毫无意义了（有关这一问题的详细讨论可参见郑震，2009：第二部分第一章以及全书各处）。此外，我们并不自诩对米德所谈论的诸如生命等自然现象的突生问题具有专业的了解，这也就是为什么我们以上的讨论只是围绕我们所关心的社会学问题而展开。但是我们依然认为如果我们对关系主义的二元论立场的批判是合理的话，那么这种批判在逻辑上似乎也能够适用于那些自然现象，毕竟我们并不认为彼此有着重大差异的社会现象和自然现象在这一方面有着本质的区别（当然这也只是一种假设）。必须指出的是，以一种整体论的方式来理解不能还原为关系各方的各种关系特性的做法只能是笛卡尔主义的二元论抽象的产

---

① 这一论断的合理性却是建立在前提的不合理的基础之上的，也就是说，正因为错误地将个体视为社会的基本单位或基本的组成部分，才导致了所谓的个体无法解释社会（关系）这样一个显而易见的结论。然而米德并没有去反思问题的真正症结所在，而是以"突生"的解释来自圆其说，其结果只是陷入一种恶性的循环之中。

② 我们不难看出米德的思想已经一定程度地触及了这一问题，但是他在二元论方面的固执使他没有能够就此超越他所痴迷的整体主义视角，以至于他无法突破个体与社会关系结构这一对立的分析模型，这也就使他不可能真正地意识到共在的本体论意义。

物，它常常只是用来掩盖理智的懒惰和无能的遮羞布。

第三节 生活世界的基础性

一 主体视角中的意义问题

仅就社会学领域中的传承而言，如果说米德的符号互动论是继承了齐美尔的传统，那么许茨的现象学社会学则带有浓厚的韦伯烙印。他不仅接受了韦伯以及齐美尔的方法论个体主义的立场（Schutz, 1967: 4; Walsh, 1967: xxi），而且深受韦伯的解释社会学的影响，这一点不难从许茨对理解、意义、动机、社会行动、理念类型等一系列问题的重视中看出。不过许茨显然并不满意于韦伯的理论，在他看来韦伯的解释社会学虽然在大体方向上值得称道且大有潜力可挖，但是其关于社会行动的意识分析显然过分粗糙，以至于根本无法为其解释社会学奠定扎实的基础，这就需要引入柏格森和胡塞尔的研究，尤其是胡塞尔的先验现象学，才能够有效地为解释社会学奠定更深层的基础，并解决意义问题（Schutz, 1967: xxxi, xxxii, 12—13）。鉴于本书的主题，我们无意于在此详细介绍许茨对韦伯思想的批评和接受，也无意于梳理许茨对胡塞尔的解读，我们想指出的是，无论是韦伯的解释社会学还是胡塞尔的先验现象学都为许茨的现象学社会学提供了本体论的主体视角。这一主体的视角正是通过许茨对意义问题的研究而充分展现出来的。

在许茨看来，社会学所要回答的根本问题就是日常生活中的意义层次或结构的问题（Schutz, 1967: 10），而这一问题的解决显然要以个体及其行为作为基本的分析单位，"这些意义结构中的每一个都可以进一步地还原为特定的要素，它正是在这些要素中被建构起来的。这些要素就是发生在个体之中的意义建立和理解的过程，就是对他人行为的解释过程，以及自我解释的过程"（Schutz, 1967: 11）。对于许茨而言，这一切不可避免地发生在个体的意识领域中，这个领域无可争议地扮演着社会生活中的基础角色，"因为社会世界的意义结构只能从最原初的和一般的意识特征中被演绎出来"（Schutz, 1967: 12），"因为只有心灵（*Geist*）本身才具有存在，才是独立的东西"（许茨, 2011a: 135）。不可否认的是，许茨对主体心灵的理解带有明显的本质主义色彩，他将自己的研究限制在现象学的心理学或自然态度的构造性现象学的层面，这是分析日常社会生活中的意义现象的层面，它所需要的是现象学心理学的还原而不是先验现象学的还原，它所从事的是本质科学的研究，但却不是先验现象学的研究（Schutz，1967：44，97）。许茨一方面通过将自己的研究局限在现象学心理学的本质还原的层面，从而避开了先验现象学还原所必须面对的他人自我的存在或者说他人如何能够作为一个与我一样的主体而存在这一棘手的难题。现象学的心理学将他人自我的富有意义的存在视为不言而喻的前提，而这也正是韦伯的解释社会学所默认的（Schutz，1967：19—20）。① 许茨与胡塞尔一样认为发现他人自我之构成的任务只能以先验现象学的方式完成（Schutz，1967：115），但胡塞尔正是在解决这一问题时陷入了先验唯我论的困境，许茨并不否认胡塞尔在这一问题上的失败（Schutz，1967：32—33）。② 另一方面，许茨使用胡塞尔的概念所划定的研究范围，则直接表明他接受了胡塞尔的实在论倾向，即其所从事的是有关意识的本质研究，意识不仅是一种独立存在的基础现象，而且毫无疑问地具有其普遍的本质特征。这似乎使许茨的社会学理论远离了建构主义的谱系，但我们将看到，我们有理由认为许茨的现象学社会学理论和我们此前所提到的那些作者一样显示出一种模棱两可的状态。

许茨认为韦伯所谓的富有意义的个体活动（act）的概念并不像他自认为的那样界定了一个非派生的本原（Schutz，1967：7），韦伯虽然貌似充分地给出了诸如社会行动、动机和意义等概念，但是由于韦伯的解释社会学缺乏深入细致的意识分析来作为其方法论个体主义理论的坚实基础，这使得他的概念体系十分笼统和粗糙，从而引发了许多混乱和谬误。例如，韦伯将对社会行动意义的解释性的理解划分为动机性的理

---

① 事实上几乎所有的社会学理论都将其默认为一个不言而喻的前提，就像所有的自然科学理论都将宇宙的客观存在视为不言而喻的前提一样。对此种前提的发问往往被归入哲学的领域，它反思了科学所未经反思的前提。

② 许茨写道："然而，使这个作为世界构造过程之源的先验自我的概念与共同存在的先验主体的多元性观念保持一致，这却是现象学最困难的问题之一——这甚至可能是一个无法解决的问题"（许茨，2011a：205）。这段话充分体现了许茨对于胡塞尔的先验现象学在解决他人自我这一问题上的失望，同时也显示了许茨本人对这一问题的困惑。

解（或说明性的理解）与观察性的理解的做法就是任意的和没有逻辑基础的（Schutz, 1967: 29）。韦伯认为，无论是说明性的理解还是直接观察的理解都是关于个体社会行动的主观意义的理解，但许茨认为韦伯完全低估了观察者研究主观意义时所面临的困难，韦伯所谓的两种解释性理解的方式都没有能够超出客观意义阐释的层次，而观察性的理解不过是日常生活中人们所采用的理解方式，它根本就不属于解释性理解的范畴，只有说明性的理解才是建立主观意义的科学方法所在（Schutz, 1967: 29, 31）。但即便如此，也不意味着能够确保对他人的社会行动的主观意义的本真把握，问题的复杂性和困难性远远超出了韦伯的想象，而韦伯的方法充其量也只是向人们展现了观察者是如何以他所掌握的类型化的客观意义来替代作为探究对象的主观意义的。不过我们在此无意于进入对观察者所面临的认识论问题的讨论，这一问题将留待本书的第二部分来加以解决。我们所感兴趣的是，为了解决韦伯在意义问题上所陷入的各种问题，许茨主张必须澄清意义现象的精确性质，这意味着必须深入意识的本质中，从而展开对个体行为的详细的现象学分析，而这恰恰是韦伯的解释社会学所欠缺的，相反胡塞尔和柏格森有关时间经验或内时间意识（internal time-consciousness）的研究则提供了重要的基础。许茨写道：“意义回溯至内时间意识，回溯至绵延（*durée*），在其中它原初地并且在其最为一般的意义上被构成”（Schutz, 1967: 40）。无论是胡塞尔的内时间意识还是柏格森的绵延或内在的时间，它们在此所发挥的作用无一例外地是将意义的构成问题置入意识之内的时间过程之中，这样行动的意义问题就与时间问题不可分割地联系在了一起，而这一时间维度所意指的恰恰是个体的单向的、不可逆的意识流。许茨指出，在日常生活中活动和思考的自我（Ego）处于意识的层面，其对生活的注意阻止了个体没入纯粹绵延的直觉之中，在后者之中没有分化的经验（Schutz, 1967: 47），只有正在被经验的绵延过程，但也正是因此它是没有意义的（Schutz, 1967: 52）。这里引入了许茨和韦伯之间的一个重要分歧，韦伯认为行动的主观意义就在于作为行动的内在构成的动机（Weber, 1964: 98—99），因此拥有动机的行动毫无疑问是具有意义的。这同时也就暗示了那些缺乏意识动机的行为（在韦伯的意义上即是那些无意识的、单纯反应性的，以及严格意义上的传统的或情感的行为）自然也就是缺乏意义的。与之相反的是，许茨认为，即便是无意识的单纯反应性的行为也同样可以具有某种意义，"当我们仔细留神的时候，我发现不存在我的完全没有意义的经验"（Schutz, 1967：19）。然而许茨在不同的地方指出，某些没有在人们的记忆中留下任何痕迹的自发生活的经验（如生理反射、面部表情等），从主体的角度看是完全没有意义的（许茨，2011a：222—223，223）。①
这些表述上的差异也许只是说明了许茨的如下观点，即不同的经验各自有意义的方式不同罢了（Schutz, 1967：19）。例如在许茨所主要关注的行动问题上，他赞同韦伯反对将行动视为物理事件或身体运动，反对将一个人的行为与对其行为的意识经验区分开来（Schutz, 1967：42），仿佛意义只是属于那个意识经验，然后才被附属于身体的运动，许茨主张行动是包含内在行为的，即设计（projection）或对行为的意识经验（行动就是对这个设计的实施），因为只有当行动包含此种内在行为，行动才可能在反思中被赋予意义（一个行动如果脱离界定它的设计，那它将是没有意义的，确切地说是没有主观意义的），这体现了行动之具有主观意义的特殊性（当然行动并非只是具有主观意义，有关这一问题我们留待后文讨论）。许茨也正是以此来划分有意识的行动的意义建构和无意识的行为的意义建构，因为无意识的行为是不具有设计的。但尽管如此，包括行动在内的任何广义的行为的意义都只能来自于反思性的赋予（Schutz, 1967：42，52），这也就是为什么许茨可以把那些韦伯认为是无意义的行为活动视为有意义的关键所在，因为无意识行为虽然并不具有设计或目的动机（in-order-to motive；有关目的动机的问题我们将在稍后讨论），但是这并不妨碍它接受反思性的把握，从而被建构为富有意义的行为（Schutz, 1967：71）。

许茨写道："意义并不是在我们的意识流之中不断突现出来的某些经验所内在固有的属性，而是我们从目前的'现在'（Now）出发、以某种反思的态度解释我们过去观察到的经验的结果"（许茨，2011a：

---

① 我们也许可以这样理解，用许茨自己的话来说，生理反射和情绪（moods）的意义并非就其为什么（How）而言（后者是无法在记忆中被恢复的），而只能是就其存在能被一种简单的理解活动（act of apprehension）所了解而言（这意味着至少其曾存在这一点是可以在记忆中被恢复的），因此从主体的角度来看这并没有什么意义，也就是不具有主观的意义。

222）。但这丝毫也不意味着行动的主观意义仅仅是反思活动的凭空捏造，许茨说："意义仅仅是一种意向性的操作，它不过只是对反思的目光才变得可见"（Schutz, 1967：52）。言下之意只有反思的目光才能够看见已经发生的经验中所包含的意向性操作，后者是非反思的自然态度所不了解的，这也就是为什么许茨认为，说意义是赋予或附加（attaches）给一个"活动"（已经完成了的行动，对许茨而言，反思所指向的只能是活动）的说法是一种隐喻（Schutz, 1967：40, 215），因为行动本身就已经具有使其通过反思而成为富有意义的行动的内在条件（设计或目的动机），尽管如果没有主体从自然态度向对象化的反思态度的转变，那么这个内在条件是不可能自行向主体呈现出意义的，因此说经验有意义是误导的（Schutz, 1967：69），只有当反思的目光聚焦于行动的设计时，富有意义的行动才被建构起来（Schutz, 1967：71）。

不过要想真正理解许茨有关意义的反思性建构的理论，就必须结合胡塞尔的内时间意识现象学和柏格森的绵延概念来加以阐发。正如我们已经指出的，许茨认为在意识流和绵延中没有分化的经验，从未分化的绵延流中分离出来的经验是反思性目光的产物，而只有分离的经验才可以被赋予意义，它是已经被经验过的，而正在意识流中被经验着的则是没有意义的（Schutz, 1967：52）。分离的经验是已被经验过的，也就是说它是已经发生的过去的经验，它作为原初的印象（primal impression）而保持在初级的记忆（primary remembrance）或持存的变样（retentional modification）中，绵延或者说意识经验的连续统（continuum）的已经过去的部分正是在持存的初级记忆中得以保存。与此同时，对于反思性的关注而言，在自然态度中与持存（retention）融合在一起的作为记忆之组成部分的预存（protention）也总已经是被实现了的，活动始终是被实现了的预存（Schutz, 1967：59）。与持存和预存截然不同的是，次级记忆（secondary remembrance）即回忆或再生（reproduction）则与印象之间存在着明显的不连续性（Schutz, 1967：48—49）。事实上胡塞尔所谓的次级记忆或再生具有某种反思的特征，正是在回忆中对象和客观时间的同一性被构成（Schutz, 1967：49），但是反思与再生又不完全一样，反思并不像再生那样不清晰和可疑，许茨引用胡塞尔的观点指出，反思的独特之处在于，反思的对象是在知觉的注视中存在并持续存在的，并且当反思的目光指向它之前，它就已经存在了。不过尽管有这样的差异，与意义有关的关注的意识行为或意向体验（Act/Akt）① 既可以是反思的意识行为也可以是再生的意识行为（Schutz, 1967：51），与此同时，许茨也把再生或回忆包含在反思的过程中（Schutz, 1967：56）。总之，正是持存的记忆使得反思对绵延的关注得以可能，而反思的主体正因为其所采取的反思的态度而不再仅仅沉浸在绵延的经验之流中。

对许茨而言，反思的运作意味着一种人为打断意识流的选择性的意识行为（Act），"实际上，我意识到一个经验的意义是以我注意它并把它从我的其他所有经验中'挑选出来'为前提的"（Schutz, 1967：41）。正如我们已经指出的，对行动的主观意义而言，这一挑选意味着对行动的设计或目的动机的把握，"任何行动的意义就是其相应的被设计的活动"（Schutz, 1967：61）。许茨从海德格尔那里借用了"设计"一词，他将行动的设计或筹划界定为关于行动的幻想，也就是对个体自发的能动性（activity）的幻想，这一幻想只是对行动的模糊的和不确定的预期，在幻想中被筹划的是期望在未来实现的活动，因为设计所热衷于的仅仅是反思性的思考——这使它完全不同于直接的预存，它在幻想着行动的实现，并将其作为行动的目标（Schutz, 1967：59, 60；许茨, 2011a：98）。② 这也就是为什么，行动的设计实际就是行动的目

---

① 有关这一概念的中文翻译问题，可参阅倪梁康, 1999：13—14。

② 不过许茨在其后来的著作中又将设计过程和单纯的幻想过程区别开来。尽管他承认纯粹的幻想过程也是设计或者是经过设计的过程，但是纯粹的幻想过程是没有意图的、隐蔽的行动（许茨, 2011a：69）。而属于进行（performance）的设计过程参照了个体现有的知识储备，它因此而具有潜在的可实践性，也就是说它能够转化为有意图的行动（无论是公开的还是隐蔽的），从而仅就我现有的知识而言能够将设计加以有效的实施（许茨, 2011a：69, 74—75, 75）。不过由于我的现有知识和行动完成时的知识必然会有所不同，因此这种有效性依然包含着内在固有的不确定性（许茨, 2011a：71）。为了便于理解，我们有必要对一些概念加以简要的澄清。许茨认为经过设计不等于有意图，只有进行才是有意图的，而进行既可以是隐蔽的（如在内心解决一个科学问题），也可以是公开的，即公开行动（许茨, 2011a：69, 224）。许茨认为，所有的公开行动都是有意图的，而隐蔽的行动则既可能有意图也可能无意图（这里的无意图依然是有意识的），有意图的隐蔽的行动就是隐蔽的进行，无意图的隐蔽的行动就是纯粹的幻想过程，它只是经过设计而已。

标或目的动机。然而把握住行动的目的动机仅仅意味着赋予行动以主观的意义，即被行动者视为理所当然的他的行动的意义（Schutz, 1967：94）。行动者在反思自己的行动时总是理所当然地将自己的目的动机视为自身行动的意义所在，但这不可避免地具有其局限性，因为行动有其客观的意义。正是在这一问题上，许茨批评了韦伯的动机理论，他指责韦伯没有能够讨论作为意义情境的动机的本质或它对于一个具体行动者的意义的依赖，没有能够阐明一个行动的预期的意义（intended meaning）或者说主观的意义是否与其动机相同一，更重要的是，韦伯没有能够明确地区分目的动机和原因动机（because-motive），从而也就无法有效地区分出行动的主观意义和客观意义。许茨指出，目的动机和原因动机的差别在于，前者是根据设计来解释活动，它动机激发了行动的过程，是行动的理由；而后者则根据行动者的过去经验来解释设计，它在时间上先于设计，并且是设计的动机所在（Schutz, 1967：91，92）。因此行动的目的动机必然是其原因动机的产物，尽管在互动中一方的目的动机有可能成为对方行动的原因动机（Schutz, 1967：161，162），此种以互动一方的期待作为另一方行动原因的论调只能是一种主体视角的产物，这从一个侧面呼应了许茨有关心灵的实在论立场。许茨认为，目的动机的含意无非就是行动着的行动者对其行动所采取的态度，它推动行动者去实现预想的目标，从而使行动获得了一种主观的意义（许茨，2011a：73，74）。①而原因动机的意义情境总是一种事后的说明，也就是当行动或者行动的一部分变成活动的时候，行动者才能够反思他自己的行动，此时他将仅仅是过去行动的观察者，并从他对自己的行动所持有的态度出发来建构行动的原因动机，后者并不是行动本身的主观态度，而是造成这一主观态度的客观的原因，因此原因动机所揭示的是行动的客观意义（许茨，

---

① 许茨认为当一个行动是一个更大的活动情境之中的成分时，那么这个行动的意义与其目的动机不再是一回事（Schutz, 1967：94）。也就是说，这个行动的意义取决于它作为其组成成分的那个更大的活动情境，而不是取决于它自身的目标。这一点适用于该行动的任何时刻，即无论该行动是处于设计阶段、实施阶段，还是已经完成（Schutz, 1967：94。我们将看到这不同于原因动机的情况）。

2011a：73，74）。①

正是对原因动机的讨论触及了行动者的过去经验这一重要的问题，它将向我们揭示许茨的主体概念依然具有建构性的特征。原因动机的引入意味着设计是建立在个体过去的经验之上的（对许茨而言纯粹的幻想过程也许是一个例外，因此也就不在我们的讨论之列），"在进行设计的时候，有关我未来活动的所有各种设计，都建立在我现有的知识基础之上。我有关以前进行过的活动——从类型角度看，这种活动与设计的活动相似——的经验就属于这种现有的知识"（许茨，2011a：22）。许茨认为导致个体做出某种设计的这些知识储备正是来自于个体的被从生平角度决定的情境（许茨，2011a：98），个体正是在其生存的独特情境中依据自身现有的意图将作为开放的可能性框架的不言而喻的生活世界之中的开放的可能性问题化，正是在这一由相互竞争的各种可能性所构成的问题化的领域中，个体才可能依据其自身的知识储备在不同的选代方案之间做出选择和决定，这也就是所谓的"界定情境"（许茨，2011a：86）。总之被从生平角度决定的情境决定了个体"赋予"其行动的主观意义（许茨，2011a：62），它代表了个体的独特性，其经验体现了个体自己的历史，是其所有主观经验的积淀，因此被个体当做独特的、已经从主观角度赋予他并且仅仅赋予他的东西来体验（许茨，2011a：79）。但尽管被从生平角度决定的情境能够为我们解释个体的独特性提供某种有价值的参照（这恰恰是了解他人行动的主观意义的困难所在），但是被个体当做是独特的东西却并不一定是独特的，许茨明确

---

① 我们这里的讨论主要是围绕个体关于其自己意识的知识而展开的，当讨论许茨的认识论思想时我们将看到，在理解他人意识的问题上，有关主观意义和客观意义的划分将不再具有这样的清晰性。不过这并不代表我们赞同许茨有关我们关于自己意识的知识是无可质疑的论断（Schutz, 1967：107），事实上，由于许茨的现象学社会学带有浓厚的意识哲学色彩，并且未能有效地克服现象学的保守立场，这使之缺乏一种批判性的前意识理论来为意识理论奠基。许茨显然没有意识到意识并非一个充分有效的解释机制，对意识表象的无可质疑的论断并不能够为行动提供可靠的解释，意识仅仅是一个表象性的建构，而日常生活中的个体行动者往往只是在这一表象的层面给出行动的理由。因此，许茨显然过高地估计了行动者的自我认知的能力（我们并不否认行动者在特定的情况下完全有可能质疑自身的意识存在，但这既不是日常生活的例行常规，也很少能够形成对前意识建构的真正有效的反思，关于这一问题的讨论可参阅郑震，2007：112—114），我们将看到，当代建构主义者的无意识理论一定程度地弥补了许茨的这一缺陷。

地指出，我的独特的生平情境其实只在非常小的程度上是由我自己创造的，它是先于我而存在的自然与社会所共同构造和决定的产物（许茨，2011a：334，353—354）。"这样一来，他那处在日常生活之中的生平情境就始终都是一种具有历史性的情境，因为它是由已经导致了这种环境的实际形态的社会文化过程构造出来的。因此，人现有的知识储备只有一小部分来源于他自己的个体经验。而他的知识的更大部分则是从社会角度产生出来的，是由他的父母和老师当做他的社会遗产而传递给他的"（许茨，2011a：374）。这一观点足以使我们意识到，将许茨的社会学理论简单地贴上方法论个体主义的标签将是多么的危险，而把许茨的主体视角简单地视为一种主体主义的实在论也同样是不合情理的。许茨的方法论个体主义（如果我们一定要这么说的话）并不是一种极端的个人主义，许茨思想中的主体概念并不是一个完全自在自为的孤独的实体，它的实在论的本质主义特征并没有取消其作为一种社会历史建构的存在方式，正是这一点使得许茨的主体视角获得了一种建构主义的特征，这使得我们可以认为，许茨正是从一种处于实在论和建构论之间的模棱两可的立场出发来谈论主体对于社会世界的意义建构。

事实上，在许茨的理论中并不存在绝对孤独的自我，这可以视为许茨对唯我论的一种批判。他的社会理论的出发点并不是孤独自我的内心世界，不是先于所有他人的形而上学的个体的存在，而是"我们可以从他人的世俗存在的假设开始，并接着进而去描述我们关于他们的经验是如何通过纯粹的我们关系（pure We-relationship）而被构成的"（Schutz，1967：165）。[①] 他人的存在并没有成为一个理论的问题，而是理论得

---

① 所谓"纯粹的"意指从各种具体性中抽象出来的他人的简单给定性，也可以指在面对面关系中可获得的经验是较低限度的，它既适用于最亲密的面对面关系，也适用于对他人的最边缘和短暂的面对面的了解，如陌生人在一节火车车厢内的共同在场（Schutz，1967：176—177；许茨，2011a：17）。值得一提的是，许茨是在面对面关系的意义上来理解我们关系的。他所谓的面对面关系的实质或关键就是在空间和时间上对他人的直接的经验知觉，所以即使是我的朋友，当我不能在经验上直接感知到他的时候，他也就成为了我的同时代人。许茨写道："让我们称直接经验的社会实在世界中的其他自我为我的'同伴（fellow man）'，并称同时代人的世界之中的其他自我为我的'同时代人'"（Schutz，1967：142）。对许茨而言，在面对面情境和同时代人的世界之间存在着一种连续的经验系列，它们构成了这一系列的两极（Schutz，1967：177），他人离开我直接经验的世界进入同时代人的世界的确切瞬间是无法确定的。

以展开的一项前提条件。纯粹的我们关系也并非个体实践的逻辑衍生物，而是作为既定的事实而给予我的前提条件，正是它使得我对他人的经验得以可能，并且使我意识到除了我能够直接地加以经验的他人之外，还存在着一个我此刻并没有直接经验到的我的同时代人（Contemporaries）的更大的世界（Schutz，1967：165）。因此许茨赋予了我们（We）相对于我的优先性，其实质也就是赋予了主体间性以本体论的地位。可以说我们此前所讨论的意义问题在实质上都是主体间性的问题，指导我的行动设计的我的知识储备的高度社会化的结构性特征即是主体间性的另一种表述。许茨认为这些社会化的知识是类型化的（许茨的类型概念显然受到韦伯的理念类型概念和胡塞尔现象学的影响），正是我和我的同伴所共有的类型的知识取代了个人的独特经验，从而避免了由于不同的生平情境所导致的个性化的区别，这确保了在不同个体之间的视角的互易性（许茨，2011a：13），即通过分享具有社会客观性和匿名性的类型的知识所带来的个体视角之间的可沟通性，这是主体间性的一个基本特征，而我与他人所共享的日常生活中的方言无疑是类型的最卓越的中介和宝库（许茨，2011a：15），尽管这并不排除由于知识的社会分配所带来的个体间知识储备的差异（许茨，2011a：15）。至此，由各种视角的互易性、知识的社会起源和知识的社会分配所共同构成的常识知识的社会化，向我们传达了主体间性是意义的本质特征这一重要的信息。无论是我对自己的行动的意义"赋予"，还是我对他人活动的意义建构，抑或是我的行动对社会世界的意向性建构，都不可避免地具有主体间性的特征。只不过主观意义的世界从不是匿名的（Schutz，1967：37），这一方面暗示了个体的独特性使其行动的主观意义无法被他人用类型化的方式来加以准确的把握，同时也就暗示了把握他人的主观意义或者说预期意义时所面临的困难，这表明主体间性并不能够排除个体的独特性，不过"意义建立和意义解释都是在主体间性的层面被实用主义地决定的"（Schutz，1967：74），如果在主体间性的层面对他人行动的表层意义的解释已经足以支撑起彼此之间的互动，那么人们就不会去深究他人活动的深层意义。① 而在外部世界的意义建构方面,许茨更是明确指出:"意义因此是作为一个主体间性的现象而被构成的"(Schutz, 1967:32)。他认为建构世界的我的意向活动本身就是意义赋予的,只是在这种活动中我所采取的是自然态度,因此我所知道的不过就是那个被建构的客观性,即客观的意义(Schutz, 1967:36),或者说那个客观存在的世界。然而这一外部的世界并不只是对我才具有意义(不要忘了许茨社会理论的出发点并不是孤独的我),这个公共的世界是同等地给予我们每一个生活在它之中的个体的,因此我赋予这个世界以意义的每一个活动都参照了他人有关同一个世界的意义赋予的活动(Schutz, 1967:32),这正是主体间性的含义所在。可以说主体间性的实质就是分享着共同的文化或意义结构的不同个体间的彼此联系和相互理解,也正是在这个意义上,许茨断言"我们的日常生活世界从一开始就是一个主体间际的文化世界"(许茨,2011a:137)。这意味着它不是我的私人的世界,我不可能以一个孤独自我的方式来建构和拥有这个世界,相反它从一开始就"是一个我与我的各种同伴共享的世界,是一个也由其他他人进行经验和解释的世界;简而言之,它对于我们所有人来说是一个共同的世界"(许茨,2011a:334)。

二 日常生活世界的基础性与多重实在

许茨的社会理论与结构主义实在论的最大区别之一就是许茨彻底否定了社会结构具有实在论的意涵。我们的研究已经表明尽管许茨承认文化对个体心灵的社会历史建构,承认我的日常生活世界既先于我的出生而存在也会在我死后继续存在(许茨,2011a:334),但是这丝毫也不意味着日常生活世界的实在具有实在论的特征。事实上,尽管许茨依然使用"社会实在"这一概念,但是他并没有在实在论的意义上提出任何一种社会集体层面的实体存在。许茨认为所谓的国家的行动并不是一

---

① 这里暗示了理解他人活动的意义时所面临的复杂性。值得一提的是,许茨明确表明了伴随着他人与我的关系的变化,我在解释他人的活动时所面临的困难是不一样的,也就是我以主体间性的方式去理解他人活动的效力是不一样的。事实上,正如我们已经指出的,由于许茨所谓的我们关系是一种纯粹的形式概念,因此即便是对我的同伴的领会也存在着不同的匿名程度,而作为我的同伴的陌生人的行动则无疑对我具有最高的匿名程度。

种独立存在的客观的国家实体的行动，而是可以被还原为其工作人员们的行动，因此所谓的国家也只是高度复杂的相互依赖的人格理念类型网络的缩写，因为对我们而言，这些工作人员可以被视为我们的同时代人（这表明他们并不像我的同伴或伙伴那样与我处于面对面的我们关系中，因此我无法像在我们关系中那样，通过不断深入的互动和了解从而将他们中的成员作为独特的个体来看待），因此我们可以凭借具有社会客观性的类型化的人格构想来理解他们的行动（Schutz, 1967：199）。从主体间性的个体行动或互动入手来解释诸如国家这样的集体存在的行动，无疑体现了许茨社会理论的主体视角。许茨采用了韦伯的立场，从而反对将集体视为人格化的实在，否认有所谓的集体的主观经验（Schutz, 1967：199—200），主张用集体成员的行动来解释集体的行动。对许茨而言，只有在集体成员共同遵守某种标准的意义上，才可以谈论社会集体的主观意义（Schutz, 1967：200），但这丝毫也不意味着假设某种集体人格的存在，仿佛它拥有它自身的主观意义。事实上，社会集体或文化建构的客观性只能用生产和建构它们的那些个体所共享的客观标准来解释，换句话说，它们的存在仅仅是一种主体间性的意义的存在，这不是实在论意义上的实体的存在，而是客观化的人格理念类型的意义建构。与之相应的是，许茨明确指出其有关社会集体的立场同样适用于语言乃至所有的文化客体和人造物（Schutz, 1967：200, 201），它们的存在都只能是由人类主体的行动所建构的意义的存在。因此，对于那个既先于我而存在又在我之后依然存在的日常生活世界的唯一合理的解释就是，在我出生之前有我的前辈作为主体而存在着，那个在我出生之前就已经存在的世界是我的前辈的世界；而当我死后，这个日常生活的世界作为后人的世界还将继续存在下去。事实上，当许茨谈论所谓的知识的社会起源或社会对我的生平情境的决定时，其实质是在谈论我与他人之间的一种历史的影响和传承的关系。那个作为文化的遗产而强加给我的社会不过是承载着历史意义的他人存在的另一种称呼。

因此，当许茨谈论社会实在问题时，他所实际谈论的是社会意义问题，其实质也就是在谈论人类主体的行动问题。因为构成社会实在的并不是客体主义者所谓的客观的社会结构，而是人类主体在其行动中的主观意义赋予（许茨，2011a：64, 366）。"因为生活世界是从人们经验前科学的生活的各种活动过程中产生的一种主观构造过程"（许茨，2011a：135）。对主观性的强调表明许茨并没有在客体主义的视角中来理解其所谓的知识的社会化问题，这一社会化丝毫也没有将主体的心灵化约为一种派生的机制，相反它不仅没有消除意向性（intentionality）的能动性内涵，反而在本体论上从属于主体的能动性建构。换句话说，如果主体所赋予的意义是一种学习或文化建构的结果，那么这并不是让主体的能动性从属于客观的外部约束，相反它只是表明个体不是孤独的主体，世界也不是孤独个体的世界，在我的存在中总已经弥漫着他人的存在，就像他人的存在中总已经弥漫着我的存在一样。主体性总已经是一种主体间性，主体的意义总已经是一种主体间性的意义。这似乎是对米德的论断"如果我们要成为我们自己，我们就必须成为他人"（Mead, 1932b：194）的一种现象学式的回应，更是对同为现象学家的梅洛—庞蒂的观点"我的生命有一种社会的气氛"（Merleau-Ponty, 2002：425）的一种呼应，只不过与受到法国结构主义影响的梅洛—庞蒂相比，许茨则更多地倾向于德国的个体主义传统。在许茨的眼中，社会世界是由众多个人主体以主体间性的方式所组建起来的，只有这些主体才具有某种实在性，而社会本身则并不能够获得超越于主体心灵的客观实在性。因此，当我们谈及日常生活世界的实在这一问题的时候，我们并非面对一个涂尔干的社会事实意义上的实在的日常生活世界，而是面对一个被赋予了实在特征的日常生活世界。这个世界的概念必须被建立在"每个人（everyone）"的概念因此也是"他人（the other）"的概念之上（Schutz, 1967：97），因为正是行动者们的所作所为和感受才是社会世界得以产生和存在的原因（许茨，2011b：7）。这也就是为什么许茨会断言，当日常生活世界中的某些因素不再处于我们的注意兴趣中心之中，它们的实在特征也就被我们所消除了（许茨，2011a：249）。对许茨而言，这种注意的实质就是生活世界中的每一个个体的实践经验之间保持一致和统一（许茨，2011a：369），它意味着一种统一的认知风格，这就是主体间性的实践的风格，世界正是在此种一致和统一中获得其实在的特征，或者更确切地说是被证明我们关于它的实在的假设是无可辩驳的（许茨，2011a：246）。

显然是受到由胡塞尔所开创的现象学传统的影响，许茨肯定了日常生活世界的基础地位，日常生活世界的实在被视为最高的实在，对此许茨给出了如下四种理由（许茨，2011a：367—368）来证明日常生活世界的实在对于我们而言比其他任何世界的实在都要更加地具有一种切身的实在性：①我们总是用我们的身体参与这个世界，我们的身体本身就是这个外部世界之中的事物；②这个世界中的外部客体通过向我们提供抵抗而为我们的行动自由的可能性划定界限，即使这种抵抗可以从根本上克服，我们也要付出努力；③它是我们能够通过我们的身体活动而加以改变或者改造的领域；④只有在这个领域中我们才能与我们的同伴进行沟通。最后一点充分地表明日常生活世界从来就是一个主体间性的世界，是一个彼此理解得以可能的主体间性的共同体。许茨断言任何语言都像沟通一样从属于主体间性的工作世界，① 因此它坚决抵制作为超越它自己的各种预设前提的那些意义的载体来发挥作用（许茨，2011a：249）。换句话说，诸如像梦的世界、幻想的世界、艺术的世界、宗教体验的世界、科学的世界、儿童游戏的世界，以及精神病患者的世界等这样的不同于日常生活世界的有限意义域，② 是无法直接通过属于日常生活世界的语言来进行沟通的，它们只能采用各种间接沟通的形式（如科

---

① 许茨认为工作世界是日常生活世界的最为重要的维度，"对于日常生活世界的实在的构成过程来说，工作形式在我们已经描述过的所有各种自发性形式之中是一种最重要的形式"（许茨，2011a：224）。许茨将那些需要各种身体运动的公开的进行称为工作（working）（许茨，2011a：224），他宣称工作世界的层次是被个体当做其实在的核心来经验的，是处在个体力所能及范围之内的世界（许茨，2011a：238）。正是在这个日常的工作世界中，我以我的身体的运动去面对各种抵抗，坚持我的计划，遭遇成功或失败，与他人进行沟通，并改变这个世界。也正是在这个世界中，沟通过程和能够相互激发动机的相互作用才是有效的（许茨，2011a：242）。这不是一个作为我们的思想客体的世界，而是一个将这个世界视为理所当然的自然态度的世界，是我们可以支配的领域（许茨，2011a：242）。尽管对许茨而言，生活世界的概念显然要超出工作世界的范畴，但是日常生活世界的所有核心特征无一例外地都可以通过工作世界的概念来加以阐发，工作世界的实在也就是日常生活所特有的实在（许茨，2011a：237），工作世界是最高实在（许茨，2011a：241）。可以说对工作世界概念的强调显示了意识、意图和公开行动在许茨生活世界理论中的主导地位，这使得许茨对日常生活世界的研究在很大程度上也就是对工作世界的研究。

② 许茨将具有相同认知风格的前后一致且彼此兼容的经验统称为有限意义域（许茨，2011a：245）。因此任何一个具有自身独特的认知风格的世界都是一个有限的意义域，尽管不同世界的意义之间是不相容的。这意味着在不同的有限意义域之间不存在意义之间的转化公式，从一种意义域向另一种意义域的过渡只能是一种"跳跃"（许茨，2011a：248）。

学的专门术语），然而它们不可避免地还是要依赖于日常生活的语言作为其沟通的基础，事实上，尽管这些世界本身的活动并非工作活动，但是它们都建立在各种工作活动的基础之上，并且只有通过工作活动才能够得到沟通，而这些工作活动却并不属于这些世界本身。让我们以科学世界的理论思考为例，如果没有诸如测量、使用工具、做实验、写论文等这些工作活动，理论的思考是无法实施和沟通的（许茨，2011a：263）。许茨明确地指出："存在于日常生活之中的工作世界就是我们关于实在的经验原型。其他的所有各种意义域都可以被当做是它的变体来考虑"（许茨，2011a：248）。这意味着工作世界乃至日常生活世界毫无疑问的是一个基础性的世界，它是其他任何一个世界的前提条件（尽管其他世界也可能在生活世界中产生某些后果，如科学对生活世界的影响）。其他任何一个世界都来源于日常生活的最高实在的某种特殊修正，只有在心灵逐步离开工作世界及其各种任务的过程中，其他世界的实在才可能被逐步地建立起来（许茨，2011a：250），因此用日常生活世界的语言来说，其他实在都是准实在（许茨，2011a：249），或者说都是工作实在的变体。当许茨确立了日常生活世界尤其是日常工作世界的基础地位的时候，他并没有一视同仁地看待各种社会关系的本体论地位，事实上，他采取了舍勒的观点，即"在直接的社会实在世界中的我们经验是自我（ego）对一般意义上的世界的经验的基础"（Schutz，1967：165），由此许茨确立了我和我的同伴的面对面的关系或者说纯粹的我们关系的基础地位，它构成了日常生活世界乃至日常工作世界的基本结构（许茨，2011a：235）。如果说日常生活世界以及工作世界是处在个体力所能及范围之内的世界的话，那么面对面关系则意味着我实际上力所能及的范围之内的世界，从而区别于那些处在我潜在的力所能及的范围之内的世界中的各种社会关系形式。许茨宣称所有其他各种社会关系都是以纯粹的我们关系为基础或者说都产生自我和我的伙伴间的面对面的社会关系（Schutz，1967：157；许茨，2011a：235），此种形式化的关系在由多种维度所构成的社会世界中并不占主导地位，但它却是最主要的维度（许茨，2011a：57，341）。这一观点清晰地展现了许茨的建构主义社会学的主体视角，或者更确切地说是主体间性的视角。因为正是面对面的关系以主体自我的直接在场而清楚地体现了主体的重要性，正是在面对面的关系中个体自我的独特性具有最为重要的地位和显现（任何非面对面的关系都将以其更高的匿名性而使个人的独特自我在类型化的宇宙中难觅踪迹），也正是在面对面的关系中彼此相互定向和直接经验的双方的意识流同时发生且产生交汇（尽管由此所带来的生活在我们共同的意识流中并不等同于经验的同一性），由此我获得了有关他人的最直接的经验，而这正是我关于他人的所有经验的根源（Schutz，1967：166），这就明确地肯定了面对面关系对于主体间性的核心意义，它以最根本的方式来展现主体间性的社会存在，这毫无疑问地揭示了作为主体间性的世界的日常生活世界的基础结构之所在，"只有通过面对面的关系，通过在我们（We）之中对世界的共同经验，主体间性的世界才能够被建立起来"（Schutz，1967：171）。这当然不是将世界还原为个体的直接经验，面对面的关系是我们关系，个体正是在这一关系中互相参与对方的生活，与他的伙伴们一同变得老练起来，这里毫无疑问地已经以一种最为基本的方式隐含了个体社会化的思路，并且确定了我们关系的优先性。

对面对面关系的基础地位的强调既是许茨现象学社会学的方法论特点甚至优势所在，但也是其思想的最大局限之一。我们并不否认面对面关系在日常生活世界之中所具有的不可替代的重要性，但是许茨显然没有能够充分有效地阐明如何从面对面关系的视角去解释大规模的群体性现象的存在，后者恰恰是许茨的现象学社会学视角所未能充分考虑的问题。事实上，许茨没有能够为我们清晰地展现在面对面关系和非面对面关系之间的逻辑关系，没有为我们揭示在社会生活中广泛存在的基于媒介（如书籍、服装、传播媒体，等等）的间接的社会关系所发挥的无可替代的重要性，这些关系对于解释那些大规模的群体现象无疑具有重要的意义。这一局限性不能不说在很大程度上是由许茨那倾向于个体主义的方法论立场所导致的，这使他的确一定程度地低估了带有分析上更大的社会客观性的非面对面关系所发挥的同样的本体论作用。换句话说，问题的关键并不在于是否存在着对他人的直接经验，一种社会本体论的关系并不取决于这种经验的存在与否，而许茨显然没有意识到这一点。此外，当许茨基于日常个体的自然态度而断言日常生活的实在对于日常个体而言就是自然的实在时（许茨，2011a：246），他并没有为揭示和批判此种将世界视为理所当然的自然态度所可能隐含的社会暴力提供充分有效的理论武器，许茨并没有能够摆脱胡塞尔现象学保守主义的阴影，在他的理论中几乎找不到一个像样的权力概念就是一个很好的例证。我们将看到，诸如福柯、布迪厄等当代建构主义理论家们的一项重要工作就是为自然态度提供一种社会批判的考察，这使他们的理论在某些方面更加切近于充满张力和斗争的社会历史现实。

尽管存在着各种局限和问题，许茨的建构主义理论的确为其后的建构主义社会学发展提供了一种重要的借鉴，它不仅直接主导了伯格和卢克曼关于知识社会学的研究（Berger & Luckmann，1966），而且还直接影响了加芬克尔的常人方法学，以及当代建构主义者布迪厄和吉登斯的实践理论。我们将看到日常生活世界作为一个基础世界的现象学观点至少部分地由于许茨的继承和发展而成为西方社会学，尤其是当代西方社会学的建构主义思想的一个重要思路。

三　日常生活的秩序建构

如果说现象学传统从理论上奠定了日常生活世界的基础地位，那么加芬克尔所创建的常人方法学则将日常生活的维度彻底转化为一种研究的方式，以至于揭示日常生活世界的奠基性意义的研究本身就是日常生活的，或者说它试图成为日常生活的。这一做法将日常生活对于社会学研究的重要性发展到了极致，以至于常人方法学的研究活动本身就是对日常生活世界的基础地位的展现，日常生活世界对于人类生活的基础地位似乎无需声称就已经通过常人方法学的实践活动而摆在眼前。也正因为常人方法学并不试图与日常生活拉开距离，它也就从没有摆出一副对象化的认识论架势，相反常人方法学向我们展现其建构主义的本体论思想的过程本身就直接以描绘其理解日常生活世界的认知方式为载体，①

---

① 这当然不是一种传统意义上的认识论的方式，而是至少对常人方法学家而言即是日常生活本身的理解方式。虽然加芬克尔不可避免地要使用一些概念语言，但他总是有意识地使其研究远离那种传统意义上的理论再现的特征，并将其研究称为一种经验的理论化（empirical theorizing）。

常人方法学本身就力求成为一种以日常生活的方式去理解日常生活的方法,① 这一方式的朴素性使我们较之此前的理论更难将其本体论维度和认知维度以分析方式人为地拆解开（或者更确切地说更难在分析其中的一方时让另一方保持相对沉默或沉入背景之中），但我们还是将把对加芬克尔建构主义思想的认识论意义的讨论放在本书的第二部分中。

在 20 世纪的六七十年代，面对由实证主义和结构功能主义所编织起来的主流社会学话语，主要受到现象学启发的加芬克尔的常人方法学试图从日常生活实践的角度入手去颠覆主流社会学的统治。加芬克尔认为，作为主流社会学的形式分析（formal analysis）不承认在具体的日常情境中存在着秩序性（Garfinkel，2002：65，137，141），它像帕森斯那样想象社会秩序来自于对规范的内化和遵循，但是由于人们服从规范的程度千差万别，因此它认为在日常生活的实践中所显示出的不过是各种偶然性和不确定性，以至于只能通过大规模的统计分析才能够以近似的模型来重建社会的秩序特征（Rawls，2002：30；罗尔斯，2009：553—54）。加芬克尔进而指出，以形式化的定量技术所获得的社会秩序模型不过是有关社会秩序的一般性的再现理论，但形式分析却错误地将此种理论所重建的秩序特征视为客观的实在（Garfinkel，2002：66）。与此相反，加芬克尔要求回到日常生活的具体情境中去，日常生活实践并不是象征着意义或事件的需要被解释的本文或符号，不是潜在的社会秩序的象征，日常生活实践并不代表任何别的东西，它们正是作为它们自身，在它们自身的可见证的、重复的、直接的细节（details）中被研究（Garfinkel，2002：97）。在地方性的（也就是文化上特殊的）日常生活的集体实践的背后并没有隐藏着什么神秘的东西，"常人方法学并不从事阐释符号的工作"（Garfinkel，2002：97），虽然社会秩序需要通过语言来阐明，但是社会秩序的物（the Things of social order）不在语言

----

①　我们在此所使用的"方法"一词暗示了常人方法学并非彻头彻尾的日常生活本身，它不可避免地有其隐含的理论视角。事实上，不仅加芬克尔的本体论视角是显而易见的，而且他放弃传统认识论立场这一做法本身也已经暗示了一种认知的态度，此种态度的高度朴素性恰恰是其独特之处。这并不等于放弃认知的意图，不仅其建构主义本体论的成果是一个明证，而且它对于社会学的认识论批判也同样具有一种理论意义，只不过这一点常常被人们所忽视或误解。

中 （Garfinkel，2002：140），因此不可能像形式分析那样在理论话语的建构中寻找物的特征，进而将其强加给现实，从而用符号的建构掩盖了活生生的细节。事实上，由于受到其老师帕森斯强调秩序问题的影响，涂尔干的那句格言——"社会事实的客观实在性是社会学的基本原则"引起了加芬克尔的高度关注，但加芬克尔主张重新阐释这句格言，因为在他看来形式分析对这一格言的理解显然是误入歧途的，受到涂尔干影响的形式分析所谈论的"物"只是一种以高度形式化的方法所再现的虚构，它完全无视活生生的具体细节，它呈现给我们的只不过是用各种学术行话所搭建起来的高度形式化的话语虚构。不过加芬克尔并没有像涂尔干那样强调社会事实相对于个体的外在强制性和决定性特征，他将涂尔干所谓的社会事实意义上的"物"理解为日常生活实践的内在特征，它是可以被直接加以经验和见证的，是可以被看见和听见的（Garfinkel，2002：148）。我们可以将此种立场视为一种彻底的经验主义。正是在此种思想的指导下，加芬克尔所倡导的常人方法学的纲领性任务就在于：研究社会成员在日常生活的情境中建构社会秩序的那些集体的、共同协作的、地方性的、内生的、重复的、被认可的、可理解的、可说明的、索引性的、可见证的、无中介的、一致的实践活动或工作（work），去展现这些社会成员的实践或工作的方法，从而表明秩序现象不过是共同协作的日常实践活动的成就，并以此去改革形式分析所痴迷的技术理性。

由此可见，加芬克尔接受了现象学和现象学社会学对日常生活世界的基础性的强调，采用了帕森斯有关社会秩序的论题，并吸收了米德有关日常互动的思路，从而试图探究社会秩序是如何在日常生活世界的互动中被建构起来的。他拒绝采用形式分析的发现和方法，主张对形式分析的观点和方法持一种冷漠的态度（Garfinkel，2002：170，171）。但是在常人方法学和形式分析之间依然存在着不可避免的密切联系，形式分析的那些产物本身也是一种日常生活的建构，形式分析对秩序现象的再现性的符号建构与常人方法学所展示的使这种符号建构得以可能的日常生活实践是彼此同一的，这种同一性就是一个生活世界的对子（Lebenswelt pair；Garfinkel，2002：187）。换句话说，形式分析所给出的有关社会秩序的原理及其证明的证据不过是形式分析研究的集体实践的产物，但是形式分析的再现性理论却无法把握那些生产它的实践活动所包含的秩序特征，形式分析的一般性的再现方法只会导致现象的丧失（Garfinkel，2002：185，186—187），真正的秩序现象只有在其地方性的生产和自然可说明的实践过程中才是可获得的（Garfinkel，2002：175）。这意味着形式分析无视具体实践的意义建构，实践的意义是无法通过观察和记录实践表象的方式来把握的，要把握这些意义就要求研究者能够以一种本土化的方式去理解实践。这就如同加芬克尔所提供的有关电话铃声的案例所表明的，诸如"听起来打给我的电话"、"听起来打给别人的电话"、"对打给我的电话的模拟"、"对打给别人的电话的模拟"、"电话铃声"这五种现象从物理特征上来说其实没有区别，但是什么可能将它们区别开来呢？是将它们各自的意义建构起来的人的共同活动的现象的细节及其结构把它们区别了开来，是人们在实践中赋予响铃之前的沉默以及整个响铃过程的意义使它们区别了开来，这种区别完全是人为的实践的建构，而用形式分析的方法对响铃过程进行观察和记录显然是无济于事的。加芬克尔以此种看似荒谬的极端案例揭示了形式分析无法把握其所谓的现象细节的事实，因为形式分析对现象细节的符号化是无法区别这些现象的。加芬克尔认为，形式分析既不能理解常人方法学也不能替代后者，但常人方法学却可以替代形式分析，它们之间是不可通约的和不对称地替代的（Garfinkel，2002：150）。这种不对称的替代关系意味着常人方法学能够揭示形式分析的理论建构是如何在日常生活的实践中被建构起来的（这不是从常人方法学的理论逻辑中推论出形式分析的逻辑，而是指常人方法学能够展现使形式分析得以可能的现实基础，即生活世界中的日常实践），但形式分析却无法解释常人方法学。此种不对称的替代关系作为一个生活世界的对子尽管暗示了不可避免的密切联系，但是它并不否认两种理论范式之间的不可通约性，它们各自的理论逻辑有着本质的区别，它们各自的核心规则是截然不同的。

虽然加芬克尔吸收了现象学的生活世界理论，并且将研究的重心放在日常生活的充满意义的互动实践上，但是这并不意味着加芬克尔赞同一种个体主义的立场（尽管我们将表明这并不意味着加芬克尔的常人方法学放弃了主体的视角）。事实上，他反对从个体的主观性出发去解释个体的行动，反对将社会秩序的物还原为人们自己的、独特的原创（Garfinkel, 2002：92），因为当那些通过共同的实践活动将社会秩序建构起来的人们退出生产该秩序的场所之后，其他之后进入该场所的人们会共同生产出相似的秩序，不同的人们在同样的情境中会采取相似的共同实践。社会秩序的此种结构性特征意味着实践的高度重复性，加芬克尔认为社会秩序相对于那些秩序的生产者们而言是不朽的（immortal），它既先于特定的生产者们而存在，也会在他们离开后由其他的生产者共同生产出来，就像同一路段的交通堵塞，先前的车辆离开后，后来的车辆继续堵在那里。在加芬克尔看来，指导行动的充分条件应当是情境中具体的秩序（秩序物的显现，它暗示了并非由个体所决定的常识的一致性，它可以指导行动，就像找路时所使用的路标一样），而不是人们头脑中的东西，①加芬克尔所关心的是情境的秩序层面，而不是情境中的个体的主观性，②正如罗尔斯所言："变量在场所中而不是在人口（population）中。任何进入一个特定场所的人口都只能以可以被认可的方式将这个场所再生产出来，该人口所凭借的是可以被认可地生产出那样一些实践活动，它们将该场所认同为特定种类的场所"（Rawls, 2002：24）。当然人们也不应当误以为加芬克尔不过是将行动者视为内化了社会规范并由此种规范加以自动和非反思地支配的傻瓜，加芬克尔拒绝了主流社会学有关规范内化的假设（Coulon, 1995：41），其原因就在于这种观点忽视了日常行动者理解和建构社会世界的能动

---

① 加芬克尔认为，定向物（oriented objects）就是世界中最普通的物，是物的土著的（autochthonous）一致性（Garfinkel, 2002：110）。比方说地图作为一个现象领域中的地域性的对象（objects），其秩序特征是与旅行者的找路的实践交叉链接在一起的，它们是那些实践可以获得的（Garfinkel, 2002：130）。定向物是对行动的指导，加芬克尔以其指出物的显现的重要性，即物的可经验性的重要性。他认为依靠头脑中的东西来指导自己的行为是不充分的——就像司机仅凭自己的记忆来寻找不熟悉的路而不依靠地图那样，只有由物的显现来指导行动才是充分的（Garfinkel, 2002：180）。

② 对加芬克尔而言常识的一致性不能通过个体的主观性来解释，然而这一方面表明加芬克尔对个体主义的还原论持拒绝的态度，另一方面又体现了他对于主观性的狭隘理解，这使他无法真正有效地克服主客体二元论的困难。我们将看到加芬克尔对待主观性的此种态度与他的主体视角构成了一种近乎奇怪的组合，这显然是受到现象学的主体主义和结构主义的客体主义的双重影响所导致的，而加芬克尔显然没有能够很好地协调这两种影响的关系，从而造成其理论的一些严重缺陷，我们将在后文阐明这一点。

性，把社会秩序简单地还原为一种结构性的暗箱操作（而正如我们已经指出的，形式分析所谈论的支配个体行动者的规范不过是其通过形式化的方法而人为地给出的话语建构，形式分析又以此种建构的内化来解释个体的行动，在加芬克尔看来这显然与事实相悖）。对加芬克尔而言，社会结构不是一个客观给定的实在，不是强加给个体的本质，正是因此我们有充分的理由认为加芬克尔的常人方法学不是一种社会实在论。而加芬克尔对人格化的心理研究的拒斥也暗示了他至少没有明确地用一种实在论的本质主义来诠释主体的存在，这一存在的社会建构过程虽然在他的理论中缺乏深入细致的探讨，但其没有明确的实在论内涵则是显而易见的。加芬克尔明确地指出，常人方法学不寻找本质（quiddities），它所寻找的是此性（haecceities），也就是去探究文化上特殊的、地方性的、行动者自身可以反思性地加以说明的日常生活的实践活动，它们作为一致的常识性的行动或有教养的行动（也可译为"被指导的行动"，instructed action）组成了普通人"工作"的现象领域（Garfinkel，2002：67，99，106，164）。由此可见，加芬克尔试图超越现象学的主体主义和结构主义的客体主义之间的二元对立，他试图以一种建构主义的视角来揭示，那些不朽的社会秩序的客观实在性正是在普通行动者的日常生活的共同实践中被不断地加以再生产出来。① 也正是因此，社会秩序不再是作为一个客观潜在的结构性实体而支配着个体的行动，也不是一种心理人格的主观投射，而是在人们所共享的常识所指导的实践活动中可以被直接经验到的流动的现实，常人方法学的研究本身就是这一现实的展现。

　　在加芬克尔的眼中，常人方法学的方法也就是其所研究的现象领域中的成员的方法。常人方法学的研究并非将这些成员的方法概括为抽象的规则（那恰恰是形式分析的意图），相反它要求研究者将成员的方法作为自身的研究方法来指导自身的行动，就像它们指导被研究群体的成员的行动一样。常人方法学对研究对象的教学性描述并非再现性的理论

---

　　① 当然这并不意味着加芬克尔否认个体能够背离或反抗特定的秩序，他所强调的不过是在常识意义上的相互的可理解性，也就是说此种可理解性要求一种共享的被认可的实践（Rawls，2002：25）。

话语，相反此种描述就是秩序现象本身，因为这里的"描述"正是对实践的指导、正是去实践那些成员的方法，而秩序现象也只有在此种实践中才可能被展现出来，"用成员的方法所指的是在诸物之中——也就是，我通过成员的方法意指对于一个物而言，只有在任何实际的事例中它才能够被发现，除此之外无法发现它"（Garfinkel，2002：101）。这也就是为什么，"常人方法学的成果与根本的秩序现象是同一的"（Garfinkel，2002：170）。这也就是为什么加芬克尔宣称常人方法学以陈述实际行为的方式将描述和教学连在了一起，它们是被同时加以实施的（Garfinkel，2002：145）。而这恰恰是研究者所必需掌握的一种能力，即研究者必须掌握其所研究的那些活动本身得以生成的方法，正是在这一意义上研究者所提供的常人方法学的文本才能够并非只是一种对对象的描述（形式分析正是陷入了这一再现理论的困境），它同时就是对从事相关实践的一种指导，即要求阅读常人方法学的文本的人们去实践这一文本所描述的活动。这不是一种附加的要求，而是一种本体论的要求，因为在加芬克尔看来，不去实践常人方法学文本所描述的活动就意味着将描述和教学加以割裂，这就意味着无法真正地按照常人方法学的宗旨去在研究中展现现象，也就会像形式分析一样导致现象领域的丢失（Garfinkel，2002：147），从而无法理解社会秩序的日常建构的实质所在。也正是因此，加芬克尔主张对常人方法学文本的误读（misreading），这意味着你不应当只是阅读文本，你必须按照文本所提供的关于行动的指导去行动（Garfinkel，2002：178）。正是此种误读展现了文本所描述的日常现象，这也就是为什么对加芬克尔而言，常人方法学的研究本身就是社会秩序的现象（Garfinkel，2002：70），常人方法学的文本不是用一套抽象的符号来再现社会秩序，它是对实践其所描述的对象的要求，它要求社会秩序是在常人方法学的研究中活生生地呈现出来的，它要求它自身就是与这个秩序相同一的。撇开此种思想中所隐含着的认识论意义不谈，它显然具有一种本体论的抱负。加芬克尔坚定地将常人方法学建立在日常生活的层面，这不只是对形式分析的再现霸权的批判和拒斥，同时也是身体力行地遵循其本体论的主旨，即日常生活世界是生产社会秩序的基础世界，任何脱离这一世界的细节的举动都无法真正地理解这一世界的运作方式和本体论逻辑。因此常人方法学的文本不应当只是一种抽象的概念建构（再现的方法根本无法描述秩序现象的细节，它只会导致现象的丢失），"描述的/教育的论证的秩序不是关于秩序现象的；它们就是现象"（Garfinkel，2002：140）。文本不能脱离它所描述的活生生的实践而具有传达真相的意义，因为社会秩序的物不是话语的建构，而是活生生的具体现实。文本必须作为对其所描述的实践的指导才能够在被指导者的实践中向我们呈现"物"的建构，而将描述与教学相割裂的抽象文本只能使人们遗忘了生活世界的基础地位和社会秩序不过是社会成员的日常生活实践的集体成就这一基本事实。

　　不难看出加芬克尔将其理论的重心放在了日常生活的实践之上，但这并不是对个体心灵的本体论地位的突出，相反它立足于日常生活情境的秩序结构来理解人口的实践，以至于突出的是人口在情境中的实践的一致性和重复性，[①] 这便是社会事实的客观实在性所在。这一实在性无法外在于共同协作的实践活动，它是在实践中被不断建构起来的实在性，这一建构过程的高度的一致性和可重复性揭示了日常生活中所包含的不取决于个体存在者乃至特定的人群的结构性特征。但尽管如此，加芬克尔所理解的社会秩序依然只是日常生活世界层面中的互动的秩序（这表明加芬克尔的社会秩序概念并没有涵盖这一概念所可能具有的所有内容），加芬克尔试图以其常人方法学的研究表明，社会世界的不言而喻的现实不过是那些能够胜任的社会成员们在日常生活中集体协作的成就。这表明尽管加芬克尔反对通过心理分析来解释世界的建构，但是他的研究始终停留在日常实践之中。常人方法学的分析所针对的正是在日常生活情境中实践着的行动者及其实践活动，而社会秩序或社会结构只是作为这些实践活动的可以被直接经验到的高度一致性和可重复性而被理解的，它们只能作为个体们相互作用的实践活动的经验可感的特征而存在，它们只是在共同的实践中不断生成的经验特征，从而不具有自

---

　　① 我们不应当将这里所谓的人口（population）理解成传统社会科学意义上的普遍的客观存在。加芬克尔认为，人口是在生产秩序现象的过程中，生产秩序现象的全体成员在实践过程中所组成的内生的、独特的现象（Garfinkel，2002：93，183，184，185）。换句话说，人口不是事先给定的客观实在，而是在生产秩序的共同协作的实践活动中组建起来的，它随着特定的情境实践的生成和变化而出现并变化着，从而不再是传统社会科学所设想的那种可以进行统计分析的固定的人口现象。

身持存的实体性（可以说加芬克尔显然以一种变化和过程的视角取代了实体的视角）。这不可避免地肯定了实践的主体维度在加芬克尔研究中的隐蔽的主导性，毕竟在常人方法学的视野中，除了主体及其一致性的常识实践之外并没有其他有效的分析维度发挥着至少同样支配性的角色（情境的结构性维度只是就特定场所中的实践的一致性和重复性而言的，它是集体实践的不断被再生产的特征，而不是结构主义所理解的决定和组织集体实践的客观的结构）。这就使我们有理由相信，加芬克尔与许茨等人一样分享了一种不同于绝对个人主义式的主体视角。加芬克尔为我们描绘了一个具有认知能力的与他人共享着常识信念的主体形象，他强调实践的可说明性，从而表明了行动者具有反思和理解自身实践的能力，他强调日常语言表达的索引性特征，① 从而揭示了行动者是深谙地方文化和日常语言的能够胜任的个体，如此等等。但是加芬克尔忽视有关能动主体的社会历史建构的研究则从一个侧面显示了他的主体视角，他更多地只是从日常行动者及其实践的角度来阐发日常秩序的建构，而没有能够深入细致地向我们表明行动者如何能够掌握一整套日常生活的意义结构并能够反思性地说明其行动，以及能动的行动者在本体论上究竟意味着什么。事实上，加芬克尔对个体主观性问题的回避使他失去了能够建立起一个更加充分有效的主体或行动者概念的机会，他错误地将常识的一致性与所谓的人格和心理因素对立起来，这本身就导致了一种二元论的状态。加芬克尔实际上只是将生产一致性的情境实践的有认知能力的行动者概念与对个体主观性的回避理所当然地并置于同一个研究框架之中，这一框架同时也拒绝任何意义上的结构主义的还原，这一状况显然无助于实现加芬克尔克服主客体二元论的抱负。

到此我们不难看出，尽管以一种近乎极端的方式试图理解日常生活的常人方法学也没能在本体论上摆脱方法论的偏见或视角。当日常生活的秩序建构通过常人方法学的研究被呈现出来时，它已经被笼罩在一种具有独特内涵的倾向于主体的视角之中，只不过其主体视角较之米德和许茨更具有隐蔽性，且更缺少明确地加以阐明的实在论内涵。但这并不

---

① 表达的索引性特征意味着社会生活是通过日常语言而建构起来的（Coulon, 1995：17）。

意味着加芬克尔的常人方法学与主体主义的实在论完全划清了界限，只不过加芬克尔没有在这一问题上给出充分的澄清，他有关主体的能动性和认知能力的判断在本体论上依然是含混的。

不过必须指出的是，当加芬克尔谈论有认知能力的行动者的时候，并不意味着他主张行动者对自身实践所参与的秩序建构具有明确的意识。事实上，日常行动者往往并没有明确地意识到这一点，他们以一种不言而喻的自然态度生活在世界之中，作为成就的秩序现象是未被注意的、乏味的、不显眼的但却是对所有人都可见的"街头的工作"（Garfinkel，2002：118，190，191），尽管是所有人都可见的，但却没有被注意。而常人方法学正是要通过它的研究实践揭示那个看似不言而喻的现实秩序其实不过是人们共同实践的社会历史建构，以至于其研究本身就是在实践其所研究的实践，就是在展现秩序建构的过程，从而在某种意义上成为一种认知能力本身，以至于"对于常人方法学家而言，社会学不大可能超越现象学的'自然态度'的阶段"（Coulon，1995：42）。然而这的确也带来了一系列重要的问题。加芬克尔的常人方法学在力求展示秩序建构的过程中并没有能够为反思和批判社会秩序及其不言而喻的特征提供多少理论性的思考，也许这恰恰是加芬克尔所试图回避的，但它的确暴露了加芬克尔常人方法学的局限性，社会秩序的日常建构中所包含的复杂的权力、社会地位、不对称关系等问题显然没有能够得到应有的重视（Coulon，1995：72；贝尔特，2002：111），对由这些因素所带来的广义和狭义的政治问题的忽视只会使加芬克尔以不同的方式重蹈现象学的保守主义覆辙。

附录:"总体性机构"①

如果说诸如监狱、精神病院之类的总体性机构（total institutions）几乎毫无争议地对这些机构中的被收容者的主体能动性实施了最大限度

---

① 总体性机构无疑是一个独特的案例，但是这里所谓的"独特"并非指对建构主义逻辑加以否定的例外，相反它意指从一个十分特殊的案例出发提供一种建构主义的思路，其特殊性就在于这里所谓的总体性机构中的生活是与人们通常所熟悉的认知能力大相径庭的。尽管如此，我们将看到总体性机构中也有其独特的认知能力。

的压制的话,那么戈夫曼主要对精神病院所做的研究则对此种现象所可能造成的极端客体主义偏见给出了一种更为同情主体视角的反驳。尽管戈夫曼显然无意于否认总体性机构对文明社会中的成年人原本具有的自主性和行动自由的破坏和剥夺(Goffman,1961:38,43,45),但是其研究的确在一个看似最缺乏主体能动性的领域为我们展现了一种更多主体视角的建构主义理论,这使得此项研究对于理解早期建构主义思想的主体视角的分析价值具有不可替代的重要意义。尽管我们将看到戈夫曼与我们此前所讨论的许多作者一样具有一种模棱两可的气质。

显然是受到齐美尔和米德的影响,戈夫曼区分了两种类型的自我,即完全人性化的自我(all-too-human selves)和社会化的自我(socialized selves)。前者体现了人的多变的冲动性,它使个体具有采取行动的能力,使个体成为一个能够编织印象的表演者(performer),它在本质上具有心理生物学的特征,为行动带来了某种不确定性(如行动者无法预料的失态);而后者则意味着对精神的官僚主义化的社会建构,它包含了社会结构的道德要求,是社会结构期待个体将其表演出来的社会化的角色(character),它要求的是稳定和一致(Goffman,1959:56,252—254)。关于完全人性化的自我的理解显然为戈夫曼的理论留出了有关主体的实在论空间。戈夫曼以不甚确定的口吻认为,完全人性化的自我似乎产生于与所谓的舞台表演的偶然事件之间的私密的互动(Goffman,1959:253—254),这些偶然性意味着超出了寻求稳定和一致的社会化自我所能解释的范围,它们表明个体并不是由社会结构的官僚主义统治所一劳永逸地确定的,在个体的灵魂深处依然存在着具有心理生物学的本质特征的多变的冲动性,它们既为个体的日常行动带来了不确定性,同时又似乎源自于和这些偶然事件的内在交流。尽管戈夫曼的表述并不那么肯定,但是这已经足够向我们传达一种带有本质主义色彩的人性论假设,它与社会结构通过互动所建构的社会化自我之间的矛盾是显而易见的。然而正因为同时存在着社会化建构的自我,这使得戈夫曼的主体概念明确地兼具一种建构主义的特征,从而与米德等人一样避免了一种主体主义实在论的极端化倾向。

正如我们已经指出的,戈夫曼对总体性机构的偏向主体视角的建构主义或者更确切地说半建构主义研究并不意味着否定此种机构对其所收容的个体的自主性的剥夺和压制，他明确地指出，总体性机构并不是现代社会的普遍特征，总体性机构的特征在其他社会机构中只是个别地出现，它与诸如家庭和社会中的工作—报酬结构是不兼容的，它打破了认知能力中似乎理所当然的对现代个体在睡觉、游戏、工作等方面的时空分化，并且用物理的障碍来将个体与总体性机构之外的世界加以强制性地隔离。与此同时，戈夫曼并不否认总体性机构的特征实际上在减弱的程度上也可能出现在其他机构中，只不过往往是个别地出现（Goffman，1961：5，6）。而他所描述的总体性机构的所有特征也并非被所有类型的总体性机构所完全分享，他有关总体性机构的共同特征的讨论因而也就具有一种韦伯意义上的理念类型的色彩（Goffman，1961：5）。但尽管如此，戈夫曼并没有试图对总体性机构进行一种面面俱到或者说尽可能全面的研究，他主要通过对精神病院的个案研究来揭示，总体性机构中的被收容者是如何采取作为克制的次级适应（contained secondary adjustments）的实践活动来控制周围的环境，以获得某些被禁止或允许的满足，并捍卫其自我（Goffman，1961：54，55，200）。此种克制的次级适应明显区别于另一种次级适应即分裂的次级适应（disruptive secondary adjustments），后者意味着个体试图抛弃或彻底改变其所属的组织（Goffman，1961：199）。然而正因为戈夫曼明确了自己的研究重点，他同时也提醒人们，正因为他的研究主要关注于精神病院中的克制的次级适应，这往往不可避免地放大了一小部分精神病人的行为，从而容易使人们对病人的私生活产生误解，仿佛他们都是采用非官方手段来改变自己生活条件的次级适应的高手，然而就病人的总体而言，事实往往并非如此（Goffman，1961：299）。事实上，不仅精神病院对那些病人实施了强大的社会控制，而且病人为抵抗精神病院的总体性制度而建立的非正式的社会组织也是薄弱的，他们也很少能够组织起针对总体性制度的反动的团结（Goffman，1961：302）。然而正因为这一切往往使人们产生了另一种过于悲观的误解，即在总体性机构中不存在任何意义上的被收容者（inmates）的能动性作用（我们将在下一章看到，福柯有关现代社会的研究不仅错误地将诸如监狱这样的总体性机构泛化为现代社会的原型，而且在其对总体性机构的误解的引导下将其对现代性的批判错误地引向了对现代主体的能动性的彻底否定），戈夫曼有关总体性机构中的克制的次级适应的研究才更加显得意义重大。

　　不过为了展开对次级适应的研究，戈夫曼也描述了总体性机构中的社会控制机制，并且指出，总体性机构正是试图通过其特权系统（the privilege system；它由三种因素构成，即一整套明确和正式的居住规则，用于换取对工作人员的服从的少量报酬和特权，惩罚）来对被收容的个体进行重组（Goffman，1961：48—50）。这暗示了总体性机构主要不是以其表面宣称的那种方式或者不以人们所以为的那种方式来对待被收容者，例如以戈夫曼着重研究的精神病院为例，戈夫曼认为精神病院中的医患关系并不像精神病院所试图宣传的那样或不像人们所想象的那样是一种出于自愿的服务关系，病人也没有像人们所期待的那样接受治疗，相反精神病医生往往将病人的抱怨视为疾病的符号，而不是对疾病信息的陈述，从而否定了病人是接受服务的顾客。事实上，精神病医生只能为病人提供较少的服务，他们把更多的困难的医疗案例交给医院的行政管理来处理，而后者所发挥的规范性的职能则倾向于成为医院的核心功能（Goffman，1961：370），其结果就是精神病人更多地遭受惩罚而非获得治疗。这也就意味着在精神病院的医患关系中实际发挥主导作用的并不是精神病学所描绘的理想的治疗模式，而是由一套行政管理的纪律系统来维持运转，戈夫曼认为这一系统的社会控制职能很大程度上是通过病房系统（ward system）来实现的（Goffman，1961：361），它是由一整套被监控的不同等级的病房所构成，病人将根据其错误行为的程度被决定居住在具有何种不适与剥夺程度的病房之中。与此同时，精神病学本身也很难维持一种伦理上的中立态度（Goffman，1961：365），从而导致诊断与治疗在一定程度上转变为对病人的自我加以控制的学科规训，为了满足此种医学服务模型对病人的解释，现实不可避免地被扭曲（Goffman，1961：384）。而当戈夫曼指出，"简言之，我们发现病房管理的事实与病房系统的动力学被表达在精神病学医疗服务的语言中"（Goffman，1961：380），这意味着精神病学的医学话语与精神病院的行政管理共同组建起一个对病人的自我进行控制和规训的系统。从中我们所看到的是，病人的行为被不加区分地纳入医学模型的解释，以至于将那些由社会因素所引发的非病理性行为也视为医学现象，在治疗专家的眼中，病人在精神病院中所遇到的所有问题都是病人自己的问题，而病

人用于拒绝总体性机构对他所采取的观点的反抗行为被视为由病人自己
的内在问题所导致的精神病的症状，于是医院对病人的不良影响则变成
了偶然因素，其结果就是病人必须改变自己而不是抱怨医院的不公正的
纪律系统。但是医院显然无法根据将病人的反抗行为界定为精神病症状
的精神病学说来运转（Goffman，1961：206，307）。有关病人的行为是
否合适的诊断往往不可避免的是外行的，事实上，精神病医生对病人的
疾病所知不多，除了极端的精神病症状之外，诊断的决策可能成为种族
中心主义的，而病人行为所可能带来的令人不快的后果则促使诊断决策
的政治性倾向的形成（Goffman，1961：363）。这就为各种非医学的规
训机制的引入创造了空间。一种病房条件按照工作人员对病人病情的理
解而强加给病人，然后病人在此种强加的情况下对病房条件的使用则用
来证明工作人员对病人病情的判断，这就是所谓的医院的镜映效果
（the mirroring effects of the hospital；Goffman，1961：149），也就是用病
人被强迫的行为去证明此种强迫是合理的，而实际上医院在病人被强迫
的行为中所看到的可能更多的是它自己的意志，但官方则将此种强迫视
为针对病人病情的合理安排，病人的相关行为被视为其精神病的症状。
这充分地表明所谓的症状并不只是病人病情的自然流露，而是包含着医
学话语和总体性制度的霸权建构，精神病学的指令被精神病院官僚制度
化了，精神病学的观点通过病人在病房等级系统中的行为以及官方对这
些行为的解释而被再生产（Goffman，1961：155，163）。由此，代表了
官方正式标准的精神病学说和不那么正式的病房系统共同组建起对病人
的自我和症状加以建构和控制的工具理性化的规训系统，其结果就是以
精心设计的目的合理的霸权方式来重建病人的本性，把病人的人格调适
等同于对工作人员的服从，并维护工作人员的自我概念（工作人员所提
供的是医学服务），而这些显然与对病人自我的实质意义上的合理调适
无关，它给病人所带来不过是自我异化的道德奴役及其精神的混乱
（Goffman，1961：385，386）。

　　以上的讨论几乎就是对十几年后福柯主要针对监狱这一总体性机构
所展开的研究的一个预告。然而戈夫曼的旨趣与福柯可谓大相径庭，因
为戈夫曼的意图并非将自我结构描绘为客体力量的派生之物，尽管在戈
夫曼的研究中并不缺乏机构的权力和学科知识所编织的社会控制，但它

们仅仅是问题的一个方面。戈夫曼显然试图超越主客体二元论的争论："无所归属，我们就没有稳定的自我，然而完全投身和依附于任何社会单位暗示了一种自我的丧失。我们有关作为一个人的意思能够来自于被拖入一个较大的社会单位；我们有关个性的意思能够通过我们以之抵抗那种拉力的微小方式而产生"（Goffman，1961：320）。戈夫曼显然不满足于将此种观点仅仅局限于总体性机构的范围，他认为这种状况同样存在于更加自由的社会中，这清晰地展现了戈夫曼的理论意图（我们将在后文进一步阐明这一点）。不过就此处针对总体性机构所进行的讨论而言，戈夫曼的观点意味着精神病人的自我建构既离不开总体性机构的吸收和支持，也离不开精神病人对精神病院的官方秩序的反对，针对后者戈夫曼给出了大量有关精神病人的次级适应的描述。他认为个体是在对组织的认同和反对之间采取立场的存在者，只有通过反对某种东西（这里也就是总体性机构的秩序）自我才能够出现（Goffman，1961：320）。此种反抗暗示了自我的某种无法被还原的独立性，它正是完全人性化自我的本质特征之一，戈夫曼写道："我想论证的是，此种不服从并不是一个偶然的防御机制，而是自我的一个本质成分"（Goffman，1961：319）。这一观点与我们有关戈夫曼的实在论残余思想的论断是完全一致的，它以一种从齐美尔和米德那里所继承来的二元论的方式去理解自我的结构，从而宣称由次级适应所体现的自我的方面表明了个体具有组织所无法掌控的个人的自主性（Goffman，1961：314）。我们无意于在此详细地重述戈夫曼有关被收容者的次级适应的大量描述，这些描述在很大程度上预示了德塞托在近 20 年后所发表的有关弱者的战术的理论（参阅 de Certeau，1984），它们暗示了被收容者不是任由总体性机构的强制所摆弄的傻瓜，他们完全有能力通过自身的能动实践至少部分地参与对自身处境的建构，并与机构所试图强加给他们的角色或自我拉开距离，甚至与工作人员达成某种半官方的默契（尽管并不是所有的次级适应都能够获得此种默许）。戈夫曼指出，在精神病院中实际发挥作用的机制往往并不那么正式，这些机制与病人的次级适应相联系（Goffman，1961：193，206）。例如病房系统和病人的次级适应之间存在着某种微妙的关系，正如我们曾经指出的，病房系统并不只是采用惩罚的手段，它同时也包含着工作人员和病人之间的非正式的交易，例如工作人员会以奖励的方式给予一些配合的病人更多自由的空间。而病人也会利用另一种官方组织的类型即任务系统（assignment system；如为医院完成某些工作或参加某种治疗）所提供的机会来为自己创造自由的空间或属于自己的空间，这些空间中的某些活动往往是违反官方的正式标准的。这表明病人有能力在被剥夺了私人空间的情况下创造他们自己的空间。他们所生活的世界并不只是一个从外部强加给他们的现实，他们有能力参与对他们自身在总体性机构中的认知能力的建构，这是因为在他们的自我中存在着无法被还原的主体能动性。

此种观点显然不同于那些将社会视为客观给定的实体的实在论立场。戈夫曼认为，总体性机构中的日常秩序并不像它看起来的那样理所当然，机构本身的各种仪式，如节日庆典、对外展示和体育比赛等往往将日常的秩序加以搁置，以营造工作人员与被收容者的融洽气氛，或让外人产生被收容者被十分人道地对待的印象。这些恰恰暴露了日常的秩序并非不可改变，它们依然是人们在互动中所建构起来的（用戈夫曼的话说就是舞台表演艺术的），而不是一种不可改变的客观实在（Goffman，1961：110）。总体性机构之中的日常秩序往往体现出在被收容者和工作人员之间的清晰的等级界线，而机构的仪式则为人们提供跨越这一界线的特殊机会，并由此表明那个界线所捍卫的差异并不像它看起来那样理所当然，差异是一出戏剧，界线两边的人往往并不像这个界线所描绘的那么不同，因为在机构的仪式中，那些工作人员放下平时的架子，从而显示出与被收容者更多的相似之处。在戈夫曼的戏剧理论中，剧组（team）的表演（performance）并没有构成剧组成员的唯一的社会实在，剧组成员可以和他们的表演拉开距离，以至于可以同时想象或演出可以证明其他实在的其他种类的表演（Goffman，1959：207）。这意味着表演者能够一定程度地控制表演的过程，表演的实在不是唯一的实在，而是表演者所建构的产物，表演者完全能够给出不同的建构，因此存在着对实在的多样建构。至此我们所面对的是戈夫曼有关社会实在的基本立场，我们将阐明这一立场是以一种实际上倾向于主体视角的建构主义路径来超越主客体二元论的努力。戈夫曼并不否认存在着超出于个人层面的结构性特征，他反对将个体作为研究的单位（Goffman，1959：149），主张社会学的观点首先关注的是社会关系的特征，这是一种结构的观点（Goffman，1961：200—201）。① 例如，在戈夫曼的戏剧理论中，观众在背后往往遭到剧组成员的贬低，而当面却得到礼遇。戈夫曼认为，此种常见的互动现象并不能从人的本性中得到答案；观众之所以得到这样的对待也不是或者说不只是出于他们自身的缘故；而表演者对观众的实际感受与观众所受的待遇之间也没有什么关系。两个剧组的相遇只是为了完成他们各自的任务（Goffman，1959：175），这意味着一种超出个人层面的结构性特征，它是内在于剧组的互动情境之中的、与角色扮演相关联的某种互动的结构模式，它既依赖于每个剧组成员的角色行动，又具有一种需要剧组成员抛开个人好恶的约束力量，这种力量正是在角色的互动中才得以存在。戈夫曼并没有探讨一种抽象的结构实体，相反他始终在面对面互动的维度来谈论结构性特征的意义。以他所谓的表演者的失误为例，戈夫曼认为，此时观众可能非常得体地"视而不见"或欣然接受表演者的道歉。在对表演者而言非常危机的时刻，整个观众可能为了帮助表演者摆脱困境而进入与表演者之间的心照不宣的共谋（Goffman，1959：231—232）。因此，不只是表演者为了塑造某种印象而处心积虑，观众也会帮助表演者维持他们所试图传达的印象。② 这充分表明情境的建构是参与各方积极互动的产物，这不是由结构的法则所支配的机械的过程，而是在结构性约束在场的情况下的积极主动的

---

　① 这当然并不意味着在戈夫曼的理论中个人主体不具有重要的地位，这不只是因为戈夫曼的人性论假设，而且是因为我们在此所谈论的戈夫曼的研究始终是围绕着个体间的互动所展开的，这显然更加有助于凸显个人主体的重要性。事实上，戈夫曼所反对的是绝对孤立的个人，个体的社会化建构排除了此种个人的可能性，这也就是为什么戈夫曼要强调社会关系或者说他所谓的社会结构的原因所在。

　② 不可否认的是，由于戈夫曼过分强调了互动各方的有意识的筹划和参与，这使得他的理论更多地局限于意识哲学的层面。尽管他的确意识到无意识问题的存在（Goffman，1959：184），也看到了前反思的理所当然性在认知能力中的重要意义（Goffman，1959：108），但这些并没有促使他建构起一种充分有效的无意识或前意识理论。他对表演的意识特征的过分强调不可避免地导致了对现实的歪曲，以至于并没有意识到他所谓的表演在多数情况下只不过是一些前反思、前对象、前话语的前意识的实践活动，人们在多数情况下并不需要像戈夫曼所说的那样处心积虑地掩盖实际的情感反应，并将所谓的适当的情感反应展现出来（Goffman，1959：217），他们只是出于对情境的直觉预期或理解，从而以貌似不言而喻的方式实践其自身的特定信念，由此参与到特定情境的生产或再生产之中。这些不言而喻的实践活动既没有像无意识行为那样被压抑，也没有像意识活动那样处于一种高度觉知的对象化的调节和掌控之中，它们不过是前意识的真实情感的流露。

建构过程。正如戈夫曼所指出的，面对面互动中的表达是不可靠的
（Goffman，1959：227），互动的过程是无法被事先准确预知的，因此情
境的建构就需要参与各方的能动性的投入。社会结构的约束性在此体现
为对情境中的角色（part）的建构，它赋予角色以行动的方式，① 与此
同时社会结构并不是外在于情境的抽象的存在，它在情境中发挥规范性
作用的同时也在情境的互动中被建构起来，正是在互动各方为维持情境
定义的努力中，社会结构才得以被生产出来。戈夫曼指出，当个体在表
演他的角色（routine，也可译为"常规"）的时候，较大的社会单位
（如剧组、机构）就要为之承担义务；在每一个表演中这些单位的合法
性将倾向于被再一次检验，它们的永久的声誉则面临险境（Goffman，
1959：243）。社会结构所代表的剧组或机构的合法性和规范性正是在每
一次表演中被加以检验，这暗示了社会结构的脆弱的一面，一旦相关的
表演失败，它就会受到损害。结构不能外在于互动而维持它自身的存
在，它始终在情境的互动中在场，通过互动而被不断地建构起来。戈夫
曼试图将个性（personality）、互动和社会结构这三个抽象的层次统一在
其有关日常互动的戏剧理论之中，在互动中社会化的个体通过他们的互
动不断地建构起认知能力的情境，个体既是被建构的产物也是不可还原
的能动者。然而，由于戈夫曼的研究主要停留在面对面的社会互动的层
面，这使得他所思考的社会结构主要是一种日常互动的秩序结构，这使
得他的建构主义社会学不可避免地凸显了参与互动的个人主体的重要
性，一种并非个体主义还原论的主体视角构成了戈夫曼建构主义思想的
本体论特征，而其有关能动主体性的人性论假设则既为这一特征增添了
有关主体性的形而上学的依据，也使得这一特征陷入一种关于自我的本
体论身份的模棱两可之中。

---

① 这不是对行动的具体细节的掌握，而是对行动的方法的掌握，以至于个体能够或多或
少地填充和管理他可能被给予的任何角色（Goffman，1959：73）。个体通过社会化所获得的是
在特定的文化时空中处理不确定的现实状况的较为一般性的方法，此种观点显然影响了吉登斯
的实践理论。

第二章 转向客体

　　与早期建构主义者或多或少的主体视角大相径庭的是，第二阶段的建构主义者显然继承了结构主义的客体主义视角，只不过其代表人物福柯和布希亚等人以一种十分激进的建构主义方式替代了传统结构主义的实在论立场，从而在本体论上实现了一种后结构主义的转向。这一转向不仅与传统的结构主义在一些重要的方面拉开了距离，而且以结构主义传统所固有的客体主义立场与早期的建构主义者尖锐对立。第二阶段的建构主义者不仅反对将社会结构视为遵循决定论的因果法则的客观实在，而且彻底否定启蒙传统所倡导的主体概念，以客体主义的立场彻底消解了主体的本体论地位，从而试图建立起一种以社会历史的相对性姿态所展现出的非实在的客体统治（这里所谓的"客体"自然也就不具有其字面含义中的客观实体的意味，而是用来意指后结构主义者所想象的那些相对于人类主体的客观性的非实体的社会存在）。因此，如果说第一阶段的建构主义者往往从倾向于主体的视角出发，更多地关注于阐发社会世界如何在主体的行动或互动中被建构起来；那么第二阶段的建构主义者则更乐于揭示那个被贴上了主体标签的人的形象是如何在社会历史性的客体化力量的运作中被建构起来的。

第一节　让权力说话

　　戈夫曼并不否认总体性机构的特征也不同程度地出现在社会的其他机构之中，因此其研究对于理解其他种类的社会机构也具有部分的推论价值，但这显然是有条件的和需要严格地加以节制的。毕竟在戈夫曼的眼中，总体性机构并不是一个具有普遍代表性的案例，它与其他类型的社会机构之间不可避免地存在着各种不兼容性，因此戈夫曼有关总体性机构中的学科规训和纪律权力的研究更多地只是试图揭示一种特例，而并非尝试建构某种至少针对现代西方社会而言的具有广泛解释力的一般社会理论。然而，当福柯同样把视角指向诸如监狱这样的总体性机构的时候，其所尝试的则远不是一种有关特殊社会机构的社会学研究，而是试图将总体性机构的特征泛化为现代社会的一般特征，在总体性机构中所发生的针对被收容者的学科规训和纪律强制则以一种无视被收容者的主体能动性的方式被放大为现代个体的一般性的生存状态。问题的关键恐怕不是因为福柯依赖于历史的档案，而戈夫曼则掌握了第一手的田野材料，而是更多地由于他们用于省视其对象的那个社会本体论的理论视角或者说关于社会本体论的不言而喻的先入之见的差异。正是此种差异使得戈夫曼在一定程度地承认个体的社会建构的同时却主张从个体间的能动互动出发去探究那些认知能力中的主体的反抗，而福柯却秉承着法国整体主义的方法论传统，从而热衷于将个体的存在消融于客观规训的约束氛围中。这显然不能全然以个人的好恶来加以解释，其实质倒是更多地体现了作者个人是如何作为一个与他人共在的能动者投身于对某种历史潮流的生产和再生产之中。这一切恰恰印证了如下的论断：我们也许永远都无法确切地知晓事实本身的原初真相，如果存在着此种真相的话，那么最佳的情况是在通向这一真相的途中，我们关于对象所说出的事情中总已经隐含着我们想说出的事情，我们所看见的总已经是我们能够看见的，为了有所说和有所看，我们总免不了要有所想说和有所能看，正是后者才成就了我们向真相的迈进，但也正是后者才使我们即便在最佳的情况下总在途中。这似乎是一种矛盾，但也许矛盾才更接近真实。

正是秉承着一种客体主义的先入之见，福柯为我们描绘了一种由客观的权力关系所主导的现代人的历史，在这个历史中个人只是作为身体被规训、作为人口的一员被控制，以至于个人的声音完全被权力的声音所淹没，他甚至只不过是一个权力的表达手段（Foucault, 1980: 98），

权力正是通过他的灵魂在说话。① 我们之所以将福柯视为一个建构主义
者，当然不只是因为福柯以权力的本体论以及现代生命权力和人文科学
的知识所构成的话语或者更确切地说话语实践（Foucault，1972：46）
来解释现代个体自我的社会历史性发生，同时也是因为在福柯的思想
中，建构身体的社会客体至少就其内容而言并非具有不变的本质主义内
涵的超越具体时空的实在。福柯反对将权力视为像商品或财产那样的可
以被占有、交换和转让的实在，他明确地指出，在实体的意义上权力不
存在（Foucault，1980：198）。权力就其实质而言是关系性的而非实体
性的，一种关系不可能独立于关系各方而独自存在，权力关系不过是散
布于社会之中的各种差异和对立的点所编织的力量的网络，它所依赖的
是各种不平衡与不对等，一旦取消了各种对立点的存在，力量关系也就
随之而消失。但这并不意味着权力依赖于发号施令的主体决策，仿佛它
不过是个人或群体的意志产物，尽管如果没有人这一权力的载体权力的
运作将是无法想象的，但是福柯试图描绘一种无主体的客观网络，正是
这一生产性网络的存在才决定了主体的行动。因此，尽管个人或机构在
权力网络中可能处于不同的地位，但是关系的任何一方就其实质而言并
不比另一方更多地拥有权力，因为权力不是人们所能够拥有的特权
（Foucault，1977：26），监视者并不比被监视者更能够掌控权力的运作。
在福柯所描绘的权力网络中，主体仅仅作为一个消极的载体或填补职能
空缺的对象而存在，其实质上是否定了启蒙理性所倡导的人类主体的本
质特征，从而试图建立起一个无主体的生产和压制的社会分析框架。当
然福柯并不只是给出有关主体不过是一种话语虚构的断言，他不遗余力
地试图揭示，现代西方意义上的主体性的"人是一个近期的发明。并且
这一发明也许正临近终结"（Foucault，1970：387）。福柯认为，他最
初以其所谓的考古学（archaeology）的话语分析所揭示的现代主体的观
念作为一种人文科学的建构是伴随着人文科学从现代认识论领域中的出
现而出现的："并非人建构了它们并为它们提供了一个具体的领域；是
认识论领域的一般安排为它们提供了一个地点，召唤它们并把它们建立

---

① 本书的研究仅限于福柯早期关于现代身体的思想。有关福柯的生命权力（bio-power）
概念以及权力—知识与现代身体的关系问题的较为详细的讨论可参阅郑震，2009：134—150。

起来——因此使它们能够把人建构为它们的对象"（Foucault，1970：364）。不过这一执着于话语分析的考古学尝试不久就被另一种更为激进的尝试所取代或拓展了，考古学并没有被彻底否定或抛弃，但考古学的概念框架显然无法胜任新的研究所要处理的问题，这就是那个被赋予主体之名的现代个体是如何在由考古学所揭示的话语实践中被社会历史性地建构起来的问题，由此就产生了后来的谱系学（genealogy）研究（这显然也包含着对考古学阶段的反思和扬弃的企图，毕竟在考古学阶段谱系学研究所突出的权力概念最多也只是隐而不显的）。这一研究以一种权力分析的概念框架补充和改造了考古学的话语分析，但有关现代主体的问题则得到了延续。福柯写道："人们必须摒弃作为成分的主体，除掉这个主体本身，也就是说，达到一种能够在一个历史的框架中解释主体的建构的分析。并且这就是我将称为谱系学的东西，那是一种历史学，它能够阐明知识、话语、对象领域等的建构，而无需诉诸一个主体，这个主体或者在与事件领域的关系中是先验的，或者在整个历史的过程中在其空洞的同一性中运作"（Foucault，1980：117）。如果说考古学的工作与谱系学一样都试图将启蒙所倡导的理性的主体去中心化，那么它们的区别则在于从不同的视角来展示这一立场。考古学试图揭示启蒙的先验主体是如何在话语的领域（或者说文化的领域）中获得其可能的条件，揭示是什么样的话语实践的规则和关系使得个人可以被建构为主体并以主体的方式来发挥作用，而这些客观的领域、规则和关系并不是主体的创造，它们是主体得以可能的前提条件，正是在这一意义上它们具有一种历史的先验性。之所以是历史的就在于它们并不是不变的共时性系统，它们本身也在时间中发展变化（Foucault，1972：117，127，168，169），而之所以是先验的就在于它们是对象得以被建构的前提条件，它们意味着一种作为前提被给予的历史，它们是描绘一种话语实践的规则的群（Foucault，1972：127），正是在它们的生产和支配下，人们才可能以一个主体的角色去说话。与考古学的视角有所不同的是，谱系学并不满足于考古学对话语的分析，它力求展示由话语的分析所揭示的那些从属于权力战略的知识是如何在具体的时空中发挥作用，从而将一种主体性的观念置入个体的灵魂。不过尽管存在着这样的视角差异，关系主义的本体论思想却是前后连贯的。在考古学的阶段，福柯认为在寻找话语及其对象的形成的时候，无论是个体研究者的发现，还是一些相关的社会过程的出现都不足以给出充分的解释。① 使话语及其对象形成的主要的和直接的原因是在话语中发挥作用的一组特定的关系，正是这组关系界定了话语的形成，并使得对象的出现得以可能。这组关系当然随着具体问题的变化而变化，但它们体现了建构话语及其对象的各种机制之间的相互作用，正是这种相互作用直接生产出了话语及其对象（Foucault，1972：43，44）。正是此种关系主义的思路在谱系学中发展出一种无所不在的权力网络的理论。

福柯在考古学中所谈论的话语的实证性所具有的历史的先验性，在谱系学中则被生命权力—知识的历史的先验性所取代。在此我们触及了福柯对于社会客体的非实体化的另一个重要方面，换句话说，福柯对实在论的颠覆不仅是以一种关系主义的本体论来挑战实体的假设，同时也以一种历史的视角来颠覆实在论的本质主义论断。对福柯而言，不存在有关权力—知识的一劳永逸的本质结构，不同的权力生产不同的知识，并与后者紧密地结合在一起，"测量（measure）[mesure]……作为'权力—知识'的一种形式，它与希腊城邦的形成联系在一起；……调查（inquiry）……与中世纪国家的形成相联系；……检查（examination）……作为权力—知识的一种形式，它与工业社会的具有控制、排斥和惩罚特性的系统联系在一起。在它们的历史的构造中，测量、调查和检查都是实施权力的手段，并且与此同时，都是创立知识的规则"（Foucault，1997b：17—18）。福柯进而指出，测量是数学和物理知识的一个母体，调查是经验知识和自然科学的一个母体，检查则是人文科学

---

① 这里所谓的社会过程即福柯所说的非话语的实践，它们是诸如制度、政治、经济领域中的实践活动（Foucault，1972：162）。福柯将其话语分析理解为一种针对文化领域的研究，他并不否认在话语领域和非话语领域之间可能存在因果关系，但这并不是一种还原论的关系，非话语领域只是参与到了话语形成的条件之中，其因果作用仅仅涉及对说话主体的意识的影响，以及提供了话语得以在其中出现并发挥功能的广大的社会情境，但这并不能够决定话语本身的具体概念和理论结构（Foucault，1972：163，164）。福柯意在强调文化的相对独立性，在他看来话语不是完全独立的，它有自己的历史性，并与其他非话语领域的历史性相关联（Foucault，1972：164—165）。不可否认的是，福柯有关话语领域的相对独立性的立场与布迪厄对场（field）的相对独立性的理解有着某种相似之处（有关布迪厄的场理论可参阅郑震，2009：176—182）。

的一个母体（Foucault，1997b：18）。因此，权力只不过是力量关系的各种历史变样的笼统的名称，不存在无时间的权力结构，尽管由此种权力的相对性或者说事件性所呈现出来的却是权力的某种形式上的绝对性，也就是说，在福柯的理论中并不存在在本体论上外在于权力来反抗权力的可能性，不存在彻底逃脱权力的知识建构，不存在可以豁免于权力建构的人类行动者，有的只是不同权力之间的战略游戏。不过福柯并不否认在权力的战略范畴中依然存在着反抗，他甚至认为反抗是权力关系得以存在的内在条件，权力关系的"存在依赖于众多抵抗的点：这些抵抗点在权力关系之中扮演了对手、靶子、支架或借口的角色。这些抵抗点在权力的网络中无所不在"（Foucault，1978：95）。即便这些反抗的点偶尔通过战略的编码从而铸成了革命（Foucault，1978：96），这也只是不同权力关系之间的斗争。因此我们看到在福柯的建构主义思想中隐含着一种有关权力的形式本体论的本质主义断言，它肯定了权力在形式上具有本体论的绝对性，这不能不说是一种实在论的极其隐蔽的残余，①它暗示了福柯在承认社会历史内容的相对性的同时并没有放弃对普遍形式的追求，这也正是福柯赋予现代哲学反思的使命所在（Foucault，1970：347）。由此可见，作为反思和批判现代主体性的激进建构主义者的福柯，依然在一种形式思维的层面从属于一个广泛的西方形而上学的思想传统，这就像海德格尔在承认真理的本质的相对性的同时，却又主张真理的本质的真理的不变性一样。然而对普遍形式的追求也只能被视为一种基于经验归纳的理论假设，所谓的形式不过是人们从既定的经验中所抽象出的看似稳定的状态，但此种归纳主义的抽象建构并不能够豁免于经验归纳的局限性，我们永远都无法获得绝对充分的经验证据来证明所谓的形式可以独立于内容的社会历史变革而保持一种持存的状态。与此同时，关于形式和内容的划分本身就只是一种人为的抽象，不存在划分形式和内容的绝对标准，这就意味着在形式和内容的划分方面显然存在着由划分者的社会历史局限性所导致的武断性，这表明我们

---

① 正如我们曾经指出的，即便实体的概念被明确地加以拒绝，实在论的本质主义立场也同样可能被人们以不同的方式加以坚持，这意味着人们并没有彻底摆脱实在论的影响。而福柯有关社会本体论的形式本质主义立场则是其中最为隐蔽的表现之一。

没有理由确信所谓的形式与内容之间存在着理所当然的本质区别，对形式的判断始终也只是一种社会历史性的抽象。我们之所以反复强调形式分析的抽象性就在于，形式和内容的划分无疑是一种人为的分析性建构，形式和内容并不存在于作为分析对象的现实之中，这表明正是出于一种分析性的视角或先入之见，人们才将现实区分为形式和内容两个方面，并武断地将那些看起来更为持久的方面称为形式。而一旦人们遗忘了分析本身的人类学特征，一旦此种分析性的先入之见转化为不言而喻的实践信念，就可能造成将形式判断视为绝对真理的谬误。事实上，即便是"不存在绝对真理"这一判断本身也不是绝对真理，尽管它显示为对所有真理的一种绝对判断（这似乎是自相矛盾的），但这种判断本身作为一种有关一切真理话语的非绝对性特征的形式的抽象，既不能超越归纳方法的历史局限性，也不能豁免于分析理性的先入之见，换句话说，它并不能够自诩为一种无前提的判断，它不可避免地只能是一种分析性视角的归纳产物，因此也就不可能自相矛盾地成为一个否认一切绝对真理的绝对真理。这表明无论我们如何确信我们对形式的抽象把握，这种形式判断依然要向历史的检验开放，任何自诩对绝对形式的把握都不可避免地犯下了非反思的实在论谬误，福柯有关权力关系的本体论论断显然也不能豁免。不过我们无意于就此便否认福柯作为一个激进建构主义者的历史地位，毕竟他在对现代人文科学和现代主体性的研究中所展现出的建构主义立场与早期建构主义社会学相比无疑具有更高的彻底性和激进性，这无疑使之成为西方建构主义社会学历史中的一个重要标记。

到此我们已经清楚地表明，福柯的客体主义的建构主义思想在对待社会客体本身的态度上体现出尽管并不完全彻底但却依然具有较高程度的建构主义立场。但是福柯对这一建构性的解释却因为其客体主义的立场而陷入一种逻辑困境之中。与主张从生物学角度来说明主体的先验性的米德不同的是，福柯笔下的生命权力只是相对于其所建构的对象才具有一种历史的先验性，也就是说，此种先验性依然是一种历史事件。这就向福柯提出了解释生命权力的历史生成的任务，但福柯显然没有对此给出任何像样的解释，更不要说给出一种合理的解释了。由于其客体主义的立场，福柯显然无法求助于任何历史主体的能动性作用，因为后者只能作为权力的派生之物才得以存在。而权力的本体论地位也使得福柯不可能设想另一种客体性的力量来解释权力的生成与变革（当然这种设想充其量只是将同样问题转向另一种客体，而无法根本地解决问题）。于是在福柯的著作中所展现的只能是在结构层面所发生的权力机制的神秘变换。在历史变革的问题上福柯丝毫也没有给人类行动者留下任何积极的地位，他们不过是权力战略的对象和载体，即使当各个反抗的点凝聚成一种革命的力量，这也只能被赋予另一种战略的名称。应当说福柯早年对现代主体的批判的确没有能够为主体在权力关系的历史变革中发挥任何意义上的积极作用留下丝毫的余地。历史变成了权力自己的游戏，唯一可能的解释就是权力荒谬地自己改变自己。

　　然而正是从此种高度建构性同时也是极其武断的权力客体出发，福柯详细探讨了现代人文科学的话语是如何将个体建构为具有主体性意识的驯服的身体，换句话说那个自以为具有先验主体性的个体并没有意识到，这个所谓的主体性不过是一种话语的虚构而非先天的实在，其实质是使其从属于一种权力的战略。福柯写道："这个现实的、非肉体的灵魂不是一个实体；它是这样一种因素，在其中一种特定类型的权力的效果和一种特定类型的知识所涉及的东西被联结并表达出来，它是这样一种机器，通过它权力关系导致了一种可能的知识整体的出现，而知识则扩展和强化了这个权力的效用。……一个'灵魂'栖居在他的身上并使他存在，这个灵魂本身就是那个权力施加于身体的统治中的一个要素。这个灵魂是一种政治解剖学的效果和工具；这个灵魂是肉体的监狱"（Foucault，1977：29—30）。事实上，福柯关于现代主体的研究全然是针对无意识的身体而展开的，他继承了尼采思想对意识哲学的批判和对无意识身体的重视，他写道："在尼采那里有着对观念深度、良知（conscience）深度的批判，他将它们指责为哲学家的发明"（Foucault，1997：273）。尼采对笛卡尔的意识主体的批判正是为了强调无意识身体对于人之存在的更加基础的地位，为了强调主体的意识观念不过是在权力意志主导下的身体的无意识所建构的幻觉（郑震，2009：67）。福柯继承了尼采的这一思路，并将其与尼采有关"求真的意志乃是权力意志"（尼采，2005：156）的论断一并加以系统发挥，从而以对现代权力、人文科学的知识、意识主体和无意识身体之关系的经验主义的历史研究发展了在尼采那里就已经密切关联的有关权力意志、知识、意识主体和无意识身体的更为哲学化的思路（福柯所谈论的权力与尼采笔下的权力意志相比无疑更具经验主义的色彩，且其所涉及的范围也要有限得多）。我们并不打算在以下的篇幅中详细地介绍福柯针对现代西方人的身体所展开的谱系学研究，我们的研究所关心的并不是福柯在其著作中所展现的那些历史细节（它们无疑带有以客体主义方式加以剪裁的明显的福柯式烙印），我们所试图把握的是福柯思想中所包含的建构主义社会本体论思路及其对于发展一种更为合理的建构主义社会学视角所具有的意义。这不可避免地需要某种抽象性，这当然不是要将我们所讨论的这些理论思想抽象成一些超越社会历史时空的普遍话语，仿佛我们在谈论某种一般意义上的建构主义社会学。相反我们无意于甚至反对进行所谓的一般性的或者说纯粹的理论体系的建构（这种建构本身就是反建构主义的），我们的研究所呈现的社会历史视角并非只是因为一种历史社会学研究的需要，更是因为在我们看来，理论本身就不可避免地是一种社会历史性的观念形态，无论是我们所反思的那些理论还是我们所试图建构的理论，都不可避免地以一种社会历史性的形态而出现在社会历史的境遇之中。我们此前所提到的抽象性意味着我们的研究并不是出于对历史的理论话语本身的迷恋，仿佛我们所从事的研究仅仅是意在为那些思想已经拥有的浩如烟海的注释再增添一种最好是独特的注释，相反我们始终是在从事一种为我们自身的研究，尽管这不等于以一种不理解的态度去任意地歪曲我们所研究的对象，也不意味着一种出于短视的目的而对对象妄加裁定，而是主张在理解的基础之上去寻找它们对于理解当代中国社会现实和建构一种更为合理的建构主义社会学的意义所在。这不可避免地将面对那些西方思想所得以产生的历史语境与当代中国的现实之间的相似和差异的问题，而我们所谓的抽象性正是在这一问题意识的指引下所导致的取舍和选择的抽象性。因此，我们的研究滤去了福柯的历史叙事中所包含的那些细节，滤出了让我们站在自身的立场之上与之对话的某些在我们看来最为重要的观点（当然就像我们在前文已经指出的，由于我们在别处已经对福柯的生命权力和现代身体的理论进行过较为详细的讨论［参阅郑震，2009：第 1 部第 6 章］，因此我们以下的讨论将是非常简要和概括的）。

　　福柯对于西方现代身体的研究展现了其以生命权力的纪律技术和人文科学的知识为主导的视角（福柯主要使用的是法国的历史资料这一点是不可忽视的，因此他的研究无疑带有法国的局限性），这一研究可以被理解为以一种激进的建构主义方式思考了由马克思、齐美尔、韦伯、涂尔干等人所开启的关于现代西方社会的理性化的研究议题。对福柯而言，这一议题的关键就是探讨韦伯所谓的工具理性化的资本主义社会的广义的政治维度及其所具有的实用主义、功能主义和功利主义的效能（郑震，2009：138）。不过福柯既没有去讨论现代西方资本主义的生产方式和阶级关系，也没有对所谓的社会分工、科层制、资本主义精神、资本主义制度等传统问题进行直接的研究。相反他在形式上延续了他在理论立场上坚决拒斥的现象学传统有关认知能力世界的视角，以一种与现象学的保守立场截然不同的方式重写了生活世界的理论（郑震，2009：152）。这便是我们在本节开头所提到的以总体性机构为原型来理解现代西方社会的方式，这一方式促使福柯提出了纪律社会的激进方案，对他而言生活世界并不像胡塞尔所想象的那样是事先给定的理所当然的前提，相反它揭示了现代西方资本主义社会依然是充满了压制性的社会。福柯用以澄清这一社会特征的主要方案就是全景式监狱的蓝图，"全景展示的方案，无须作为此种形式而消失或失去它的任何特性，注定了要延伸到整个社会；它的天职就是成为一种一般化的功能"（Foucault，1977：207）。尽管福柯依然承认并不是所有的机构都采用了严格意义上的监狱模型，许多机构只是使用了一些监狱的方法（Foucault，1977：298），但是福柯以监狱这一总体性机构中的监禁模式作为一个重要的方面来理解西方现代性的广义政治维度的意图却是显而易见的。这一维度在福柯笔下所呈现的状况显然颠覆了自由主义传统所包含的任何一点乐观主义精神，就像福柯在后来总结这一阶段的研究时所承认的那样，他对于现代社会的统治状态的研究意味着自由的实践并不存在或者仅仅片面地存在，或者说被极度地约束和限制（Foucault，1997a：283）。且不论这一立场无疑忽视了由戈夫曼所揭示的行动者的能动性维度具有不可还原的本体论地位，即便人们承认总体性机构中的被收容者并不完全是无所作为的消极的对象，将总体性机构作为理解更广泛意义上的现代社会的原型的做法也还是有过度之嫌。不过福柯之所以给出这样一种对现代主体的彻底压迫性的社会解释方案，一方面是由于他的客体主义立场使他完全无视主体性的积极意义，另一方面则显然是与他试图揭示和批判与现代资本主义的经济成就不可分割的政治成就的理论意图密切相关的，在福柯的眼中，发生在监狱中的身体建构无疑是这一政治成就的最典型的代表之一（这一成就当然并不仅仅局限于纪律技术的运转）。① 换句话说，福柯认为现代资本主义在经济上的成功是不能仅仅依靠所谓的生产技术和资本的积累来加以解释的，资本的积累不可或缺地需要由纪律的技术所建构出的大量的效用最大化的驯顺的身体，正是使得此种人的积累得以可能的纪律技术从一个方面加速了资本的积累，除此之外，对人口的调节技术则从人口问题、公共卫生等方面入手推动着资本主义的经济发展，因此"这个生命权力毫无疑问是资本主义发展中的一个必不可少的因素；如果没有身体在生产机构中的受控的嵌入以及人口现象对经济过程的适应，资本主义的发展将是不可能的"（Foucault，1978：140—141）；反之如果没有维持和使用这些身体的生产装置的出现，人的积累的问题也是无法解决的（Foucault，1977：221）。由此可见，福柯认为由韦伯所强调的现代西方资本主义社会的工具理性化绝不仅仅表现为工业生产和商业经营的理性的计算，它同时也是围绕现代纪律所形成的对人的训练和规范的理性化（韦伯对官僚制度的研究无疑是福柯的纪律研究的先驱），以及对人口的生命过程进行管理和控制的理性化。不过不可否认的是，与韦伯相比福柯更为大胆地发展了由韦伯所开启的思路（Pizzorno，1992：211），他并不像韦伯那样主要局限于官僚机构去谈论纪律，韦伯有关官僚制度的悲观预言并没有转化为详细的理论论证，尽管这的确可能暗示了韦伯已经看到了纪律问题的分析潜能，但韦伯显然缺乏在更广泛的意义上处理纪律问题所需要的具体概念（Pizzorno，1992：211）。正是福柯

---

① 福柯将建构身体的纪律权力的政治称为解剖—政治（anatomo-politics），而与解剖—政治一同创造现代资本主义的政治成就的另一种较晚出现的权力技术就是调节人口的生命政治（biopolitics）。这两种现代权力技术的先后出现本身就从一个侧面（特定权力战略自身的发展变化的层面）揭示了权力本身的历史性特征（有关生命权力的这两种权力技术的讨论可参阅郑震，2009：139—140）。

将纪律发展成一个用于分析现代社会的具有普遍意义的概念，并就此建构了一整套用于描述无所不在的纪律技术的概念框架，并以此来探讨现代国家的司法统治机制是如何被纪律权力所入侵并建立在纪律机制的基础之上的。这并非意味着纪律功能被国家装置一劳永逸地加以征用和吸收（Foucault，1977：215），仿佛纪律不过是自上而下地加以规划和实施的一种国家的统治力量。福柯显然试图避免将国家的统治机构或统治阶级视为现代权力技术的意向性主体，他力求打造的是一种遍布于全社会的无主体的权力。福柯指出，现代权力技术与一套法律或一个国家装置是截然不同的，它更加复杂、更加密集、更加遍布（Foucault，1980：158），以至于"依据权力所进行的分析，不应当假设国家的统治权、法律的形式或统治的全面的统一是作为前提而给出的；毋宁说它们仅仅是权力所采取的最终的形式"（Foucault，1978：92）。不过以上这些以及其他尚未提及的具体理论上的差异并不能够掩盖如下的事实，那就是在一种宽泛的意义上，福柯的研究显然属于由马克思、尼采、韦伯等人所规范和开启的对现代资本主义社会的工具理性化的批判的传统，就此而言福柯的理论显然属于20世纪西方批判理论的范畴，只不过在更加确切的意义上，他的理论显然从属于那种深受法国结构主义传统和尼采哲学的相对主义气质影响的后结构主义的批判理论。

当福柯以监狱为原型探讨纪律权力对现代身体的建构问题时，人文科学始终扮演着重要的角色。纪律权力无疑是生产人文科学知识的生命权力的一个重要方面，而人文科学的知识与纪律权力所构成的权力—知识的结构无疑是建构现代身体的社会力量所在。① 对福柯而言，纪律权

---

① 福柯有关现代身体建构的理论正是围绕纪律权力及其所生产的知识而展开的。生命政治固然包容、部分改变并利用了它固着于其上的纪律技术，但它与纪律技术处于不同的等级，它针对的不是肉体而是人的生命，是作为类别的人（福柯，1999：229）。因此，生命政治所生产的人文科学的知识（如人口学、公共卫生学等）并不直接参与对身体的建构，但它们需要后者的存在，它们与纪律的规训密切联系并相互支撑。例如"卫生学的计划作为一种关于人口的健康制度包含了一定数量的要求绝对服从的医学介入和控制"（Foucault，1980：175）。尽管这种卫生学的独裁主义控制所针对的是作为人口的群体，它所关心的是那些所谓的宏观的要素（如城市空间），但是它势必包含着对易于管理的驯顺身体的要求，这种依赖也为纪律的规训提供了借口。

力—知识是支配—观察的结构，而可以认识的人（灵魂、个性、意识、行为，无论怎样称呼）不过是这一结构的对象—效果（Foucault，1977：305）。如果我们将讨论仅限于直接建构身体的纪律技术，那么正是通过纪律权力的运作（监视、记录、积累、分类、比较、检查，等等），关于人的知识才得以被建立起来；而权力也必须依赖于人文科学所提供的有关人的知识（关于人性的"客观真理"、关于人的本质的"论断"，等等），才得以将个体建构为具有特定效能的工具性的存在。这一切少不了各种时间和空间的安排，权力—知识正是通过一系列具体和精细的时空安排才得以在认知能力的反复实践的训练过程中转化为个体的无意识建构，以至于个体并没有意识到，他那装满了各种理所当然的人性和良知论断的心灵不过是一个社会历史的建构，他关于自身那与生俱来的主体性的信仰不过是特定权力—知识所生产的幻觉。福柯试图以此证明现代西方人所信仰的人之主体性的存在完全是肤浅的、非本质的，它充其量只是一个特定权力战略的身体效果，是被奴役的身体的自我欺骗的幻觉。纪律权力的生产性特征并不消除其后果的消极性，纪律权力正是以生产的方式来散布压迫、滋生奴役，它在生产工具理性化的方案的同时压制了其他合理性的可能，它在将个体组建成富有效能的群体的同时使他们沦为现代统治的工具。因此，表面的主动性掩盖了实际的被动性，本质主义的信仰掩盖了建构主义的生成，生产的乐趣掩盖了压制的残暴，不言而喻的自然状态掩盖了任意武断的文化表象。但人文科学的知识并不是权力所建构的用于欺骗个体的意识形态，福柯拒绝使用意识形态概念，因为根本就不存在作为那个意识形态的对立面的真理，因为知识并不像意识形态概念那样指涉主体的秩序，因为知识并不是物质的、经济的决定因素所派生的上层建筑（Foucault，1980：118）。①

　　福柯的现代身体理论所包含的建构主义本体论思想其实质是一种建构主义的权力本体论，在那里我们没有看到人类行动者是如何创造出他们所生活的世界，相反有一个声音始终在历史的时空中回荡，这就是权力的声音，而人不过是权力回到它自身的一个消极的中介。

---

① 　有关福柯在意识形态概念上的立场我们将在本书的第二部分加以进一步讨论。

第二节 符号的独白

如果说福柯总是热衷于撰写关于现在的历史，那么另一位后结构主义者布希亚则将目光直接投向了当前。与福柯致力于从权力的视角来理解现代性有所不同的是，布希亚主张从符号学的角度来解读现代资本主义尤其是第二次世界大战之后的当代资本主义社会，尽管这一视角毫无疑问地掺杂着与马克思主义之间的接受与拒绝的复杂关系，受到其老师列斐伏尔的认知能力批判理论的深刻影响，并且在 20 世纪 70 年代中期被打上了尼采和巴塔耶式的贵族批判的烙印（凯尔纳，2009：740）。布希亚显然被 20 世纪 50 年代开始在西方资本主义社会出现的消费主义潮流所吸引，这使他投身于对当代资本主义消费社会的批判研究，并在 20 世纪 70 年代凭借由符号（sign）、编码（code）、模型（model）、模拟（simulation）、超级现实（hyperreality）、媒介、无意识、异化、象征（the symbolic）等概念所构成的框架来批判这一社会的现实。其中现代资本主义社会的符号和前现代社会的象征之间的对立关系无疑构成了布希亚这一时期社会学思想的核心。我们将很快看到，就我们所关心的建构主义本体论话题而言，符号与象征的关系问题显然也是至关重要的。

一 总体性的符号统治

布希亚宣称，在第二次世界大战之后所出现的消费社会中，人的异化已无法克服，因为"它就是市场社会的结构本身"（Baudrillard，1998：190），消费的时代是一个彻底异化的时代，商品的逻辑已经普遍化并统治了一切（Baudrillard，1998：191）。这一总体化的状态意味着不再有主体或自我的同一性（selfsame），更确切地说是不再有对主体或自我同一性这样的本真状态的意识形态想象的空间（有关真理的神学维度），因此严格地说也就没有了那种作为意识形态想象的本真状态的异化可言（Baudrillard，1998：192），因为使得异化得以可能的那个非异化的理性的现代主体已经不复存在，它彻底被符号的组合与计算所吸收和消解。这并不是说在资本主义的消费社会阶段之前的资本主义的工业化阶段中，有关人的先验主体性及其异化的思想就是客观的事实，那不过是生产秩序所创造的神话（我们可以将福柯对于现代主体的研究视为对这一神话实质的揭露和批判），而对于消费的形而上学而言，尚未找到与之等价的神话（Baudrillard，1998：193）。这是因为在消费社会的时代，商品的符号逻辑已经构成了一种总体化的统治，一切都是符号或者说符号化了的商品文化的建构，超越消失在符号的安排之中，而谈论与超越不可分割的神话也就失去了意义。毕竟诸如异化这样的神话总是与超越异化的意识形态想象联系在一起的，而当构成异化的对立面的主体已经被符号的统治所彻底消解之后，相应地寻找一种消费社会中的异化神话也就无从可能。换句话说，彻底的异化也就意味着没有异化，彻底否定了对立面的存在自然也就意味着对自身存在的取消。尽管这并不意味着彻底的异化由于其对立面的消失而转变成为一种真正意义上的非异化，就像福柯笔下的权力总体并不因为没有其对立面而不再是权力，布希亚所谈论的符号统治也并不因为其总体化的异化状态而转化为自然的真实，事实上，当布希亚谈论所谓的消费的形而上学时，他已经充分地暗示了消费并不具有什么本真的属性。相反，正如我们在导论中所指出的，布希亚认为消费也是一个神话，这当然不是与工业化时代的异化神话等价的神话，而是一种将一切有关消费的反话语都加以吸收的总体化的神话（Baudrillard，1998：195，196）。消费社会的总体性的神话取代了工业化时代的意识形态话语，这是从佯装不知什么的符号向佯装不知什么也没有的符号的转变（Baudrillard，1988：170）。前一时代依然承认真实和虚假的区分是有意义的，所以发挥意识形态功能的符号才会佯装不知对真实的掩盖；而在后一时代中，区分现实与想象的标准已经彻底丧失，因此符号才会佯装不知其实什么都没有。这是从现实在某种意义上依然存在的时代向现实被彻底消解的时代的转变，后者意味着消费的统治是一种彻头彻尾的观念的统治，"在某种意义上，唯一客观的消费现实是消费的观念"（Baudrillard，1998：193），也就是说只有对消费的信仰才是客观现实的，消费社会之所以存在，只是因为人们相信它是存在的。消费社会就其实质而言也就只是一种消费的观念，这也就是为什么布希亚宣称消费社会正在成为它自己的自我实现的预言（Baudrillard，1998：194）。由于对于消费社会的消费而言，并不存在什么实在论意义上的本质的根据，有的只是消费者的集体信仰，因此消费社会就成了一个"自我实现的预言"式的社会。正因为人们相信存在着所谓的消费社会，于是人们才不断地去实现消费社会的观念，而消费社会也正因此而存在。人们所追求的正是他们自身的形象，他们之所以这样正因为他们想要这样，这是一种同语反复，而消费社会正是这种自我实现预言式的社会，除了人们的信仰之外，它什么都不是（Baudrillard，1998：194）。那么这是否意味着消费社会不过是人们自发的主动建构的产物，抑或是布希亚主张以一种观念的实在论来解释消费社会的存在，我们将看到回答是否定的。

布希亚并没有将他所谈论的消费符号视为一种不变的社会本质因素，相反消费社会的符号秩序并不是什么从来就有的普遍的观念结构，也不是什么持存和不可分的实体，它是现代模拟物（simulacra）发展到特定阶段的产物。布希亚认为，现代模拟物的发展经历了三个秩序阶段或三种价值形态，它们依次为价值的自然规律（这是从文艺复兴到工业革命的仿造阶段）、价值的商品或市场规律（这是工业化时期的生产阶段）、价值的结构规律（第二次世界大战之后所开始的当代的模拟阶段）。每一个更高的价值形态都将前一个形态吸收进来，将其作为自身进行模拟的参照系统，不过被吸收和参照的形态已经失去了其严格的规定性（Baudrillard，1993：2）。布希亚认为，文艺复兴之前的由互惠的责任加以约束的非任意的象征性符号构成了一种"自然"（我们将在后文讨论象征的问题），而模拟物的第一个秩序阶段的现代符号则通过仿造这一自然而获得其价值，这无疑体现了资产阶级打破封建贵族等级制度的愿望。而工业革命的到来则清除了仿造所承认的现实，它用大规模复制的产品（products）取代了仿造品，用工业化生产系统的现实取代了原初的现实，因为对产品而言不再有所谓的仿造的原件，同一系列中的每一个产品都是其他产品的无差别的模拟物，工业化生产的现实不再有原初的参照物。正是原始参照的消失使得生产得以可能（Baudrillard，1993：55）。不过生产阶段的模拟物依然创造了它自己的现实，统治这一时期的原则依然是现实原则（reality principle），这也就是为什么在这一时期意识形态的神话学依然具有意义，对那个派生现实的掩盖构成了这一时期的符号欺骗的特征所在。布希亚认为与这一时期占支配地位的工业机器相对应的是理性的、参照的、历史的和功能性的意识机器

（Baudrillard，1993：3），这是资本主义的意识形态统治的时代，它宣扬启蒙的理性，崇尚对现实的参照，强调历史的意义和目标，信奉主体的价值，然而这一切不过是意识形态的幻觉，因为真正的现实已被消除，生产已被机械复制时代的再生产所吸收，生产本身不过是在重复产品的系列，以至于根本没有什么意义和目标可言。这是一个技术作为媒介（而非作为生产力）获得了对产品的信息（它的使用价值）和劳动力的控制的时代，这一时代的揭示者是本雅明和麦克卢汉（Baudrillard，1993：56，57）。而凡勃伦和马克思则依然没有摆脱模拟物的第一种秩序（Baudrillard，1993：57），他们还在幻想着那个原初的真实，殊不知后者已经烟消云散。不过工业化的时期只是短暂而过渡性的，工业化只是现代模拟的最初形式（Baudrillard，1993：56），从 20 世纪五六十年代开始，依据模型（参照的能指）所进行的再生产取代了系列的再生产的基础地位，这意味着一个由符号的编码规则加以统治的时代最终到来。布希亚宣称这一时代的统治机器是编码的随意性机器（the aleatory machines of the code），与之相对应的是随意的、非参照的、转移的、不确定的和流动的无意识机器（Baudrillard，1993：3）。它不再专注于对意识的欺骗，而是热衷于对无意识的训练，通过对无意识的话语建构将无意识转化为一种操作性的模拟物，从而使人们在编码的层面展开竞争性的合作，其实质就是盲目地遵循符号的差异逻辑（社会分化或者说等级区分的功能），在符号的游戏中随波逐流。然而符号的编码逻辑并不代表什么本真的现实，它用编码所生产的新的现实取代了工业化时代的现实，其实质不过是参照维度的彻底消失。这个新的现实完全是符号的建构，它的意义来自于符号之间的关系而非对现实的参照，它的再生产所遵循的是符号所建构的模型，唯一的参照就是模型这一当代文化或符号的建构。一切都发生在文化系统的内部，这个完全编码化了的文化系统并不指向一个与自己分离的真实的世界，后者不过是这个系统自身的符号的效应，是这个系统的社会历史性的世界观的产物。布希亚将索绪尔的结构主义语言学有关符号的任意性和意义的差异理论的思想发挥到了极致，一个社会历史性的符号关系系统并不需要在它之外还有什么它所不能还原的真实来支撑它的存在，一切都是符号自身或者说能指的游戏，而所指充其量不过是一个能指所虚构出来的任意的人造物，它没有任何客观的依据，它不过是一个形而上学的虚构（Baudrillard, 1981：196）。就此而言，进一步区分所指及其参照物也就变得毫无意义，它们统统消失在能指的阴影之中。"更确切地说，这个世界完全只是所指—参照物（Sd-Rft）。就像我们已经看到的，所指—参照物是一个单一和紧凑的东西，一种作为能指的移动的影子来活动的内容的同一体。它是现实效应，在其中能指的运作得以实现并愚弄了世界"（Baudrillard, 1981：152）。由此，布希亚宣称"自然已死"，起源与实体的伟大参照、主体和客体的辩证法等自然的范畴都已失去了价值（Baudrillard, 1993：35），那个假定了客观存在的真实需求并在客观的生产和主体的需求的辩证法中开拓思路的工业时代的政治经济学也已寿终正寝，取而代之的则是在价值的领域中随意变换着的模拟的模型。一种彻底的相对主义获得了其理论的代言人，伴随着参照物的消失，在真实和虚假、现实与想象、理性与非理性、生产与消费、有用与无用、工作与闲暇、原因与结果、起源与目标、基础和上层建筑等之间的传统的对立和差异被彻底超越了，因为不再有任何意义上的客观的标准，对立的双方可以相互替换。符号终于挣脱了任何现实的束缚，这是价值的革命，当价值获得了不可思议的自主性的同时，现实已死，确定性已死（Baudrillard, 1993：7）。就此布希亚宣称当代资本主义的消费社会是一个由模拟原则（the principle of simulation）所统治的社会，现实原则业已过时，现实已经被编码和模拟的超级现实所吸收（Baudrillard, 1993：2）。之所以是超级现实就在于，① 模拟不再以现实为参照，"它是由没有起源或实在的一个现实的模型所生成的：一个超级现实"（Baudrillard, 1988：166）。它完全处于模拟之中，从而不再遵循再现的逻辑，它是没有原本的复本，并且总已经是复本（Baudrillard, 1993：73）。超级的现实是符号所编码的现实，这是一种全新的消费时代的现实，它就是消费时代的现实本身，因此今天"现实本身是超级现实主义的"（Baudrillard, 1993：74）。就此而言，超级现实并不是非现实，尽管它的确也不是传

---

① 为了区别"hyperrealism"与"surrealism"，我们将前者译为"超级现实主义"，将后者译为"超现实主义"（有关布希亚对现实主义、超现实主义和超级现实主义的区别可参阅Baudrillard, 1993：72，74）。

统意义上的现实，它超越了现实和非现实的对立，作为能指的空洞形式它彻底颠覆了传统的真实和虚假的逻辑，对于超级的现实而言，在传统的意义上询问它是否是真实的将是毫无意义的，如果一定要这么问的话，那么它也只是对于包含它并赋予它以意义的符号系统才是"真实的"，但这个"真实"正因为没有虚假的对立面而自我否定了其真实的身份。布希亚写道："当今的每一天，政治的、社会的、历史的、经济的等现实已经接纳了模拟的超级现实主义维度，以至于我们现在完全生活在现实的'审美的'幻觉之中"（Baudrillard，1993：74）。① 事实上，在模拟原则所统治的时代，模型作为唯一可能的参照显示了由元语言所建构的充满了任意性的参照的幻觉，系统的编码所制造的不过是文化的幻觉，当这一幻觉成为统治一切的总体性话语的时候，它就变成了没有现实的现实本身（超级现实）。没有真实的真实本身（超级真实），于是它仿佛比真实更为真实，因为如果说传统意义上的真实还始终面临着对其真实身份的挑战和质疑，那么一个没有对立面的"真实"将成为一种绝对的真实，但也正是因此它才暴露了它作为绝对幻觉的实质。对于超级现实而言，在现实和想象之间的传统对立被彻底消除了，现实本身沦为了符号的想象，因此不再有关于现实的虚构，因为没有与这一虚构相对应的真实。

正是基于这样一种彻底的相对主义立场及其对当代资本主义社会的判断，布希亚抛出了一系列有关终结的论断。它们包括生产的终结、劳动的终结、政治经济学的终结、能指与所指的辩证法的终结、交换价值与使用价值的辩证法的终结、基础与上层建筑的规定的终结、革命的终结、艺术的终结，等等。我们并不打算详细地去讨论这些终结的论断，事实上我们此前的研究已经涉及了其中的一些方面。在此我们只在总体上指出布希亚的论断背后所蕴含的基本立场，它由两个彼此关联的方面所构成。首先，在一个由符号的价值所彻底统治的时代，不再有最终的标准来划分事实的界限，由此传统的对立面之间可以相互替换，这意味着原本正是凭借和对立面之间的关系而获得其自身同一性的现象失去了

———————

① 这一论断所揭示的恰恰是布希亚自身理论阐述的美学化倾向，他以此来反对正统马克思主义中的经济决定论思路（甘恩，2011：176）。

这种条件，以至于它不再能够与其原先的对立面区分开来，它们彼此相互替换，从而彻底取消了各自的同一性。例如，劳动不再能够与其他的活动（它们原本被称为非劳动）区分开来，工作与闲暇之间的区别被打破了。闲暇的时间及其所归属的消费的时间并不是自由的时间，它们依然是生产的时间，尽管就经济的生存而言它们是非生产的，但是从社会角度来说它们依然在生产价值（区分的价值、地位的价值、声望的价值；Baudrillard，1998：157，158）。事实上，在闲暇及其所归属的消费中发挥作用的依然是在工作中发挥作用的伦理原则，如责任原则、牺牲原则和禁欲主义的原则（Baudrillard，1998：155，156）。正是在此意义上，劳动的原则已经爆开并分散于社会的各个方面，劳动已经无所不在，因此也就不再有劳动了（Baudrillard，1993：18）。反过来说，我们也可以将劳动理解成与闲暇一样是非生产的（Baudrillard，1993：28），这意味着区分生产和非生产已经失去了意义。而构成"终结"之理论背景的另一个方面即超越的不可能性，也就是说在一个编码统治的时代，超越的可能性让位给系统的再生产，不再有意味着变革的目标和超越现状的可能性，这正是符号秩序的总体化统治的特征所在。于是不再有生产或非生产的劳动，只有再生产的劳动，生产已死，剩下的不过是系统自身的再生产。这一逻辑被布希亚用于挑战并瓦解几乎所有现代性的主要议题，其目的则是为了表明一个新的社会时代的到来颠覆了传统的社会运作方式，并且也使得相关的传统理论模式变得陈旧而过时。如果说布希亚在当时那个竞争激烈且为了争夺思想的领导权而热衷于标新立异的法国学术界的背景下，对资本主义发展的新现实的诠释有过度激进之嫌，因此而值得商榷的话，那么就此判断布希亚已经与被笛卡尔主义打上深刻烙印的现代性的主流思维方式分道扬镳则也同样是值得商榷的。不可否认的是，布希亚以现代性的主流思想为靶子所展开的智力活动的确显示了若干思路的转向，他以十分极端的方式把启蒙的相对主义潜力转化为一系列理论的方案（这种极端相对主义的精神在启发了布希亚的中国思想家庄子那里早已在不同的语境中得到了充分的展现）。但是，这并不意味着布希亚与主流现代性的思想传统彻底拉开了距离，他有关生产终结的一系列论断其实质不过是将韦伯对西方资本主义社会工具理性化的悲观预言加以彻底实现，正因为生产的工具理性化的组织和计算已经总体化为无所不在的现实（至少布希亚是这么认为的），生产和劳动才最终迈向了终结。然而具有讽刺意味的是，这一理性化的进程在布希亚的笔下最终却是通过符号的编码系统这一非理性的方式而得以实现的，艺术的终结揭示了这一进程相对于工具理性的非理性的实质，丧失了超越和批判的潜能的艺术已无所不在，其结果就是现实本身转化为审美的幻觉。这一思路显然是以不同的方式延续了马克思和韦伯对资本主义形式理性化的实质的非理性所做出的批判。除此之外，在此与我们的议题密切相关的是，尽管布希亚将主体和客体之间的二元论问题同样置入了他的对立面之间彼此替代的方案之中，然而非常耐人寻味的是，布希亚思想的方法论立场则显然是一种客体主义式的还原论，这不可避免地使他与福柯一样一定程度地隶属于主流现代性的笛卡尔主义传统，尽管他们对客体的理解颠覆了这一传统的实在论立场。①

我们曾经设问，当布希亚将消费社会视为一个自我实现的预言式的社会时，这是否意味着他将消费社会视为消费者自发的主动建构的产物？对这一问题的回答必须通过分析布希亚所描绘的消费者的形象才能做出。正如我们已经指出的，布希亚并不赞同启蒙的主流精神所倡导的先验主体的概念，他拒绝这一主体的实在论特征。这并不意味着布希亚试图以一个非实体性的主体概念来取代启蒙主体的本体论地位，在布希亚的本体论范畴中根本没有主体的地位，消费的主体根本就不是那个萨特意义上的个人化的主体，因为萨特意义上的那个自由的个人化的主体根本就不存在（Baudrillard，1998：170）。而消费个体与符号秩序的关系则完全被一种客体主义的氛围所笼罩："他并没有被反映在那个秩序中，而是被吸收和废除。消费的主体是符号的秩序"（Baudrillard，1998：192）。对布希亚而言，个体完全不是符号系统的对手（就像在福柯那里个体完全不是权力的对手一样），他充其量只是这一系统所主导的游戏中的一个工具或中介（就像在福柯那里个体充其量不过是权力

---

① 我们的研究已经清楚地表明，布希亚并没有在涂尔干的观念实在论的意义上理解他所谓的符号秩序。尽管这个消费秩序的存在仅仅以人们的信仰为中介，但是它并不是观念的实体。它并没有被赋予一种本质主义的特征，相反它更像是一种带来总体性异化的非本质现象。它也没有被强加于某种物的比喻，相反它自身的存在不过是和想象、幻觉、不确定性、随意性、无参照性以及关系性等特征联系在一起的。

的工具或载体一样）。"除了符号的传出和接收之外就再也没有任何东西了，并且个体存在者消失在这一符号的组合与计算之中。消费者从来也没有面对他自己的需要，就像从来也没有面对其劳动的具体产品一样；他也从没有面对他自己的形象：他内在于他所安排的符号中。不再有任何超越，不再有最终的结局，不再有任何目标：这个社会的特征就在于'反思性'的缺失，一种关于它自身的视角的缺失"（Baudrillard，1998：191—192）。这段话再清楚不过地表明了布希亚对待个体存在者的客体主义立场。这是一场由符号所主导的游戏，虽然如果没有人类行动者的存在，符号的存在将是难以想象的，但是符号的存在却在逻辑上决定了个体的生存。以至于个体完全被符号的系统所吸收和操纵，他的需要、他的形象、他的劳动及其产品都只不过是这一无所不在的符号秩序所经营的巨大网络中的一些节点，它们在符号战略的精心计算中充当着系统在符号的差异中所生产的意义的载体，除此之外它们并没有任何意义。因此，在此种符号的总体性支配中，不再有向本真存在的超越和历史变革的目标，不再能够在一种有关最终结局的期待中来批判现实的荒谬，因为这个总体性的恐怖以一种单向度的方式彻底废黜了反思和超越的可能性，一切都只能在依据模型所展开的再生产中重复着符号的超级真实，而个体则只能在无意识的黑夜中随波逐流。① 这也就是为什么布希亚宣称在消费社会中不再可能有异端邪说（Baudrillard，1998：196），因为这个社会正在制造和操纵它自己的异端邪说，并由此来再生产它自身的存在。我们可以毫不夸张地说，布希亚将马尔库塞的单向度社会的逻辑和列斐伏尔的恐怖主义社会的论断发展到了极致，但也正是因此，当他试图寻找超越之路时，他不可避免地陷入了某种自相矛盾之中。

布希亚宣称，在消费社会中那个宣扬个体的自主性和自我的固有价值的个人原则被个体化（personalization）的编码所取代，这一编码并不是每一个个体所拥有的先验的主体性，它并不被任何个体所拥有，它只

----

① 也正是因此，消费的维度不是认识世界的维度，当然也不是一无所知的维度，它是误识（misrecognition）的维度（Baudrillard，1998：34）。正是无意识所生产的误识以其似乎胸有成竹的了解屏蔽了反思性认识的可能性，符号的真实在无意识的盲从中被隐去，剩下的不过是误识的自以为是（在这一意义上我们可以将误识视为对现象学所谓的自然态度的一种批判性的解释）。

是在个体与他人的所指关系中穿过每一个个体，从而在一种永恒的循环中被标记为理性的、分解的和可变的（Baudrillard，1998：170）。因此工具理性化的历史的个人取代了绝对的先验主体，个体仅仅存在于由编码所规定的与他人的关系之中，这是霸权的能指对所指的建构，而个体的存在中总已经预设了他人的内在性，就如同在他人的存在中也总已经预设了我的存在，但无论是我还是他人都不是这个存在的主人（我们将看到，这种由编码所规定的个体与他人之间的本体论的关系状态正是理解消费的关键所在），海德格尔笔下的非本真的常人概念在此以一种不同的方式得以复活。布希亚眼中的消费是一个确保了符号秩序和群体整合的系统，作为一种结构性的存在，消费的系统完全凌驾于个体之上，并通过一种无意识的社会约束而将自身强加于个体（Baudrillard，1998：78）。个人及其需要完全是消费系统的产物，是能指的结构所派生的效应。不是消费基于个人的先天需要而获得自身的存在与合法性，而是相反，个体的需要和快乐不过是消费结构的言语的效应（Baudrillard，1998：80），在《消费社会》一书中，消费者的需要和满足不过是生产系统所制造和需求的生产力（当布希亚实现了从生产主导向消费主导的转向之后，① 需要及其满足的生产价值则最终由消费的编码系统所决定），它们就像劳动力一样被约束和理性化（Baudrillard，1998：82）。尽管布希亚的思想经历了从生产主导向消费主导的转向（在这一问题上列斐伏尔的影响是显而易见的，有关列斐伏尔的讨论可参阅郑震，2011），但是他将消费个体视为一种消极的和派生的社会建构的立场却从来也没有改变过。"系统只能将个人作为系统的要素来加以生产和再生产。它不能容忍例外"（Baudrillard，1981：86）。布希亚明确指出了自己的研究方法和结构主义之间的亲缘关系："就'需要'、消费行为和文化行为不仅作为生产力被恢复，而且作为生产力被系统地引起和生产的程度而言，一种消费的结构分析是可能的"（Baudrillard，1981：87）。

正是在此种完全无视个体行动者的能动性特征的客体主义视角的背景下，布希亚主张消费不过是一种强大的社会控制因素，它贪婪地渴望

---

① 有关布希亚最初对生产相对于消费的首要性或优先性的主张可参阅 Baudrillard，1998：32—33，47。

着更大的官僚主义制约，而后者却被美化为自由的领域，人们无法逃脱
这一恶性循环（Baudrillard，1998：84）。这里毫无疑问地引出了有关权
力的问题。与福柯截然不同的是，在符号与权力的关系中，布希亚显然
侧重于符号的方面，不是权力生产符号并通过符号来发挥作用，而是符
号的编码系统生产了权力。布希亚敏锐地意识到，现代性的本质是二元
的逻辑，而现代性及其二元论只不过是编码而已（Baudrillard，1993：
86，90）。权力正是来自于并建立在此种二元划分的基础之上的（Bau-
drillard，1993：30）。布希亚认为，与二元划分相伴随的是对对立面的
想象，于是在人与自然的划分中，人想象自然的现实；在男人和女人的
划分中，男人和女人彼此想象对方的现实；在第三世界和西方的划分
中，它们各自的现实在对方的想象中被创造出来，如此等等。与此同
时，权力和社会的优越性最为清晰地标记在想象中（Baudrillard，1993：
129），如果没有二元的分裂和对差异的想象（其实质是符号的社会历
史建构），就不可能有所谓的社会的优越性和一方对另一方的统治，例
如男性正是通过对女性的想象即通过赋予女性某种处于劣势的社会意义
而确立了自身的优越地位（其实质是符号在想象，男性不过是符号统治
战略中的一个在性别关系中获得优势的效应，必须将想象和主体的能动
性区别开来，这正是布希亚的客体主义立场所带来的后果），并确立了
对女性的统治。就此而言，权力的实质是符号的社会统治力量，这是符
号的权力，每一种权力都代表并维护着它自己的符号，而符号的总体性
统治则暗示了权力的总体性，就像民意测验所表明的那样，系统给出了
问题，而问题则导致了系统所事先指定的答案，这种问与答的模拟游戏
暗示了权力的恶性循环（Baudrillard，1993：62，67）。布希亚以西方社
会所广泛采取的两党制来表明一种绝对的权力构成了西方民主政治的幕
后实质。布希亚认为，两党制避免了一党制的不稳定，但其实质依然是
一个阶级的统治，二元垄断不过是垄断的完善形态，在两党之间的模拟
的对立的背后是权力的绝对化（Baudrillard，1993：68，69）。

二 时尚

布希亚的消费社会理论无疑受到列斐伏尔的认知能力批判理论的巨大
影响，无论是列斐伏尔中后期思想的消费转向还是其有关现代认知能力的

基础性和异化的研究，以及他有关符号统治、符号消费、参照物的瓦解、语言对真实的建构、能指对所指的统治、节日狂欢与革命等话题的讨论无不深刻地影响并启发了布希亚。与列斐伏尔一样，认知能力构成了布希亚社会学研究的主要领域，但这不仅是由于列斐伏尔的影响所致，更是由于布希亚所关注的符号消费正是发生在认知能力之中（Baudrillard, 1998：34）。像列斐伏尔一样，布希亚拒绝像传统的主流社会学那样将认知能力视为平凡琐碎和无足轻重的次要领域，在他看来认知能力"不只是日常所作所为的总和，不只是平庸和重复的维度：它是一个阐释的系统"（Baudrillard, 1998：34—35），或者说它是一个遵循编码规则的意义系统，消费的个体正是这个系统的一个效应。布希亚宣称当代资本主义社会的消费正在控制着整个生活，而支配这一消费现象的模拟过程正在整个认知能力（daily life）的范围之中发生着（Baudrillard, 1998：29, 84, 126）。正是在这一立场的指引下，认知能力的时尚消费因其具有广泛代表性的典型的价值而成为布希亚探讨当代模拟阶段的重要切入点。布希亚写道："现代性是一个编码，而时尚是其标志。……时尚处于现代性的核心，甚至延伸进了科学与革命之中，因为整个现代性的秩序（从性到媒介，从艺术到政治）是被这个逻辑所渗透的"（Baudrillard, 1993：90）。

到此我们不难看出，简要提及布希亚的时尚理论将有助于从具体的方面来把握其建构主义符号理论的逻辑内涵。这意味着时尚已经超越了其通常意义上的范围，它的逻辑遍布于整个社会，而这正是符号的总体化统治的展现。其结果就是人们无法逃脱时尚，因为时尚甚至已经把对时尚的拒绝变成了时尚（Baudrillard, 1993：98）。布希亚正是在这一意义上将时尚与模拟及其模型联系在了一起，因此"我们已经变得完全被模型所吸收，完全被时尚所吸收，完全被模拟所吸收"（Baudrillard, 1988：187）。之所以如此就在于，时尚以最完美的方式体现了符号统治的基本特征，时尚的逻辑最为典型地展现了符号的逻辑。规定时尚之存在的符号设计恰恰是符号秩序模拟现实的基本方式，模拟的模型本身就是设计的产物，而这一由时尚所标记的设计的逻辑已经普遍化于当代资本主义社会的方方面面（Baudrillard, 1981：200）；此外布希亚认为，统治当代资本主义社会的符号秩序并非像此前的统治秩序那样建立在力量的基础之上，相反它建立在差异的基础之上（Baudrillard, 1993：

80），而此种符号所操弄并从中获取力量的差异则在时尚中有着最为直观和清晰的展现，我们此前所提到的符号设计正是围绕着差异而展开的，它正是系统制造差异的努力，时尚正是通过对社会等级的划分来再生产符号的差异机制。然而正如符号的真实是对真实的废除，时尚的差异也是对真实差异的废除，这是一种由符号所编织的形式化的差异，它取消了任何实质上不可交换的独特性，从而玩弄起由社会化的符号交换所建构起来的差异的幻觉。这是一种超级现实主义的幻觉，它意味着时尚的差异完全是一种社会历史文化的建构——一系列没有任何本质内涵的形式化的表象，这一建构的背后是传统意义上的参照系统的丧失，是系统的模型成为时尚的唯一参照系统（Baudrillard，1993：92），在设计的表象背后我们什么也找不到。也就是说，时尚的差异完全从属于编码系统依据模型所实施的再生产的战略，它的意义仅仅来自于符号系统内部的差异，除此之外没有任何其他的证明。这也就是为什么"不再有任何规定性内在于时尚的符号，因此它们自由地互换和替代，毫无限制"（Baudrillard，1993：87）。不难看出，我们此前有关符号秩序所揭示的所有特征都适用于时尚的议题，因为这个议题正是符号本身的议题。正是在时尚的运作中，传统对立面的差异被取消，取而代之的是符号所模拟的差异；现实彻底隐退，取而代之的是超级现实主义所设计的幻觉；确定性已死，代之以对于一切标准的放荡（Baudrillard，1993：94，98）和任意的变换；生产和超越业已终结，代之以再生产的重复和无限复制的恶性循环，如此等等。也正是因此，工业化时代所盛行的那个参照的理性（referential Reason）（它本身也只不过是一种现代性的想象）在符号的替代下彻底崩溃，而正是时尚将这一想象秩序的毁灭强加于我们（Baudrillard，1993：87—88）。对布希亚而言，时尚所代表的符号逻辑彻底颠覆了现代性的理性想象，工业化时代基于二元论的想象在当代的模拟阶段彻底丧失了价值，工业化时代在意识层面运作的意识形态的神话被建构无意识的消费神话所取代。

必须指出的是，布希亚对他所谓的模拟物的生产阶段和模拟阶段的划分是十分成问题的，他将生产阶段视为一个在意识层面展开的意识形态统治的阶段，这一统治所试图掩盖的是没有了原始参照的派生的现实（如劳动、机器以及整个工业化的生产系统），因为生产阶段的模拟物已经吸收或清除了前一阶段所肯定的现实（Baudrillard，1993：54），也就是说统治这一阶段的现实原则本身就是一种想象。这意味着标记这一阶段的意识形态统治所试图掩盖的不过是想象而已，意识形态理论不过是对想象的想象，那么以意识形态统治来描绘生产阶段充其量就是以一个时代的理论幻觉来作为一个时代的特征，就此布希亚将自己的理论置于自相矛盾的荒谬境地。换句话说，对布希亚而言，意识形态概念及其相关的意识哲学并没有能够把握到生产阶段中现实已经被清除的事实（我们姑且不对布希亚有关生产阶段的现实问题的判断做出评价），因此合乎逻辑的做法就是拒绝采用这样一种成问题的理论来界定生产时代，但我们看到的结果却恰恰相反。另一方面，如果我们不考虑布希亚有关现实被消除的极端立场，而仅就意识形态理论本身的合理性来看，应当说无意识概念之所以在当代哲学和社会科学中被广泛运用，其重要原因之一就是因为人们意识到传统的意识哲学过分夸大了意识层面的重要性（福柯对现代身体的研究正是力图以一种无意识理论来取代传统的意识形态理论对现代性的解释），而意识形态概念正是一种基于意识哲学的概念设计。这表明无论布希亚有关生产阶段的现实问题的判断是否合适（我们将揭示布希亚的立场显然是由一种对前现代社会的怀乡病所导致的过激的判断），意识形态概念都的确应当被修正。这就意味着，像布希亚那样堂而皇之地以意识机器来对应生产时代的工业机器，其做法本身就是一种对意识哲学的妥协，从而将一个时代的错觉错当成一个时代的标志（而有趣的是，他甚至已经从他自己的成问题的理由出发批评了这一错觉）。由此可见，与其说布希亚是在对不同的历史时代进行划分，还不如说他是在划分不同时代的理论，无论是他将工业时代的资本主义社会与意识联系起来还是将当代资本主义社会与无意识联系起来，都只不过是迎合了特定时代的学术旨趣，我们不认为这一从模拟物的意识战略到无意识战略的转变有什么充分的历史根据，不认为无意识问题在生产阶段就不具有基础的地位，①作为符号

---

①　必须指出的是，我们在此依然是结合布希亚的语境来展开讨论，事实上，我们反对像布希亚那样使用无意识概念，布希亚有关意识和无意识的概念划分显然没有摆脱他自己所批判的现代性的二元论逻辑。在我们自己的理论建构中，我们采用了意识、前意识和无意识的三元分析方案，并将发挥主要作用的基础地位赋予了前意识（参阅郑震，2007：25—28，39—46，以及全书各处）。

批判理论家的布希亚在一定程度上只是在符号的层面进行了时代的划分（我们无意于否认布希亚过分极端的思想中包含着某些现实意义）。除此之外，仅就布希亚对这两个时代的描述而言，它们之间似乎没有什么实质性的区别，这也就是为什么布希亚认为生产时代是短暂且过渡性的，它已经处于模拟阶段的边界之上，工业化是模拟的最初形式（Baudrillard，1993：55—57）。这种含混恰恰暴露了布希亚划分上的成问题的状态，因为在他的笔下生产阶段与模拟阶段的根本差别仅仅在于，前者依然抱有各种幻想，从而想象诸如理性、主体、现实、历史的目标等因素的存在，而后者则是连想象的余地都被清除得一干二净。这与其说是差别，还不如说是将同一个逻辑推向极致，即从假装相信想象到承认想象不过只是想象而已（因此也就不再可能进行类似的想象），前者并不比后者有更多的实质，后者比前者所缺少的只是一种自我欺骗的可能性而已。究其根本正是布希亚在对待现代性问题上的极端相对主义和文化主义在其现代性批判的构思中发挥着消极的作用，从而使得布希亚不能从不同时代的现实本身的独特方面出发来进行有效的时代划分，相反他从一种对前现代的怀乡病出发，武断地主张现代性不过是模拟物的逻辑向极端发展的过程，而生产阶段和模拟阶段则是这一发展彻底摆脱前现代社会的束缚，从而进入一种由现代性的模拟文化加以统治的时代，而作为模拟物的第三秩序的模拟阶段则是这一统治走向极致的表现。

我们并不否认布希亚对启蒙的参照理性和现代主体所进行的批判具有一定的现实意义，但是这一批判在清算前者的先验主义、绝对主义以及意识哲学等消极特征的同时，却错误地走到了另一极。他对于前现代社会的怀乡病式的偏执和对于现代性的极端文化主义立场使他无法接受一种包含着人类价值创造的更具有建设性的现实概念，使他无法正视工业化所创造的现实并不比前现代的世界更少现实性，而当代资本主义的高度信息化的符号网络也并不仅仅意味着超级现实的无所顾忌和任意武断。[1] 换

---

[1]　这并不意味着我们就此放弃了对现代性的批判立场，相反我们拒绝布希亚的极端立场的目的仅仅是为了寻找更为合理的批判基础。像布希亚那样将现代性描绘为相对于前现代的异化状态只能求助于对前现代社会文化的本质主义想象（如将前现代文化与一种人性的预设联系在一起），但这显然是缺乏有力的经验证据的。我们曾经在别处提出了一种不同于异化理论的批判方式（参阅郑震，2007，2009，2011）。

句话说，我们并不否认布希亚的现代性批判在一种有所节制的意义上是颇具启发性的，但是他的极端发挥则将其思想引入了各种成问题的状态，他那彻底否认主体地位的客体主义立场使他笔下的社会秩序的变革只能荒谬地呈现为一种被人格化了的客体的游戏，他对历史的划分往往显得武断且充满矛盾，除此之外，他在认识论上更是陷入一种无法自圆其说的荒谬境地（我们将在本书的第二部分讨论这一点），如此等等。应当说布希亚更多地只是看到了现代文化建构的消极方面，他将深刻影响了他的麦克卢汉的"媒介即消息"的论断推向了极致，从而将意义仅仅归咎为符号系统内部的差异，由此排除了意义与客观现实之间的关系，并就此将符号的任意性这一索绪尔的古老话题放大为一种彻底的文化相对主义（由此他将自然与文化的二元论强加于他所研究的对象，而这正是现代性所虚构的二元论的逻辑）；但与此同时，他的建构主义思想在前现代的论域中则被一种关于人性的实在论倾向占了上风，这一矛盾的状态只能是一种对于前现代象征文化的过于乐观的想象的结果，在此布希亚又一次落入他所批判的那个现代性的二元论陷阱之中，他正是在前现代和现代、象征与符号之间的二元划分中想象着对现代性的超越，而这与他对符号统治的总体化判断又是自相矛盾的。

三 象征交换

我们并不打算花费大量的笔墨来讨论布希亚在我们所研究的这一时期所给出的超越现代性的方案，这不仅是因为这种方案并不能够带来切实的希望和鼓舞，而且是因为它与本书的主题没有多少直接的关系。不过适当的就这一方案做一些思考将有助于我们以迂回的方式来进一步理解布希亚的建构主义社会学思想。这一方案就是布希亚有关象征交换（symbolic exchange）的理论。

显然是受到法国人类学思想的影响，象征交换的议题成为布希亚自相矛盾地颠覆符号的总体性支配的救命稻草。[①] 布希亚认为："在原始

[①] 之所以是自相矛盾的就在于，身处那个连对立面都加以吸收的总体化时代的布希亚却在谈论颠覆符号统治的总体革命，"只有总体的革命，理论的和实践的，才能在符号和价值的毁灭中恢复象征"（Baudrillard, 1981：163）。我们甚至可以针对布希亚的总体化立场提出如下的问题：布希亚的理论向我们显示的作为符号统治的对立面的角色是否也是被编码系统所吸收了呢？

文化中，符号公开地流通于整个'物'的领域，尚没有所指的'沉淀'，因此也没有符号的理性或真理的积淀。现实——我们的内涵中最美妙的——并不存在。符号没有它的'下层世界（underworld）'，它没有无意识（它是最近的和最微妙的内涵与理性化）。符号在没有幻觉、没有关于现实的幻觉的情况下被交换"（Baudrillard，1993：95）。可以说在原始社会中，不存在符号的实际运作与参照的所指的分离（Baudrillard，1993：239），因此符号并没有形成一套所指的文化系统，没有建构起它自身的现实，因此也就没有关于现实的幻觉，没有被理性化所压抑的无意识特征，所以原始符号就是物本身，在符号的总体交换和意义的总体的可逆性中没有价值的剩余，符号的物质性作为价值而被象征的运作所消灭（Baudrillard，1993：239）。① 布希亚认为，现代符号与原始符号没有任何共同点（Baudrillard，1993：95）。他援引巴尔特的观点来阐明现代符号的悖论，即一方面是能指的相互指涉，是系统的自我封闭和不参照现实；另一方面则是对现实的虚构和理性化的伪装，其目的只是为了掩盖符号系统的任意性、荒谬性和形式的无用性，并将其压抑为无意识的特征。正是基于这样的判断布希亚宣称原始人没有异化，② 因为尚不存在能够导致异化的那个他者（Baudrillard，1993：141）。而原始人之间的符号交换则是一种与现代符号交换完全不同的象征交换。除了我们以上所提及的那些差异之外，在现代符号交换和象征交换之间的最为重要的差异就在于，现代符号交换的实质是单方面的给与取，它的表面的交

---

① 布希亚认为，正是价值的剩余导致了经济的出现（Baudrillard，1993：201），诸如"市场价值、所指的价值和无意识的/被压抑的价值都是剩余物的产物，是象征运作的剩余的沉淀物的产物。总是这种剩余物被积累并滋养各种统治我们的生活的经济制度。超越经济（并且如果'改变生活'有任何意义的话，它只能是这个意思）就是在所有的领域消灭这种剩余物"（Baudrillard，1993：229）。

② 布希亚似乎忽视了他所引用的那些人类学材料所研究的对象其实并不是作为人类祖先的原始人，显然是出于一种西方中心论的立场，那些人类学家才将他们的研究对象称为原始人。因此，布希亚所谈论的那些所谓的原始人之间的符号交换（象征交换）显然是一种社会历史文化现象，没有理由认为这一文化现象与某种未受污染的人类本性有着内在的联系，换句话说，布希亚完全可能将一种社会历史的文化建构误以为是一种人性的本真体现，从而犯下了一种实在论的错误。此外，即便这些所谓的原始人的行为与人类原始祖先的行为没有根本差异，这也不能支持一种异化的论调，因为没有理由表明，人类原始祖先的行为方式就是人类应当加以遵循的本真方式。

换所掩盖的是实质上的单向度，交换本身只是一种形式上的模拟，其实质是用模拟的交换来取代真正可逆的交换，从而再生产单向度的统治对不可逆性的要求（布希亚认为现代经济交换正是这样一种再生产不可逆性的模拟的交换①）。因为现代符号系统的统治正是来自于这种不可逆的单向度关系，符号的权力正是依赖于单向度的给与取（Baudrillard，1993：36，42）。与之截然不同的是，象征交换则意味着关系的可逆性和互惠性（Baudrillard，1993：36，48），这与符号系统的逻辑是完全对立的，它完全超出了系统所能够计算的范围，对于象征的挑战，系统只能以自杀来回应（Baudrillard，1993：37，38）。

至于如何能够在当今时代展开一种颠覆符号秩序的象征挑战，布希亚并没有给出什么详细的方案，他只是为我们例举了一些个案，如墙上的涂鸦、回文（anagram）和诗，在布希亚看来它们遵循着无法被编码的绝对差异。然而，很难想象这些案例能够引向一场真正的革命，人们甚至可能怀疑它们也许只不过是被系统所收编的对立面而已。

①　布希亚以黑格尔的主奴辩证法为线索将现代资本主义的劳资关系阐释为一种符号交换的关系，并以此来反对马克思的剩余价值理论（see Baudrillard，1993：40—42）。

第三章　本体论的综合

　　第一阶段和第二阶段的建构主义为我们充分展现了主客体二元论在建构主义社会学的本体论中所构成的历史对立，它们所提供的丰富成果也将二元论的偏狭放大到令人难以忍受的地步。还原论的精致和简洁固然为理论的建构带来了诸多的便利，它最大限度地避免了复杂所可能导致的含混与困难，从而以尽可能少的变量建立起逻辑清晰且便于推理的理论模型；然而，正是这种简化逻辑的做法却错误地将主客体二元论的分析建构转化为对现实的本体论判断，从而将一种人为的虚构具体化为现实的图像，仿佛社会学的研究对象固有地就只能以一种二元论的方式来加以描述，它或者在承认个体在某种程度上被社会建构的同时侧重于主体那不可被彻底还原的能动性特征（这当然排除了极端个人主义的可能），或者是求助于客体的外部约束，从而以极端的客体主义立场来消解主体的存在。然而，当历史的发展在分裂的方向上迈向极端的时候，回返的曙光便也就越来越明亮起来，第三阶段的建构主义社会学为我们呈现了此种可能性。

第一节　过程社会学

一　结构与过程

　　埃利亚斯以其由过程（process）、事件（event）、关系（relationship）、形态（figuration 或 configuration）和长时段（long duration 或 long-term process，也可译为"长期过程"）为核心概念的过程社会学

（process sociology）来取代传统主流社会学的过于静态的结构或系统模型。在他看来，以帕森斯的结构功能主义为代表的盛行于 20 世纪五六十年代的西方社会学的主流立场错误地将社会结构视为静态的、不变的社会条件，以至于将社会变迁视为无结构的（Elias，2009a：13）。这便错误地将结构与过程对立了起来，并将过程视为一种派生的表象。然而结构与过程的概念和方法论的划分完全是人为的（Elias，2008：62），这意味着在结构与过程之间并不存在着本质的区别和对立，它们原本构成了一个整体，只是当人们将过程的某一个特定时点上的片段抽象出来，才建构出所谓的静态的社会结构，而这种静态的特征完全是一种人为抽象和选择的产物。这意味着埃利亚斯将动态的时间维度引入了静态的结构分析，因此人类社会的结构并不是变革的超时间的前提，而是在历史的过程中发展变化着。他认为结构理论仅仅体现了空间的维度，因此其模型是三维的，这意味着它缺乏由时间所带来的不确定性和变革的因素，而过程理论则是包含了时间维度的四维模型，这就将时间和空间都包含在自身的理论建构中，从而避免了单纯从某一方面入手而进行的抽象（Elias，2009b：82）。① 埃利亚斯认为，无论是结构理论还是过程理论都意识到了原子论者所无视的各组成部分之间的关系状态或整合方式，区别在于结构理论所给出的是静态的空间模型，而过程理论则给出

---

① 埃利亚斯此处对于结构理论和过程理论的解释是针对所谓的像规律一样的理论（law-like theories）而言的。后者体现了原子论（atomism）以牛顿物理学为样板，试图通过最小组成部分的特性来说明复合单位特性的企图，这一企图正表现为寻找那种不考虑时间和空间中的具体位置的永恒和普遍的规律（埃利亚斯认为，空间中的位置关系是由不动和不变的标准来加以确定的，而时间中的位置关系则是由运动和变化的标准来加以确定的 [Elias，1992：99]。但是因为事实总是在运动和变化之中，因此空间的位置关系就只能是一种对事实的抽象，而时间的位置关系则无需此种抽象 [Elias，1992：100]。因此"任何'空间'中的变化都是'时间'中的变化；任何'时间'中的变化都是'空间'中的变化" [Elias，1992：99—100]。埃利亚斯试图以此来解决所谓的空间和时间的分裂，然而他实际的做法是赋予时间的位置关系以具体性而将空间的位置关系视为对运动和变化过程的抽象，这就使得原本同为人为建构的分析性概念的"时间"和"空间"被赋予了不同的理论地位）。埃利亚斯认为，随着研究对象的整合程度的上升（例如社会学的研究对象较之物理学的研究对象就具有更高的整合程度），像规律一样的理论逐步让位给结构和过程的理论，而分析也逐步成为综合的辅助手段（Elias，2009b：80，81）。因为整合程度较高的单位是无法通过其所谓的最小组成部分来加以充分说明的，尽管这些组成部分对于说明整个系统而言依然是十分必要的（Elias，2009b：81）。这就使得对具有更高综合色彩的结构理论乃至过程理论的寻求成为必要。

了包含时间维度的动态模型，相比之下后者避免了陷入一种形而上学的教条主义静观之中。为了避免"结构"或"系统"概念在主流社会学中的使用所可能造成的含义上的混淆和歧义，埃利亚斯提出了"形态"概念以替代它们，因此过程社会学对结构的讨论也就是对形态的研究，后者意味着结构本身具有动态的性质，并且严格地将结构和系统区别开来。"形态概念的好处在于，与'系统'概念不同，它既不会唤起有关某种自我封闭的东西的预期，也不会唤起有关内在和谐的预期。'形态'一词是中立的。它既可以指和谐的、和平的和友好的关系，也可以指紧张的和敌对的关系"（Elias，1983：141）。这意味着形态不过是对整体中各部分之间的关系的一种描述，这种关系向诸如和谐和冲突等各种可能性开放，它同时也向历史的变革敞开，从而具有鲜明的过程特征（Elias & Scotson，2008：194），因此它是从一种关系主义的立场出发所给出的一个不带有明显的价值判断的开放性的形式概念。① 关系性无疑是形态概念的一个重要的本体论特征，事实上，所谓的形态无非是指构成整体的各组成部分之间相互联系的关系状态或整合方式，这一状态或方式并不是静止的绝对而是在历史的过程中发展变化着。因此，在埃利亚斯所理解的意义上，诸如结构、功能性相互依赖、整合、粘合的模式乃至组织都与形态具有同样的含义（Elias，2009b：70—71），它们共同意指一种动态的关系形式。与此同时，埃利亚斯反对将形态视为一种类似于永恒和普遍的规律或传统结构概念那样的人为的建构，如果说像规律一样的理论充其量只是提供了一种韦伯意义上的理念类型（Elias，2009b：72—73），而传统的结构理论则由于忽视了时间维度而陷入了一种人为的抽象，那么形态的概念模型则显然摆脱了此种人

---

① 之所以是不带有明显的价值判断的，就在于任何概念都不可能完全排除价值判断，这不仅是因为概念的建构本身不可避免地体现了韦伯所指出的研究者对于概念所涉及的对象的偏好，而且是因为概念总是承载着特定的理论立场，这种立场的社会历史性总已经是一种隐含着特定价值取向的视角特征，它不可避免地暗示了认识者的社会历史存在的局限性，当然它同时也是认识活动得以可能的前提条件（例如埃利亚斯的关系主义就是这样一种理论的立场或视角，它那不同于其他视角的独特性既可能成为它克服其他视角的局限性的优势所在——当然并不必然是这样，也可能并且几乎是不可避免地隐含了它自身的局限性，尽管它的倡导者常常没有或不能够意识到这一点，而这也正是为什么它是一种社会历史的局限性）。这里所涉及的认识论问题将在本书的第二部分加以详细的讨论。

为性，"这些形态与塑造它们的个体们几乎同样真实"（Elias, 1983：14）。以形态为其核心概念的有关相互依赖的社会学理论要比任何一种个体主义立场的行动理论或互动理论更加接近事实（Elias, 1983：143）。① 在他看来用组成整体的各部分所构成的形态来解释复合的整体显然不是一种高度抽象化的权宜之计，而是一种对社会现象的本体论的把握，因为在埃利亚斯的眼中，动态的关系性正是社会现实的基本特征所在。

由此埃利亚斯的过程社会学实则是一种动态的关系主义社会学，而埃利亚斯与福柯一样正是试图用关系的立场来推翻有关社会的实体假设。"有关个体与社会的关系的所有误解的根源就在于这样一种事实，即当社会（人们之间的关系）拥有一种无法根据个体来理解的特定种类的结构和规律性的时候，它并不拥有一个躯体、一种外在于个体们的'实体'"（Elias, 1991b：61）。实在论者总是倾向于将这种无法还原至个体的社会的结构和规律性视为社会具有实体特征的证据所在，然而社会拥有自身的规律性与拥有自己的独立于部分的存在是两回事（Elias, 1998：243），换句话说，社会形态并不能够外在于组成社会的个体或者说个体们，② 这并不妨碍它具有一种无法用个人来加以解释的特性，这一特性就是社会的关系性，它意味着社会作为一个复合的单位具有在这一单位的整体层面所独有的特征。它是人的网络所具有的秩序特征，这一特征显然超出了构成这一网络的个体们自身的计划和期待，它不仅与个体的计划有所不同，而且无疑具有更为强大的力量（Elias, 1991b：

---

① 这并不意味着埃利亚斯在认识论上陷入一种绝对主义的实在论立场之中。与此同时，我们的研究还将表明，他的关系主义社会本体论模型甚至并没有完全摆脱他试图加以超越的某些人为性（如主客体二元论）。当然我们将在本书的第二部分阐明，认识的社会历史性作为一种本体论的特征也许无法被彻底超越。

② 我们将在后文论证，这种从个体与社会的划分出发来思考问题，并将个体视为社会的最小组成部分的观点依然没有摆脱主体客体二元论的困扰。在我们看来，不仅个体与社会的分析策略存在着严重的缺陷，而且个体也不是社会的最小单位，正因为错误地将个体视为社会的最小单位，人们才无法用社会的单位来解释社会的存在，也才进而产生了将社会视为外在于个体的实体的谬论。事实上，在所谓的社会结构和个体之间的理论上的脱节恰恰是对社会最小单位的错误理解的结果，尽管埃利亚斯批判了这一错误所导致的实在论后果，但他却并没有批判这一错误本身，以至于为他自身理论的危机埋下了伏笔。

37）。正是在这一意义上，所谓的社会就是人们所拥有的彼此之间的功能性网络，社会的规律就是个体间关系的自主的规律（Elias，1991b：16）。埃利亚斯显然认为在个体之间的社会关系尽管可以具有一种自主的规律性或者说结构性特征（我们不能将个体间的关系还原至这些个体中的任何一个个体——不能以个体的存在来解释关系的存在，关系具有其自身的不可还原的特性），但是关系并不是外在于个体的实体，不能想象个体之间的关系可以类似于物理学意义上的物的方式而自在存在着，这一存在似乎挣脱了关系各方为其所提供的本体论束缚，并以一种涂尔干意义上的物的方式将自身从外部强加于彼此联系的各方。不可否认的是，一种动态的关系性的结构的确最大限度地与实体的假设拉开了距离，它不仅使人们难以进行一种物化的类比，而且也无法与有关实体的持存性和不可分性的论断彼此相容。毕竟很难设想一种动态的社会关系能够获得某种外在于关系各方的独立存在，并且以本体论上不依赖于关系各方的方式而获得一种不变的持存性（自在的本质），它独立自存并且不会发生彻底的变化（这显然与其动态的特征相矛盾）；① 而与持存性不可分割但值得被专门指出的是，社会关系的多样性和矛盾性也使之难以被赋予一种不可分的特性（仿佛社会关系是一个统一的整体，它拥有其整体上的自在的本质），正如休谟借知觉的差异和对立来论证灵

---

① 如果不考虑康德有关现象和自在之物的划分的话（康德所谈论的实体是其所谓的现象之中的实体，而不是自在之物。这使之不同于许多实在论者对实体的理解，但这并不妨碍康德有关实体的讨论向我们透露了实在论的实体论断的一些共同特征），那么康德有关实体的持存性的阐发无疑是对这一问题的一个清楚的说明。康德写道："实体在现象的一切变化中持存着，它的量在自然中既不增加也不减少"（康德，2004：170）。这一所谓的实体的持存性的原理意味着，实体是变化中的不变者，是真正意义上的对象本身（康德，2004：172）。而所谓变化的东西都只是属于实体实存的方式，因而属于这些实体的诸规定（康德，2004：172）。实体始终保持其同一，它不经受变化，它只是经受某种变更，也就是其实存方式或规定的改变。它是知性所认识到的时间本身的经验性表象的不变的基底，是诸知觉的一切综合统一的，亦即经验的可能性的条件（康德，2004：171，172）。也就是说，如果现象的对象不是一个持存的东西（实体），那么前后相继或同时并存的时间关系将是不可能的，各种知觉的综合统一也是不可能的，因为正是基于一个不变的实体及其各种变更的实存方式，人们才能够意识到是某个东西在量上持续变化，才能意识到在各种变化中有某个东西存在着，也才能够谈论所谓的"持续性"和"统一性"，一个不变的对象是知觉的综合和时间关系的前提，实体的存在提供了同一性这个重要的基底。

魂实体的荒谬性一样（Hume，1999：245），社会关系的差异和对立也同样暗示了设想一个自在统一的实在的关系整体是同样荒谬的。总之动态的关系主义无疑是当代西方建构主义社会学用于对抗各种实体假设的最为有效的武器，它以动态和多样化的关系形态颠覆了持存和不可分的实体假设，从而在本体论上打破了实在论的神话。

然而，埃利亚斯的过程社会学以动态的形态概念取代静态的系统或结构概念的做法，并不意味着主张社会的关系结构是在社会历史的时间中不断变化而缺乏任何意义上的稳定性的。正如埃利亚斯有关关系网络的结构性或秩序特征或者说规律性的判断所表明的，社会的关系形态并不因为其过程特征而失去了一种相对稳定的结构性或规律性的状态，这一稳定性使得社会的关系结构在一定的时间跨度内很少有明显的变化。这也就是为什么埃利亚斯试图通过长时段研究的方法来推行其过程社会学的研究，这并非一种可有可无的方法，而是埃利亚斯过程社会学的核心要素之一。以至于被传统的编年史研究视为长时距的一个世纪，在过程社会学家的眼中只能被视为一个短时距（Elias，1991a：16）。埃利亚斯认为，历史学家并不缺少对短期历史发展的研究，但是历史学对过去的重建却缺乏一种统一的参照框架，这一框架使得人们可以区分和比较不同时期的发展水平中的差异，以及在一个时期中的长时段的发展变化（Elias，1992：189）。可见埃利亚斯对社会结构变迁的长时段的历史社会学研究包含着一种历史连续性的思想，他并不欣赏巴什拉和福柯等人在思想史领域中所倡导的强调认识论断裂的历史视角（史密斯，2011：213）。对埃利亚斯而言，只有在跨越若干个世纪的历史发展的长时段中，寻求一个统一的参考框架以比较不同时期在发展水平上的差异，以及把握某一时期在一个长时段中所处的发展地位才是有意义的。事实上，社会形态的变迁往往正是在历史的长时段中才变得清晰起来。正是在这样一种思想的指导下，埃利亚斯的过程社会学的建构主义立场才获得了其独特的历史社会学面貌，埃利亚斯正是通过对历史的长时段的研究来揭示其所关注的认知能力的形态或社会结构的变革，这一变革的实质就是人和人之间的关系形态的变革。埃利亚斯认为西方人日常行为的文明化的原动力正是人们彼此关联或整合在一起的方式，即社会形态或结构（Elias，2000：99，135，412—413）。这毫无疑问地揭示了形态或者说社会的关系网络所具有的社会本体论地位，换句话说，在社会本体论的层面，既没有作为实体的社会也没有绝对孤立的个人，有的只是在人们之间的关系形态，而这一切又都是通过埃利亚斯的长时段研究来加以确立的。可以毫不夸张地说，尽管埃利亚斯的著作并不总是直接以长时段作为研究的背景，但是他的著作中总是弥漫着通过长时段研究所建构起来的过程社会学概念框架，以至于我们显然不可能在无视长时段这一概念的情况下真正地理解埃利亚斯的社会学思想。更何况埃利亚斯的绝大多数著作都清晰地采用了长时段的视角，并以此来揭示各种貌似自然而然的社会习性的社会历史生成，从而从长时段的社会历史差异中为我们揭示那些看似不言而喻的习性其实质不过是一种社会历史性的建构。埃利亚斯认为，社会习性总是向个体的意识呈现为一种人类自然本性的表象，但其实质却是一种个体所内化的无意识机制，这些机制的社会历史生成不仅在漫长的社会历史过程中被人们逐渐遗忘，而且也正因为它们的无意识特征，那些内化了它们的个体往往因此遗忘了他们不得不习得这些习性的事实，仿佛他们所具有的习性不过是一些与生俱来的先天本性而已。"某人自己的特性是如此的无法逃避和强迫性的，而且它们被某人所认识的绝大多数其他人所分享，它们常常根据支配性的知识编码而作为自然的特性、作为与生俱来的属性被概念化和体验"（Elias，1992：140）。埃利亚斯认为，只有通过长时段的研究，人们才可能发现那些被现代西方人视为理所当然的行为方式其实并不像它们向个体所显现的那样理所当然，它们不过是一些社会历史性的建构，只不过经历了数世纪的漫长历史过程，人们已经遗忘了它们的社会历史起源，从而误以为它们不过是自身的天赋使然（Elias，2000：43）。在埃利亚斯的理论中，习性无非是群体成员所共享的一套以自动和盲目的方式发挥作用的无意识的自我控制机制，之所以是自动和盲目的就在于它的运作无需求助于有意识的筹划和动机激发。在埃利亚斯看来，由弗洛伊德所发现并界定的无意识和意识的划分并不是人类的不变本性的一部分，而是漫长的文明化过程的结果，在这一过程中区分力比多驱力（libidinal drives）和意识或反思的遗忘之墙变得越来越高且越来越难以穿越（Elias，2000：410）。换句话说，以无意识的方式发挥作用的习性正是在长期的文明化进程中，与社会结构相一致的代表了社会禁令的超我不断驯化和压抑由驱力所支配的激情和冲动的结果，习性的生成正是在长期的文明化过程中社会的外部约束逐渐转变为一种无意识的内部约束的过程。仅就个体而言，习性的建构意味着从童年时期便已经开始的凭借各种无意识的或自动的手段，以及在一定程度上通过反射的机制所实现的社会化建构（Elias，2000：159），这种个体的历史性遗忘与经历了若干代人群继替的群体的历史性遗忘一同最大限度地确保了个体难以意识到他关于自身本性的判断中隐含着一种社会的强制。① 其结果就是人们越来越少地被他们的激情所控制，他们学会了以更加稳定的方式控制他们自己的激情，从而比过去更少成为他们自身激情的囚徒（Elias，2000：374）。而这一切对文明化了的现代西方人而言仿佛是理所当然的，仿佛他们的祖先并没有经历一种文明化的历史变革，仿佛他们自身的行为方式不过是一些与生俱来的天性而已。但这一切都仅仅是一种由无意识的统治所虚构的有意识的幻觉，是长时段的文明进程不断驯化和强制个体的产物，是围绕着利益的争夺所展开的人们之间的社会关系链条日益复杂和延长所造成的社会压力的意外后果。因此文明不是计划的结果，不是理智的产物，但它同样也不是无序和混乱的过程（Elias，2000：365，366）。换句话说，文明不是某些个人或群体理智地加以设计的合目的的结果，但此种无计划性并不意味着文明的进程是无序的，就此而言，文明既不是理性的也不是非理性的，它的盲目的运动来自于关系网络的自主的动力（Elias，2000：367）。埃利亚斯和福柯一样意识到："社会变迁的方式在很大程度上超出了人的控制"（史密斯，2011：130）。

我们的研究显然无意于探讨埃利亚斯有关西方文明进程研究的具体

---

① 埃利亚斯写道："……特定的基本原则在说话和思考的共同习俗中已经变得如此的根深蒂固，以至于它们不再被经验为某种有可能被质疑或改变的东西"（Elias，1992：94）。这意味着一种社会历史性的建构被误以为是一种自然的构造，它仿佛构成了个体的第二自然（Elias，1983：241；1992：151），从而在一种无意识的压抑中向反思的目光隐去。以至于人们无法想象可能存在着与自身的行为方式截然对立的状况，他们既无法理解与他们截然对立的他者，也无法真正地理解他们自己（Elias，1983：262；1992：140）。他们并不了解自身的处境，他们更没有意识到正是他们自己与将这些习俗传递给他们的前人一同建构并强化了这种对处境的无知。除非遭遇了截然对立的状况，否则人们很难意识到他们自身经验的独特性（Elias，1992：177）。我们将看到这样一种思路深刻影响了布迪厄的实践理论。

论断，我们仅满足于从中把握其过程社会学的建构主义立场，这便是通过历史发展的长时段研究来揭示那些被人们广泛地视为不言而喻的先天构造的现象，其实质不过是一种社会历史性的关系建构，是社会形态自身的变迁动力所塑造的意外后果。就此而言，社会学所研究的对象并不是人的先天本性及其外化，而是各种社会历史性的事件。这些事件并不是彼此孤立的，所谓的客观秩序正是意味着任何事件的发生总是与其他的事件有所关联，任何可观察的事件都是一组事件的组成部分，也正是因此，事件才是可说明的（Elias，2009b：74）。到此，一个十分有趣的现象是，尽管埃利亚斯的过程社会学和米德的社会行为主义的社会理论之间存在着诸多的差异，但是他们却不约而同地将理论的重心放在了由关系、事件和过程所描绘的思路之上，尽管他们各自的理解和运用不尽相同，但是由这些概念所传达的相似性却是不容置疑的。他们以关系来取代实体，用过程来重建结构，并将现象视为事件。事实上这三个方面从来都不是彼此割裂的，它们不过是从不同的视角来看待同一个对象的分析性的结果。而在米德和埃利亚斯之间的这种相似性并不是什么偶然的巧合，由关系、事件和过程这三个分析要件所共同组建的理论思路无疑构成了西方社会学建构主义思潮的重要标志，它是社会学领域中的相对主义思潮挑战传统的绝对主义世界观的产物。关系总是相对于关联的各方而言的，它不是独立自存的绝对实体；过程意味着时间的相对，其中的变化瓦解了永恒结构的梦幻；事件则总是在变换的过程中呈现出不同的关系状态，从而确定了现象存在的社会历史性。事实上，我们不难在我们所研究的其他建构主义者那里不同程度地发现这一思路的不同展现，而在那些当代建构主义者的理论中，这一思想倾向更是获得了突出的强调，这暗示了建构主义的思路在当代西方社会学理论中正在走向更加自觉和成熟的展现。

二　个体与社会（形态）

主客体二元论的问题无疑是埃利亚斯的建构主义社会学的核心议题之一，过程社会学始终以鲜明的姿态试图建构一种超越主客体二元论的方法论立场。埃利亚斯明确地反对像个体主义者那样从孤立的个人出发来研究社会现象，仿佛社会问题的答案仅仅存在于个体及其本性之中。

他严厉地批判了休谟和康德在因果关系问题上所陷入的个体主义困境，认为他们在因果关系问题上所犯下的错误主要是因为他们无法摆脱个人主义哲学传统的束缚，从而无法看到必须到群体和社会中去寻找问题的答案，而之所以如此正是因为在他们的社会和职业中，社会的答案尚不具有认知的价值，也不像今天这样令人满意（Elias，1991a：9）。不过这种强调社会学的研究必须从群体和社会的层面入手来思考问题的立场并不意味着埃利亚斯将像那些结构主义者或后结构主义者那样，彻底否认个体行动者的主体地位，相反他拒绝像客体主义者那样把个体行动者视为全然消极和被动的社会产物。

事实上，埃利亚斯一以贯之地采用了他的长时段的历史社会学视角。他指出在古代的语言中没有现代意义上的个体概念（Elias，1991b：157），现代意义上的个体概念的出现是与人类组织的整合程度在现代社会所达到的阶段密切相关的，具有议会政府的现代民族国家的整合程度较之前现代的君王统治的独裁国家能够为其社会成员提供更大的个体化（individualization）的机会，而已经开启但尚处早期阶段的迈向全球化的人类整合的道路则无疑意味着更高的个体化阶段（Elias，1991b：167—168，169）。正是基于这样一种历史的视角，埃利亚斯力图表明所谓的纯粹自我（心理学的主题，它仿佛从外部进入与他人的关系）和社会（社会学的主题，它作为某种外在于个体的东西而与之相对立）之间的对立只是人们之间的关系网络的特定历史阶段的表达以及相应的人的自我意识形式（Elias，1991b：31）。换句话说，"内部世界"和"外部世界"的划分是一种个人和集体的幻觉（Elias，1992：124），它们的存在价值完全是作为一种历史的表象而言的，是特定社会历史阶段的社会形态的观念表象（一种自然态度中的自我欺骗的误识），除此之外这一对立并不具有什么客观的意义。埃利亚斯通过借鉴弗洛伊德的概念进而指出，"部分由无意识所控制的个人的欲望和由其超我所代表的社会需要之间的紧张和矛盾不断地滋养了在由社会或环境（milieu）所调节的外壳中的自然的个体内核的观念"（Elias，1991b：55—56）。在文明进程中的一定阶段，对自发性行为的控制明显增强了，这使人们意识到在更为自发的冲动和控制直接行动的冲动之间的距离和冲突，他们将这种距离和冲突投射给他们的世界，这就产生了在个体和社会之间的持久碰撞的理论反思（Elias, 1991b: 122）。这一做法似乎表明在先验自我和社会客体之间的观念性对立与现代文明所激发的某种存在于个人欲望和社会需要之间的实际紧张和矛盾不无关联，这与方才所提及的对立仅仅作为观念表象的论断之间似乎存在着某种不一致，不过埃利亚斯显然并不打算自相矛盾地将这种紧张和矛盾视为主客体二元论的客观证据，尽管他的论述确实有失严谨。① 他认为在简单社会中的基本的人格结构与相应社会的基本结构之间的和谐程度要优于那些复杂的工业化的民族国家的状况（Elias, 1991b: 148）。这意味着从历史发展的角度来说，现代工业社会的确引发了更多的个体的不适，这也就是为什么正是现代人才热衷于谈论个人主体和社会客体之间的二元对立，以至于将其视为一种具有本体论意义的客观现实，从而忽视了所谓的先验自我和外部社会的对立不过是基于特定社会历史时期人与人之间的关系状态所引发的观念的表象或幻觉，因为现实的矛盾和紧张并不足以支撑那种二元论的本体论判断。我们已经指出，埃利亚斯并没有将个体的独特性视为一种非社会的或自然的需要，个体的独特性依然是一种社会的模塑（Elias, 1991b: 59），个体寻求独立的欲望是社会性的，它与更大的社会约束和社会依赖相辅相成、共同存在。在西方的文明化进程中，之所以对现代个体的直接冲动的社会约束要强于前现代社会中的个体所面对的状

---

① 埃利亚斯并非没有谈论对本能的控制，但他反对将个体性（individuality）仅仅归咎为自然本性，个体性是在社会过程中从生物性的基础中发展而来的，它意味着一种个体化的过程，后者与社会功能的日益分化和对自然力的控制力的日益增强是不可分割的（Elias, 1991b: 140）。正是基于这一判断，埃利亚斯并不认为在欲望和超我之间的紧张来自于非社会的个人需要和非自然的社会需要之间的不兼容性，相反他认为它是现代工业社会所固有的人格结构与社会结构之间的二律悖反（Elias, 1991b: 148）。一方面是高度分化的现代社会与人格结构的独特性密切相关，前者的维持甚至还依赖于后者的存在；另一方面则是各种基本的人格结构模式之间以及它们与社会结构之间并不总是彼此和谐（Elias, 1991b: 149）。事实上，埃利亚斯的论述之所以引人误解，就在于他没有明确地指出，实际发生矛盾的并不是所谓的人格结构与社会结构，而是高度分化的现代社会的不同方面之间的紧张和矛盾，人格结构与社会结构都只不过是对这些方面的分析性的抽象而已。以至于用某一方的抽象的人格结构与另一方的抽象的社会结构之间的矛盾来替代实际发生的不同社会立场或利益诉求之间的矛盾，这就陷入了带有二元论嫌疑的引人误解之中。而当埃利亚斯认为现代工业社会的人格结构与社会结构的不和谐立论主要基于个体需要无法得到社会满足这一分析性事实的时候（如竞争的失败），在社会本体论的层面上这一现实的不和谐恰恰是建立在竞争各方对竞争所设定的价值取向的认同这一和谐的基础上。

况，就在于现代个体行动的链条比过去更长了，个体与他人之间的关系
更为紧密，个体所依赖的他人更多，这就需要更强的社会约束和自我约
束来协调人与人之间的关系。但这种人与人之间的相互依赖在很大程度
上正是由现代社会的功能分化所带来的个体之间的差异日益增大所导致
的（这与涂尔干有关现代社会的劳动分工和团结类型的研究有着相似之
处），而差异则使得个体之间显得彼此更为独特并强化了一种独立的
欲望。

　　既然埃利亚斯从历史过程的视角揭示了主客体二元论不过是一种作
为社会历史建构的幻觉，那么接下来重要的任务无非就是揭示一个非二
元论的世界是如何可能的。既然埃利亚斯为我们给出一种关系主义的社
会本体论，那么问题的关键也就是澄清这一关系的实质，而他正是从个
体与社会这一对传统概念的关系入手来为我们展现他超越主客体二元论
的雄心壮志（只不过对他而言，社会不再意味着一种静态的结构，而是
一种动态的形态）。埃利亚斯曾以时间为例指出了个体与社会的现实关
系，他认为从现实诊断而非应当如何的角度来说，时间是对个体的社会
的和自然的强制（Elias, 1992：21）。让我们抛开自然的强制问题不
谈，这里所谓的社会的强制究竟意味着什么？时间作为一种社会制度
（Elias, 1992：13）对个体所发挥的强制作用是否等同于方法论客体主
义者所理解的社会客体对个体的强制？埃利亚斯以语言为例为我们阐明
了这一强制性的含意："一种语言在与它的个体使用者的关系中所拥有
的强制力不是一种外在于人的、准形而上学的语言存在的产物，而是这
样一种事实的产物，即如果它仅仅被一个说话者所理解的话，语言将失
去它的功能并且实际上失去它作为一种语言的特征"（Elias, 1991a：
21）。换句话说，语言的结构性意味着它具有一种无法用任何一个个体
的存在来加以解释的关系性的特征，它体现了不同个体之间的关系结构
或者说形态，正是这种关系性使它具有了对个体而言的强制力量，这便
是形态的强制力，以至于个体并不能够单方面地创造语言的存在，而对
这一存在的拒绝就意味着一种自我的否定，因为他只有在语言的存在中
才能够与他人沟通，只有在语言的存在中才能够成为一个具有资质的社
会成员。那么将这一讨论放大到整个社会形态的层面，我们也就不难理
解埃利亚斯有关社会强制性的论断所包含的关系主义的本体论内涵，不

过正如他已经指出的，这一关系性结构的强制力并非有如涂尔干笔下的社会事实那样从外部而强加于个体（尽管涂尔干并不只是谈论一种外部的强制，参阅涂尔干，1995：17），"我们不能无视这样一种观点，即形态限制了个体决策的余地，并且以多种方式而拥有一种强制力，尽管这一力量并不（像它常常显示的那样）存在于个体们之外，而是仅仅来自于个体之间的相互依赖"（Elias & Scotson，2008：195）。因此，这不是一种外在于个体的实体的强制，它也不支持一种客体主义式的外部强制的论断，相反它不能独立于个体之间的相互联系和相互作用，正是当人们彼此联系在一起的时候，他们之间的相互依赖将一种他们自己所没有意料到也不希望产生的强制力强加于他们自身。毕竟形态只能是共同建构了它们的那些个体们的形态，这一论断的本体论意义必须结合一种超越主客体二元论的意图来加以理解。"此时此地构成了一个具体的社会形态的个体们可以消失并让位给其他人，但是无论他们如何变化，社会即形态本身总是被个体们所建构的。只是对于特定的个体们，而非对于个体们本身，形态才具有一种相对的独立性"（Elias，1983：26—27）。这段话清晰地展现了埃利亚斯主张社会结构或形态是人们的集体建构的建构主义立场，人们充其量只能谈论特定的社会形态相对于特定人群的相对独立性（如那些由前人所建构的形态相对于后人所具有的相对的独立性），而不能将社会形态视为一种绝对独立于人类个体们（in-dividuals）的客观事实。这一论断与此前的有关形态的强制性的立场一同试图建构起一种脱离主客体二元论的本体论思路，如果说那些共同塑造了社会的关系网络或者更确切地说建构了社会本身的个体们并不具有什么纯粹的自我或先天的主体性的话，那么"具有其规律性的社会并不外在于个体们；它也不只是一个'对立于'个体的'客体'；它是每个人当他说'我们'的时候所意指的东西"（Elias，1991b：61）。换句话说，埃利亚斯以形态的强制性所试图强调的并非社会对于个体的不可逆的压制，而是主张个体本身不可避免地作为一种社会历史建构的存在方式，他不能摆脱与他人的社会历史关系而作为一个人类社会的成员或具有社会资质的个体而存在着，他的存在本身就已经隐含了他人的在场，他始终在与他人的关联中获得他自身的存在。埃利亚斯认为人们可以通过更好地理解形态的强制力的本质，从而总有一天能够设计出控制它们的方法（Elias & Scotson，2008：195），就像在有关文明进程问题中，他主张基于对文明过程的自主动力的了解，人们可以使这一过程变得更加合理并更加合乎人的需要和目的（Elias，2000：367）。让我们撇开这里所涉及的认识论问题不谈，我们不难看出，它的确为我们提供了有关人类的反思能力和能动性的十分积极的论断，那些被意外后果所强制的人类个体们并不是消极的从属者，这不仅意味着这种强制本身不能不依赖于他们那包含着能动性的社会历史实践才得以存在并发挥作用，而且意味着他们有能力通过反思性地把握事件的社会历史本质，从而改变他们自身的处境。

到此我们不难看出，埃利亚斯从个体间或群体间的关系出发来理解社会的方式意在打破实在论有关客观的社会实体（如涂尔干的社会事实）和主观的心灵实体（如康德的先验主体）的二元论预设（这种预设常常转化为一种一元论的还原论，从而以两种相互对立的一元论的方式来重演了二元论的形态，并由此表明一元论的还原论不过是二元论的一种更加隐蔽的变样罢了），这不可避免地意味着以一种非二元论的方式来理解那个参与建构并生活于人类关系网络之中的个体的存在，毕竟社会学的主客体二元论的假设总是围绕着个体与社会的关系而展开的。[①] 如果个体不再是一个具有本体论的优先性的绝对主体，而仅仅是一个具有社会历史性的能动性的行动者；如果社会也并不作为一个优先的外部实体与个体相交涉，那么个体的社会历史存在是如何展现了那种既自由又被强制的特征的呢？埃利亚斯断言，社会对个体的建构不仅仅是消极的复制，尽管在个体的身上的确存在着与他人之间的社会相似性，从而呈现出一种千人一面的消极的重复性（埃利亚斯以硬币来形容这一特征）；但另一方面，在个体的身上同时还存在着某种不确定性或

---

① 埃利亚斯认为，在19世纪的西方，自然界不再扮演它在17世纪和18世纪所扮演的角色，不是说此时认识自然的问题被解决了，而是19世纪的西方人在控制自然并使之为己所用方面的能力大大增强了，这使得有关自然的认识论问题不再显得紧迫，所以个体和自然之间的对立或者说认知主体和作为知识对象的自然客体之间的对立变得不再重要了（Elias，1991b：125）。伴随着18世纪末法国大革命和19世纪资本主义工业革命所带来的一系列社会矛盾和问题，个体与社会的二元论开始取代个体与自然的二元论的重要地位。这也就是为什么，笛卡尔的主客体二元论在社会学乃至现代社会科学的领域中主要不是以笛卡尔的心物二元论的方式来展现的，而是主要呈现为个体和社会这一二元论的变样。

差异性，它体现了个体并非只是一个毫无生气的硬币（埃利亚斯用骰子来形容这一特征）。"一言以蔽之，个体同时既是硬币也是骰子。一个人可能比另一个人具有更多的骰子的功能，但他总也是一个硬币。甚至社会中最弱小的成员也对其他成员有所标记和限制，无论这是多么的微弱"（Elias，1991b：55）。这就在根本上肯定了处于社会网络之中的个体并不只是消极的后果，他不可还原地具有一种社会建构的能动性特征，"一个人在其中进行决策和行动的方式是在与他人的关系中、在社会对他的天性的改造中所发展起来的"（Elias，1991b：55），他的个体性是一种社会关系的建构，他的独特性有其社会的起源。因此在个体的身上既有消极性也有积极性，既有能动性也有强制性，但埃利亚斯并没有像齐美尔那样将个体描绘为一个矛盾体——把个体与社会的二元对立强加给个体的存在，相反埃利亚斯认为这里所给出的个体的两面性不过是个体社会化建构的两个不可分割的功能面向，作为社会关系的功能它们不再支持一种实在论的假设，而是彼此构成了对方存在的条件（Elias，1991b：60）。尽管埃利亚斯并不否认在个体的独特性和社会结构之间可能存在着不一致，但他并没有将其视为对个体的存在进行一种二元论解释的理由所在。相反他将个体身上的这种两面性视为社会关系网络的两个功能性而非实体性的面向，它们不过是个体所经历的同一个社会化建构过程的一体两面。"社会不仅生产相似的和典型的，也生产个人"（Elias，1991b：59）。这个个人或多或少地拥有某种决策的余地，这体现了他的自由。就像一个个体总是具有一定的余地以脱离统治着群体中的说话方式的那种语言规范来说话，但是如果他展现自由的余地过大，他就无法再让他的同伴理解他（Elias，1991a：62—63）。因此，个体决策余地的性质和程度取决于他生活并行动于其中的社会关系网络，"没有人（无论他多么伟大）能够违反这个强大的人类网络的规律"（Elias，1991b：51）。

　　埃利亚斯正是试图以关系及其功能来克服主客体二元论的谬误，因此，个体的行动既不是他的"内在性"的产物，也不是他的"环境"的产物，同样也不是原本就彼此分离的"内在"和"外在"相互作用的产物，它们是关系的功能和沉积物，并且只能从网络的总体性的角度来被理解（Elias，1991b：33）。这是一种关系的本体论，然而埃利亚斯在试图以此颠覆传统的主客体二元论的同时却重新引入了一种二元论的风险。问题在于他在批判个体与社会的二元论的过程中，并没有对个体与社会这一提法本身进行深入的反思，他没有意识到这一看似理所当然的分析性提法实则包含着二元论最隐蔽的一面，它暗中假设了孤立的个体是一个与社会具有同等地位的分析要件，甚至认为个体是最小的社会单位。这也就是为什么埃利亚斯理所当然地向自己提出了有关社会（关系结构）和个体之间的关系的问题（Elias，1992：21），仿佛把孤立的个体作为与社会或社会结构相对应的一个分析要件是理所当然的，他遗忘了自己所提倡的关系性的立场本身就应当抵制这样一种带有浓厚二元论色彩的不合理的提法。因为无论从怎样的角度来说，我们都无法想象个体在社会的生产和再生产中能够扮演一个单位性的角色，不要忘了如果这一角色成立的话，我们就没有必要再引入个体与他人的关系问题并将之视为一种本体论的建构了。事实上，埃利亚斯与他的几乎所有的社会学前人和同时代人一样都没有能够摆脱以个体作为最小社会单位的幻觉，即便是那些否认个体具有本体论地位的方法论整体主义者，也正是基于所谓的无法还原至个人的社会整体性的存在来捍卫其社会实在论的整体主义立场，这一举措本身就已经暗示了个体作为一个合理的社会分析单位的存在，仿佛因为存在着无法被社会的最小单位（个体）所解释的社会的结构特征或规律性，所以社会本身就成为一个理所当然的实体。而这种实在论的立场正是埃利亚斯所批判的。但是当埃利亚斯谈论个体和关系网络之间的关系的时候，他似乎在某种意义上遗忘了他所坚持的关系主义的视角，因为这一视角原本应当拒绝去谈论个体和关系结构谁先谁后这样一个还原论的问题，因为关系结构的提法正是为了颠覆那种传统意义上的个体与社会谁先谁后或者如何相互作用之类的二元论的问题，因为这些问题本身就违背了不再针对一个个体或一种实体来发问的关系主义的逻辑。于是我们看到，埃利亚斯重新在他试图瓦解的二元论的地基上塑造起了一种关系的决定论或还原论，他宣称"个体只能根据他与他人的公共的生活来被理解。一个个体的行为—控制的结构和形态依赖于个体之间的关系结构"（Elias，1991b：61）。"个体的行为是由过去或现在的与他人的关系所决定的"（Elias，1991b：19）。与之相伴随的就是社会的关系结构相对于个体的逻辑优先性，"没有我们认同（we-identity）就没有自我认同（I-identity）。只有我—我们平衡的比重、我—我们关系的模式是可变的"（Elias，1991b：184）。就像"在任何给定的情况下，一个说话者的群体先于个体的说话行为而存在"（Elias，1991a：21）。因为正如我们已经指出的，在埃利亚斯看来个体是社会关系的产物，他的自由和独立都来自于他出生于其中的那个社会，尽管他的确以其能动性而为这一社会的存在和变革作出了贡献，但是面对关系结构的强大的自主规律，个体又不可避免地被视为一个并不完全消极的社会产物（当然这一社会建构有其生物性的基础）。

当埃利亚斯说不能以个人为起点去理解社会结构，而要从个人间的关系结构出发去理解个体的心灵时（Elias，1991b：37），这一貌似合理的论断实则意味着一种自我否定的谬误，它延续了方法论整体主义者所主张的不能以部分来解释整体，只能以整体来解释部分的观点，这暗示了埃利亚斯自相矛盾地依然从个体与社会的二元论视角来看问题。因为如果个体的灵魂不过是社会关系的一种功能的话（Elias，1991b：38），那么从关系出发来理解关系的功能最多只是一种有着同语反复之嫌疑的分析性的取向，而从关系的功能出发来理解关系也并不比前者更多些或更少些同语反复意味的分析性，但埃利亚斯却明确地赞成前者而反对后者，似乎后者犯了一种个体主义的还原论错误而前者却是理所当然的，这暴露了埃利亚斯并没有将其视为一种基于反二元论的关系主义的本体论所进行的分析，而是自相矛盾地摆明了自己对方法论整体主义的偏爱。① 我们并不打算通过质疑埃利亚斯的做法来主张后者比前者更为合理，在我们看来，它们只不过都是对关系本身的分析性的抽象（而主客体二元论正是将这些抽象现实化的产物）。而埃利亚斯赞成主张结构优先性的分析而反对主张个体优先性的分析（他显然自相矛盾地没有将它们视为分析），究其根本是因为，他并没有彻底根除个体与社会的二元论神话，他依然习惯性地但却是自相矛盾地将个体设想为一个孤立的个人，并从客观结构的视角来看待社会，从而遗忘了对于一种反二元

---

① 他忘了他将个体的灵魂视为社会关系的功能的做法已经与传统的个体主义拉开了距离——个体已经是一个关系性的存在而不再是孤立的个人，就像他把社会结构视为关系的做法本不应当再支持一种关系决定论的立场——因为社会结构已经是人们之间的关系。

论的关系主义而言，既没有孤独的个体也没有外在的社会，有的只是个体间的关系。如果我们真正地以一种非二元论的关系主义的方式来思考的话，我们就不会在个体和社会之间进行一种逻辑上的先后关系的判断（埃利亚斯的选择表明他的思想中依然隐藏着一种客体主义的残余）。必须指出的是，关系主义并不必然反对主客体二元论（福柯与布希亚的理论已经充分地向我们展现了这一点），一种客观的关系结构的假设完全可能采纳客体主义的社会实在相对于个体的功能，以至于极大地压制了关系主义立场的理论潜能。

　　一种非二元论的关系主义意味着个体总已经处于与他人的社会关系之中，这既包含了我与他人的共在关系（个体与社会不过是对这一关系的分析抽象），也包含了我与他者的异在关系（它意味着社会存在的多样性，即不同共在之间的关系）。[①] 因此，个体与社会的二元划分已经在一种关系主义的本体论中被消解，剩下的只是作为社会研究基本单位的个体间的社会相似性和差异性（或者说共在性和异在性），也就是个体间的社会关系性。人们最多只是在一种人为的分析抽象中谈论（关系性的）个体与关系结构之间的关系问题。到此我们确定了社会的最小分析单位是个体之间的社会关系性，这意味着除非是出于一种分析的需要（我们并不否认分析所具有的认知的价值，本体论的综合不能缺少分析的前提），否则我们没有必要再像埃利亚斯那样去询问是应当从个体出发去理解社会还是从社会出发去理解个体。我们将发现，以社会关系性作为社会研究的最小单位将使得那种方法论整体主义的立场失去了给出实在论假设的基础，同时也彻底排除了方法论个体主义的可能性。因为关系（或关系性）之作为最小单位的事实已经意味着方法论整体主义者所强调的整体性与社会研究的基本单位之间没有本体论上的差异，

---

　　① 以非二元分析的方式，人的存在就是共在（关于共在的详细讨论可参阅郑震，2009：第二部分）。共在总已经设定了它的对立面即非共在，与我在某些方面共在的他人完全可能在其他方面是与我异在的他者，毕竟共在本身就是多样性的，每一个个体因其自身社会历史轨迹的千差万别从而总是具有不尽相同的共在配置，这带来了现实的复杂性。因此当我们谈论共在的相似性的时候，我们不可避免地也暗示了异在的差异性，它们彼此构成了对方存在的必要条件。不过由于共在和异在的区分仅仅是相对而言的，因此不同共在之间的差异性也存在着程度上的变化，这也就意味着各种共在之间的关系呈现为从彼此合作或共存到相互对立或冲突的连续统的状态。

因此也就不可能再将社会整体误以为是一个独立于个别部分的存在（整体与部分的划分不再具有本体论的意义，整体并不大于部分之和）①；另一方面，既然个体并不是一个有效的社会单位，个体总已经存在于和他人的关系之中，从社会存在的共在性的角度来说，这意味着在我的存在中总已经有他人的在场，就像在他人的存在中总已经有我的在场一样，这使得个体主义的本体论立场不攻自破。

第二节　实践理论②

一　场与习性的双向关系

与其先行者埃利亚斯一样，布迪厄坚持以一种关系主义的视角来理解社会现实，他反对对现实的实在论的解释，主张所谓"结构的"即是"关系的"，并采用德国哲学家恩斯特·卡西尔在"实体的概念"和"功能的或关系的概念"之间所做出的区分（Bourdieu, 1998：3）。布迪厄写道："人们不得不避免将在一个给定的时刻因为这个群体在一个规定的社会空间中的位置以及在一个可能的商品与实践的规定性的供给状态中的位置而属于它的特性转变成该群体（贵族、武士，此外工人或雇员）的必然的和固有的特性"（Bourdieu, 1998：4）。在此布迪厄清楚地引入了时间和空间的维度，从而试图以一种时空的相对性来破除实在论的本质主义倾向，后者总是热衷于盲目地将那些具体的社会历史特征抽象为一种具有绝对主义色彩的永恒的本质，仿佛它们就是在时间和空间的变换中持存的实在。然而在布迪厄看来，它们充其量只是特定关系中的位置所承载的功能性特征，这些特征既不是对象所固有的也不是必然不变的，它们的任意和武断所折射出的不过是社会历史的建构特性。这个特性的实质就是非实体的关系性建构，它不是机械的而是流动

---

① 之所以是"误以为"就在于，即便按照整体论自身的假设（将个体视为社会的基本构成单位），其本体论判断依然是一种错觉，这种错觉来自于个体与社会的二元论思维方式。换句话说，以个体作为最小分析单位的立场充其量只是为整体主义的错觉提供了一个貌似合理的借口，这是二元论内部的循环论证，它并不能够改变整体主义的二元论错觉的事实。

② 我们曾在别处对布迪厄的实践理论进行过较为系统的讨论（郑震，2009：第一部分第7章），在此我们将尽量简洁地处理布迪厄的社会学本体论思想。

的，不是不可替代的而是各种可能性中的一种。

布迪厄始终是在社会空间或场（field）的关系结构的意义上来铺展他的关系主义视角，与埃利亚斯的观点一样，这种关系具有一种生成的而非给定的社会客观性，不过布迪厄更加强调社会结构的关系性是由个体和机构所占据的各种社会位置（positions）之间的关系性，正是这些位置构成了结构性的关系网络，从而确定了在特定时间中的社会空间的基本形态。"因此必须把社会空间建构为一个不同位置的结构，这些位置在各自的情况中是由它们在某种资本（capital）的分布中所占据的地位（place）所界定的"（Bourdieu，1998：15）。这里所提到的"资本"是布迪厄行动哲学的三个基本概念之一（另外两个概念分别是场和习性），布迪厄认为正是与特定资本的关系确定了社会位置的身份，资本是界定社会位置的客观标准，对资本的类型和数量的不同占有状况将不同的社会位置区分开来并赋予它们不同的社会等级地位，也正是由此不同社会位置之间的关系网络才得以建构起来。因此社会空间或场的关系结构是具有不同的资本配置的社会位置之间的客观的关系结构，资本的分布本身就是一种社会客观性的体现。① 换句话说，场的位置并非来自于个体主义式的自由意志的选择，位置所参与构成并居于其中的关系也不是什么突出个体的主观意愿的互动关系，更不是什么现象学意义上的主体间性的关系，相反它是马克思所谓的"独立于个人意识和个人意志"而存在的客观关系（布迪厄、华康德，1998：133），这也就是为什么社会空间的关系网络不过就是社会结构的另一种表述，不同之处仅在于它避免了社会结构概念所可能引起的实在论的误会，毕竟社会结构概念在传统的结构主义理论中往往被赋予一种潜在实体的意涵。

———————————

① 布迪厄针对所谓的发达资本主义社会主要讨论了三种资本，即经济资本（其主要的占有者无疑是资产阶级）、文化资本（这是知识分子阶层的优势所在）和象征或符号资本（任何资本只要其运作被人们误以为是理所当然的，它就获得了一种它本不应当具有的符号化的特征。"符号资本是具有一种认知基础的资本，它建立在认识与认可之上"［Bourdieu，1998：85］。这是一种在身体倾向性意义上的实践的认可，我们将在后文说明这一"身体倾向性"的含义）。布迪厄认为，场和资本不可或缺地设定了对方的存在，一方面，任何资本都内在于某个场的空间而存在，特定的资本总是在特定的场中才可能发挥作用；另一方面，社会空间中的资本的类型和数量分布则决定了场的形态和界限。因此脱离其中的任何一方来谈论另一方都是没有意义的。

　　但这并不意味着布迪厄完全无视由传统的主体视角所提供的可能性，事实上布迪厄不满于社会学乃至社会科学中所存在的主客体二元论的状况。他将自己的实践理论称为生成的结构主义（genetic structuralism），意在强调对场的客观结构的分析一方面不能脱离对生物个体的精神结构的生成的分析，这些精神结构在某种程度上是社会结构具体化的产物；另一方面也不能脱离对社会结构的生成的分析，这些社会结构是能动者参与其中的历史斗争的产物（Bourdieu，1990：14）。他在同样的意义上也将他自己的理论称为建构主义的结构主义或结构主义的建构主义（constructivist structuralism 或 structuralist constructivism），[①] 即一方面以"结构主义"一词来肯定存在着独立于能动者的意识和欲望的客观结构，它们能够指导并约束能动者的实践或他们的表象；另一方面，则以"建构主义"一词来表达习性和社会结构的社会生成（Bourdieu，1990：123）。正是基于这样的思路，布迪厄在肯定了社会结构的社会历史生成的同时，从埃利亚斯那里借用了习性概念，并试图将它建构为一个既包含社会化内涵又揭示个体能动性的建构主义的分析范畴。他写道："人们必须建构一种唯物主义的理论，它（根据马克思在《论费尔巴哈的提纲》中所表达的愿望）能够从唯心主义那里收回唯物主义传统所抛弃给它的实践知识的'能动的方面'。这正是习性观念的功能，它把一种生成的、统一的、建构的、分类的力量归还给能动者（agent），与此同时记得这一建构社会实在的能力（它本身也是社会性地被建构的）不是一个先验主体的能力，而是一个社会化的身体的能力，投入在它的实践之中的社会性建构的有组织的原则是在一个被定位和定时的社会经验的过程中所获得的"（Bourdieu，2000：136—137）。这段话充分地展现了布迪厄所说的能动者与他所理解的社会结构一样都是在特定的时间和空间中生成的建构，个体既不是消极的产物，也不是先验的主体，他的能动性并不意味着某种唯心主义的先天预设，而是依然在一种唯物主义的框架中也就是在客观的社会关系网络中生成的。而这一

---

　　① 这里的"constructivism"也可译为"构成主义"，虽然它有时被人们区别于"constructionism"（Burr，2003：19，20），但我们在此不做这样的区分。我们认为布迪厄赋予"constructivism"一词的含义已经蕴含在我们所理解的"constructionism"一词之中，因此没有必要对它们做出区分。

客观的社会结构也无法作为一个外在的社会实体来运作，它正是凭借着肉体化为能动者的习性才可能发挥作用（Bourdieu，1977：81）。个体在被打上社会烙印的同时也获得了一种建构社会结构的能力，习性就是包含了这一能力的具体化的或者说内化了的社会关系结构，它是与特定的客观社会结构相对应的建构社会结构的主观原则，布迪厄将其称为主观的认知结构。这一认知结构所指导的行动并不是对社会法则的单纯的执行，在某种限度内它甚至是创造的源泉（Bourdieu，1990：81）。就像埃利亚斯笔下的个体总有其在特定限度内的选择余地一样，布迪厄笔下的个体也同样具有一种有条件的自由空间。就此布迪厄肯定了社会个体的被建构的主动性特征，这使他与彻底否定主体地位的结构主义和后结构主义拉开了距离，同时也拒绝了现象学主体主义关于先验主体性的幻觉，这就同时拒绝了由笛卡尔所开启的主客体二元论传统的两个方面：客体主义和主体主义（不过我们将看到，这只是一种过于乐观的论断）。

布迪厄认为，场中的每一类位置都对应着一类习性，习性是场的关系结构的社会化产物，它具有一种集体的或超个人的特征（Bourdieu，2000：157）。换句话说，习性是社会关系结构在个体身上的个体化的状态，其实质依然具有一种非个人性（也就是说它不是由一个个体独自创造的）。这一思路至少在形式上是与关系主义的本体论立场彼此一致的，它意味着一种关系性的建构不可能不具有一种超越孤独个人的本体论特征，即便它内化为一个个体的主观结构，它也不能被这一主观性所还原，因为它与这个主观性一样都是分析的抽象。至此我们有理由期待布迪厄进一步阐明他所谓的内化和外化之间的逻辑关系，以及他所谓的习性的创造性究竟意味着什么，或者说他究竟在怎样的意义上来理解这一创造性所可能传达的本体论意涵？我们也许会期待布迪厄向我们揭示所谓的场和习性之间的双向关系既没有落入个体和社会相互作用的陈词滥调之中，也没有导向任何一种关于孰先孰后的无谓争论。但是与埃利亚斯一样，布迪厄明确肯定了客观结构的逻辑优先性，这也许就是为什么布迪厄将他自己的理论依然冠之以结构主义的名称，尽管这是一种以生成主义或建构主义调和了的结构主义，但它还是清晰地显现了法国结构主义传统在布迪厄思想中所打下的烙印，他毫不讳言地指出："社会空间实际上是最初和最后的现实，因为它始终支配着社会能动者所能够拥有的关于它的表象"（Bourdieu，1998：13）。这就确定了场的关系结构在与能动者的习性的关系中所具有的逻辑优先性和最终的决定性。这使我们意识到，当布迪厄谈论习性的集体性和超个人性的时候，它并非只是传达了一种无法用个体的本体论孤独来加以诠释的关系状态，而是意在表明一种结构性的客观分析在逻辑上是先于个人性的主观分析的，本体论的关系主义所本应拒斥的个体与社会的二元论的视角在布迪厄这里就如同在埃利亚斯那里一样也获得了一种倾向于客体主义的援引。正如华康德所表明的，布迪厄并没有否认社会与个人的分析性特征，但是它们在布迪厄的理论中并不是完全对等的，"客观主义的旁观在认识论上先于主观主义的理解"（布迪厄、华康德，1998：11）。因此，在习性和场的位置之间的彼此对应也就可以被理解为场的位置关系在逻辑上支配着那个能够将它建构起来的习性的建构，也就是说只有当场的结构首先规定了习性的具体化，我们才可能从能动者的视角出发来理解习性对社会世界的生产和创造。"个体的历史无非是他的群体或阶级的集体历史的某一特殊化，每一个个体的倾向性系统可以被视为所有其他人的群体或阶级习性的一个结构性变样，表达了内在或外在于阶级的各种轨迹和位置之间的差异"（Bourdieu，1977：86）。这意味着习性作为一种分析性的要素或环节其实质也还是属于社会群体或阶级层面的，因此习性在布迪厄的理论中依然是一种属于社会结构层次的要素，它并没有真正地承担起一种代表个体性的分析要件，反而在分析上把个体性彻底结构化了，这就使得原本为了克服二元论所设计的习性这一主观性的分析环节实际上被一种倾向于客体主义的立场所占据，这导致了习性概念的属性与其初衷相矛盾。它的确在实际的理论建构中更多地表现为对外部结构的反映和复制（亚历山大，2003：181），从而更像是从属于一种还原论的策略。① 事实上，虽然布迪厄宣称社会结构和习性之间通过实践而构成了一个包含着彼此之间生产和再生产的双重关系的辩证的总

---

① 我们无意将布迪厄描绘为一个口是心非的客体主义者（这同样适用于埃利亚斯的情况），我们所要表明的是，当他们有意识地试图克服主客体二元论的时候，他们却无意之中被他们自身更为同情客体主义的习性所左右，以至于在很大程度上由于自我反思的不彻底性而陷入理论批判的不彻底性之中。

体，但是他与埃利亚斯一样主张可以从社会结构来理解个体的主观结构，却反对用个体的主观结构（习性）来解释社会结构（Bourdieu，1977：84）。这意味着布迪厄与埃利亚斯一样表现出了对客体主义的更多同情，从而不可避免地损害了关系主义的本体论在克服主客体二元论的过程中所具有的潜力，它表明布迪厄并没有能够彻底地根除由个体与社会的二元范式所制造的陷阱，他显然更多地受到法国结构主义传统的影响。

此种客观结构的逻辑优先性的立场进一步被布迪厄热衷于揭示在客观结构和主观结构之间的准完美的对应（quasi-perfect correspondence）或者说近乎完美的匹配（near-perfect match）的倾向所强化了。在布迪厄的实际研究中，我们所看到的更多的是主观结构如何再生产了由客观结构所规定的社会环境，也就是习性是如何为决定那个决定它的东西作出贡献（Bourdieu，1990：195），① 以至于当布迪厄谈论习性的生产性规则所具有的不确定性或模糊性的时候（这原本可以被视为个体的能动性特征的重要表现空间），这种不确定性的实践表现也完全是由场的结构来加以规定的，"习性只有在与一个场的关系中才能实现他自身、变得能起作用，并且同样的习性能够导致非常不同的实践和姿态，这取决于场的状态"（Bourdieu，1990：116）。

---

① 当然布迪厄的措辞已经表明在主观结构和客观结构之间的对应和匹配并不是绝对的，世界的结构化不是总体性的，它并不能够将其结构化的原则强加给每一个能动者，在支配性的结构化原则发挥作用的同时，总是存在着其他的结构化的可能性（Bourdieu，1990：132）。这就排除了单一结构性原则总体化的可能。尽管对布迪厄而言这与社会世界是高度结构化的实在这一判断并无矛盾，但它还是为社会空间中的位置与占据这一位置的能动者的社会实践之间的关系注入了某种不确定性，这意味着它们之间的关系的结构性仅仅具有一种统计的或然性，而不是绝对的必然性。换句话说，我们只能说占据某一类型位置的个体比占据另一类型位置的个体更有可能在特定的情境中采取某种实践活动，但这不是绝对必然的。因为始终存在着影响个体实践的其他原则，社会世界是多样化原则的建构，尽管在特定的社会时间和空间中，可能存在着最具影响力的结构性因素。例如在经济极其发达的社会中，经济和文化的因素是最为强大的区分原则，但这并不意味着这些社会就不能够以其他的区分原则来组织其能动者，这些原则包括种族的、宗教的或民族的，等等（Bourdieu，1990：132）。这种不确定性的存在为世界观的多样性奠定了基础，也为这样一种符号斗争奠定了基础，这一斗争所争夺的是生产和强加一种合法世界的幻象的权力（Bourdieu，1990：133—134）。当然即便布迪厄并没有天真地设想一种总体化的秩序，但这种多样性的视角依然从属于客观结构的逻辑优先性的假设，因此对我们所关心的主客体二元论问题而言，它并没有提供什么新的东西。

二 符号暴力

布迪厄在主体主义的阵营中汲取营养的同时并没有采纳笛卡尔的意识哲学立场，后者显然是传统的主体理论所分享的一个重要信念。他以习性所描绘的那个被建构的建构者并不是一个有意识的主体，习性所传达的是一种被压抑的无意识特征，布迪厄将其解释为一种身体的倾向性（Bourdieu，2000：176）。这既继承了埃利亚斯对习性的无意识判断，也契合了福柯有关现代身体的理论思路，它意味着布迪厄试图以无意识的身体建构来颠覆笛卡尔主义的理性主体的独裁统治，并试图将社会本体论的重心从那个有意识的理性主体转向无意识的身体，后者不再像前者那样在有关先天理性的幻觉中自我认同，相反它以被前者视为非理性的情感作为自身存在的基本特征（Bourdieu，2000：141），以不言而喻的实践感取代了理性的计算，这也就是布迪厄所谓的无需深思熟虑的、前反思的倾向性所意在表明的。这一思路显然延续了主要由尼采所奠定的对意识哲学的批判传统（有关这一问题的思想史脉络可参见郑震，2009：第一部分），从而试图表明笛卡尔和康德所迷恋的那个意识主体不过是一个派生的表象，它作为一种意识的幻觉恰恰是一种遗忘的产物（尼采，2000：37，38），一个基于身体的表象建构。由此在场的客观结构和身体的主观结构之间的相互建构的双向关系在分析上就并不体现为一种理性的意识自觉，相反个体并没有意识到其中真正发挥作用的机制所在，他们只是以现象学所描绘的生活世界中的自然态度的方式理所当然地实践着，这类似于维特根斯坦所说的盲从（Wittgenstein，1953：85）。事实上，正是通过对现象学的生活世界理论的批判性改造和对后期维特根斯坦实践哲学的借鉴，布迪厄迈向了他有关象征或符号暴力（symbolic force）的研究。

布迪厄认为："符号暴力是建立在'集体期望'或社会性地灌输的信仰之上的强取服从的暴力，但它没有被如此理解"（Bourdieu，1998：103）。之所以没有被如此理解就在于，支撑符号暴力的机制是习性的无意识建构而不是有意识的认知，因为习性总是倾向于制造一种自然化的幻觉，就像埃利亚斯所说的那样，仿佛习性并不是特定时间和空间中的建构而是一种人类本性的特征。这种在布迪厄看来借助于无意识的压抑作用所制造出的自然化的神话使得原本只是强取服从的暴力被视为一种理所当然的秩序，正因为个体将包含此种暴力的社会关系结构内化为自身的习性，个体才在一种主观的倾向性结构和客观的社会结构的准完美的对应中排除了反思和质疑的可能性，并且以合谋的姿态将一种不得不强加于自身的暴力强加于自身。"符号暴力是强制，它仅仅凭借被统治者不得不给予统治者（并因此给予统治）的同意而被建立起来，此时被统治者只能使用他们与统治者所共享的知识工具来理解情境和关系，这些仅仅是统治关系结构的具体化形式的知识工具使得这种关系好像是自然的……"（Bourdieu，2000：170）。因此一种社会暴力的符号化意味着这一暴力通过习性这一社会再生产的机制获得了一种扎根于无意识信念（doxa）的合法性，这不是摆在反思性意识的面前不断经受检验的合法性，而是在身体的不言而喻的倾向性系统中被直接实践的合法性（因此也是被掩盖了其真相的误识的合法性①），它通过社会环境和主观结构的契合而不断地被强化其自身那自然性的表象（因为这个主观的结构正是规定那个社会环境的客观结构的社会化产物），从而最大限度地避免了对其自身的质疑（习性意味着一种集体的信仰，个体总是能够在群体中的他人那里得到理解和认同，因为这些他人被灌输了与他相似的性情倾向，这最大限度地强化了一种仿佛事情本来就是这样的信念）。与此同时，正如我们已经指出的，由于习性的倾向性所意味的不是理智的计算而是情感的直觉，因此符号暴力所表现出的并不是明目张胆的强制（例如各种迫使人们服从的物理强制，它通常也不需要这样的强制），而是最冷酷的温情，"符号暴力的作用之一是统治关系的变形并从属于情感关系，权力转变为个人魅力，或转变为适于唤起情感吸引的魅力"（Bourdieu，1998：102）。此刻，压迫和剥夺被披上了温情的面纱，受害者无意中成为加害人的同谋，而这个被谋取的对象正是受害者自身。

符号暴力充分体现了布迪厄社会学的建构主义立场，符号化的思想

---

① 正如布迪厄所指出的："符号统治……建立在误识（misrecognition）的基础之上，并因此建立在对这样一些原则的认可之上，以它们的名义符号的统治被实行"（Bourdieu，1998：100）。

意在揭示现实本身是如何地依赖于观念的无意识建构（这让我们联想到布希亚有关符号统治的研究，尽管布迪厄与布希亚在理论立场上颇多分歧），而构成了社会生活的主观性基础层面的习性正是以一种符号化的方式来运作的，这意味着被人们视为理所当然的认知能力现实在某种意义上不过是集体的虚构。以一种与布希亚十分类似的口吻，布迪厄写道："如果家庭仅仅是一个词语这一点是真的，同样正确的是它是一个积极的'标语'，或者毋宁说一个范畴，一个集体实在的集体性的建构原则。可以毫无矛盾地说，这两种社会实在都是社会的虚构，除了社会建构之外没有任何其他的基础，并且它们实际地存在着，只因为它们被集体地认可"（Bourdieu, 1998：66）。换句话说，就像影响了布迪厄的许茨所揭示的那样，社会实在不过是那些采取自然态度的人们所从事的常识的建构，"在社会世界中，词制造物，因为它们制造了关于事物之存在和意义的一致同意，制造了常识，制造了所有人作为不言而喻的东西加以接受的信念（*doxa*）"（Bourdieu, 1998：66—67）。这不是说常识或信念不过是由词语所组建的言语命题，仿佛习性不过是一种语言的现象，相反面对习性所生产的实践活动，语言难免捉襟见肘（Bourdieu, 1977：120，223）。实践那不言而喻的信念是对词语的建构所采取的无意识的盲目信仰，布迪厄通过习性所探讨的认知能力世界不过是一个盲目信仰的观念世界，这个世界的存在正是建立在人们那共同拥有的不言而喻的信仰之上的，只有当人们共同相信它（以其被词语所建构的方式）实际存在着，它才可能如其所是的那样被不断地再生产出其现实的存在，除此之外它并不具有更多的客观实在性。而这样一种在误识中被建构的实在性自然也就不可能具有它在那些采取了自然态度的人们的眼中所显示的那种客观实在性，后者只不过是披在现实之上的幻象。也正是因此，布迪厄断言社会世界是意志和表象，"我们认为是社会实在的东西在很大程度上是表象或表象的产物，就表象一词的所有意义而言"（Bourdieu, 1990：53）。

　　让我们以布迪厄对阶级的理解来进一步说明这一立场。布迪厄坚决反对那种实在论的阶级定义，仿佛阶级是固有地存在于现实世界之中的一个界限分明的群体，但实际上人们依据各种标准（如职业和工作条件）所划分的阶级常常只是停留在纸上的阶级，这些出于理论说明的目的而被建构起来的理论性的阶级并不具有客观实在的群体特征，而实在论者显然没有意识到这一点。因此"社会阶级不存在……所存在的是一个社会空间，一个差异的空间，阶级在某种意义上在一种事实的状态中存在于其中，不是作为某种既定的东西，而是作为被建构的东西（*something to be done*）"（Bourdieu，1998：12）。很显然，布迪厄赋予场或者说社会空间以更为基本的分析价值，这并不是说社会空间才是真正意义上的社会实在，正如我们的研究已经表明的，布迪厄的建构主义立场使之不可能将其所谓的社会空间视为一种客观既定的实体，只不过在布迪厄看来，阶级只有在同样作为社会历史建构的场的环境中才可能被建构起来，场显然是更为基本的社会建构，而阶级并不是场所固有的社会事实。因此我们自然不能将布迪厄的场理论等同于一种阶级理论，场理论代表了一种更为基本的社会分析，它是阶级理论的基础。当然这并不是说阶级就不可能成一种实在的群体，只不过阶级或群体并不是可以被随意地建构出来的，它必须以一种政治的动员和组织为条件，那些有可能被建构为一个阶级或群体的人们在理论空间中的集中程度越高，政治动员和组织的工作就越可能获得成功，理论上的阶级就越是可能被转变为现实的阶级（Bourdieu，1990：118）。

总之，在方法论综合的道路上，布迪厄鲜明的建构主义立场并没有能够为我们带来超出埃利亚斯的成就。这一切似乎向我们揭示了这样一个事实，那就是笛卡尔的主客体二元论早已成为西方思想的集体前意识，它在西方思想的生活世界中占据着举足轻重的地位，它以其前反思、前对象和前话语的特征牢牢地把握着个体的自然态度，以至于当人们千方百计地试图摆脱其控制的时候，它也还是能够以更加隐蔽的方式卷土重来。正是因为主客体二元论的高度的隐蔽性和多样化的衍生性（这导致人们常常是以一种更加含蓄或更具有欺骗性的二元论来克服二元论的其他形态），才使得一代代西方社会学者试图超越它的企图总是难免以某种遗憾而告终。早期建构主义社会学家并不缺少克服二元论的雄心壮志，然而他们的努力却以不尽相同的方式停留在对主体视角的偏爱之中；后结构主义者在这一问题上采取了鲜明的还原论立场，尽管在某种意义上我们依然可以将之视为一种超越主客体二元论的方案，但是这就如同笛卡尔之后所出现的唯物论和唯心论的对立一样，只不过是在一种还原论的语境中再现了笛卡尔的二元论信仰；倡导方法论综合的建构主义者们似乎是最为激进也最有希望的反二元论者，但是正如我们所看到的那样，他们依然没有能够彻底摆脱由个体和社会这一极富欺骗性的二元对子所营造的方法论陷阱，以至于依然没有能够摆脱主体和客体何者优先的二元论意向。

第二部分

认识论问题

　　我们当然不能像本体论部分那样将建构主义社会学的认识论问题划分为所谓的主观视角、客观视角和反二元论的视角这样三个阶段，这将造成巨大的错误，这也就是为什么我们在导论中就已经指出，我们对西方建构主义社会学的三阶段的划分是基于本体论而非认识论立场提出的。这并非是指建构主义社会学的认识论问题是毫无阶段性的一片混沌，正如我们所指出的，本体论的阶段性划分与认识论的激进与温和的阶段性是大体一致的，但这种认识论的阶段性显然不能冠之以类似于本体论划分的名称（仿佛只要将"主体"换为"主观"、"客体"换为"客观"就万事大吉了，殊不知在不同的论域中看似相同或相似的概念的性质完全可能发生根本性的变化）。不仅如此，认识论立场上的差异与本体论立场上的阶段差异并不是严格对应的，认识论的情况显然要更为复杂，这也就是为什么我们只是勉强地称之为"大体一致"，并且没有采用认识论上的差异来作为划分西方建构主义社会学历史阶段的标准（这从一个侧面显示了历史本身的复杂性和多样性，任何试图用某种单一的标准来划分历史的企图都免不了削足适履的一相情愿）。

　　事实上，本体论上的第一阶段不仅在认识论上并没有一致地以一种倾向于主观主义的方式来解释社会学的认识论立场，而且其内部也是高度不一致的（我们将在第五章阐明这种分歧），这种不一致向我们清楚地表明本体论上的主体视角并不必然与某种认识论立场相关，只要它们彼此之间不产生无法自圆其说的矛盾，那么不同的搭配都可能被接受。此外，如果用客观视角来形容第二阶段的后结构主义社会学家们所理解的社会学认识论显然是荒唐的，这一阶段将社会学认识论的相对主义推向了一个前所未有的高峰（在某些作者的身上可谓推向了极致），那种奉行绝对客观的规律性认识的社会学恰恰是其所批判的对象。不过第二阶段的客体主义者们并没有采用一种个体主义式的主观主义腔调来诠释社会学的认识论立场，他们用一种客体主义的本体论口吻来还原认识论的相对性，我们可以将其称为一种客观相对性的策略，这意味着任何从个体出发的主观相对性都只是一种派生的现象，它们被赋予一种本体论上的客体化的解释。① 不过尽管我们曾在导论中承认这一阶段的认识论在总体上具有最为激进的建构主义特征，但是我们似乎没有理由认为这种激进性与建构主义的客体主义本体论必然相关。虽然建构知识的客体秩序本身的社会历史相对性的确在逻辑上易于得出知识的社会历史相对性的论断，但是认为知识是由一种社会历史性的客体秩序所决定的观点，并不比认为知识仅仅是一个社会历史性的个人主体的独创的观点更容易陷入极端相对主义的认识论立场中。事实上，导致第二阶段的激进认识论立场的主要原因来自于后结构主义者对待相对主义问题的态度（在这一问题上尼采的影响是不可低估的，但有趣的是尼采本人却并非一个福柯或布希亚式的客体主义者，对此可参阅郑震，2009：78—79，134）。与前两个阶段的立场相比，第三阶段的认识论立场倒是可以直接采用对其本体论立场的判断来描述，这是由于他们的反二元论的倾向使他们的认识论至少就其理论意图而言依然会采取一种综合的姿态，以超越主观主义和客观主义的对立。如果说前两个阶段的认识论立场总的来说只是在二元论的范畴中兜圈子（当然彻底地选择客观主义也就意味着在认识论上抛弃了建构主义的立场，因此或多或少地批判客观主义的认识论无疑是检验认识论建构主义的一个重要标准），那么第三阶段的作者们恰恰要拒绝在这一问题上表现出明确的倾向性（至少在理论的主观意图上是这样），这使得他们的认识论立场在主客观的选择上较之此前的阶段要更少极端性，因此也就显得更加温和。不过这种温和性与我们在导论中所指出的第一阶段的保守性所暗示的温和性不尽相同，后者主要是因为其所包含的某些较为明显的反建构主义面向才缓和了其建构主义的倾向（它们的这种反建构主义的特征往往与其建构主义的特征形成并置乃至矛盾的状态），就此而言第三阶段的建构主义立场显然在总体上似乎要稍显激进，毕竟它们的综合取向使它们较少第一阶段中的建构

---

　　① 由于第二阶段的作者拒绝那种无前提的客观主义认识论立场，这使得他们对于社会学认识论的理解隐含着一种传统意义上的主观主义的隐喻，只不过他们以客体主义的方式来传达这一隐喻，从而将主观相对性转换为一种客观的相对性的陈述（这一"客观相对性"中的"客观"并不代表某种认识上的客观性，它在此特指一种本体论的维度），后者在实质上不过是以一种由社会客体所支配的主观相对性来替代传统主观主义所偏好的个人主体的主观相对性。

主义和反建构主义立场相互并置乃至矛盾的状态，这一定程度地避免了
鲜明的反建构主义面向在其思想中的不协调的出现。只不过第三阶段的
这种激进性与第二阶段相比又显得温和得多。

第四章　早期的多样性

第一节　主观性与客观性

一　价值关联和价值中立

韦伯在本体论上的模棱两可在其认识论上具有更加清晰的展现，这就是他的兼具价值关联和价值中立的社会学认识论立场。我们似乎可以简单地说，价值关联的判断体现了韦伯思想中的建构主义方面，而价值中立的态度则表现了韦伯思想中的实证主义痕迹。即便这样的概括并非一种错误，它也的确可能将问题陈述得过于简单化，因此只有通过更加深入和充分的阐发才可能具有实际的理论意义。

面对社会科学的方法论问题，① 韦伯赞同人类精神的有限性和实在本身的无限多样性。这就为认识提出了一个难题，即有限的精神如何认识无限的实在？韦伯的回答便是认识对象的有限性，这就否认了社会科学有在总体上认识实在的可能性，我们可以将其视为韦伯迈向建构主义逻辑的第一步，它暗示了研究者并不具有那个万能的绝对理性，而实在也无法用某种有限的法则来加以穷尽。接下来的问题就是有限的认识对

————————

① 韦伯的认识论研究显然并非只是针对社会学而言的，他是在与自然科学相区别和对应的社会科学的层面来建构其认识论思想的。韦伯也将他所理解的社会科学称为文化科学，原因在于他认为社会科学所研究的对象是其所谓的精神或文化事件。不过鉴于本书的研究以社会学为主要领域，因此我们也会以社会学的提法来概括韦伯的观点，这并不意味着我们否认这些观点可能具有更加广泛的理论意义，就像我们并不宜称我们的研究仅仅具有社会学的意义一样。

象是如何产生的，这便是那个众所周知的韦伯式的价值关联理论所要回答的问题。韦伯认为只有那些对研究者而言具有意义或者说具有重要性的实在方面才可能成为研究的对象，意义是经验科学对象产生的前提。但是我们不可能以无前提的方式来揭示什么样的经验材料对于经验科学而言是有意义的（韦伯，2005：27），因为意义的确定不是无前提的，它是一种价值关联的结果，即作为社会学研究之对象的实在正是在与特定的价值观念的联系中才变得对我们而言值得被研究（韦伯，2005：27），也就是说从一种在科学上无意义的事件转变成对科学而言具有意义的现象。我们的研究兴趣正是来自于我们所具有的价值观念，正是后者为我们的研究指定了方向，从而使我们避免迷失在无限实在的纷繁多样之中。当然不存在所谓的绝对客观和普遍的价值观念，这与价值本身的含义自相矛盾。价值观念的社会历史性和多样性使得对象的选择以及对对象的因果解释的深入程度是无法一劳永逸地加以确定的（韦伯，2005：34），① 这也正是尼采的透视主义的"视角"概念所包含的相对主义精神的一种表现，尼采对韦伯的影响是毋庸赘言的。因此人们正是基于某种价值判断来选择对他们有意义的实在作为研究的对象，这里发挥作用的是特殊性和主观性，而不是普遍性和客观性，是以先入之见来选择对象，而不是以无前提的客观研究来确定意义，后者是无法想象的。

韦伯接受了新康德主义者的观点，主张文化科学的对象是历史的个别事件。对他而言文化科学的目的是对文化现象（所谓的历史个体）的意义从何而来给出一种特殊的因果解释，而普遍的因果解释并不能够告诉我们关于个别事实的因果解释究竟是如何可能的，它充其量只是手段而非目的（韦伯，2005：28，29）。而如果没有从某种前提出发对实

① 韦伯认为价值立场的历史可变性对于社会科学选择对象所造成的影响意味着社会科学与自然科学的一种差异，"这种'主观价值'的制约性无论如何是与以力学为其典范的自然科学大相径庭的，而正好构成了历史学和自然科学的特殊对照"（韦伯，2005：107）。也就是说，在历史认识中选择对象的价值观点的变化将影响历史事实的重要性，这使得历史认识的有效性与自然科学认识的有效性具有不同的情形（韦伯，2005：107），前者是高度个别化和特殊性的，而后者却能够超越时空的限制带来一些普遍的因果解释（自然科学家选择对象的兴趣显然并不影响其解释的普遍有效性，相反这正是自然科学家的兴趣所在）。这样的立场显然受到了来自新康德主义哲学的某种影响。

在所进行的选择，那么即便是对具体现象所进行的因果解释也是无法进行的，因为"规定任何一个个别事件的原因的数量和方式往往是无限的，在事物本身之中，并没有指明从中选择出唯一可以考虑的部分的现成标志"（韦伯，2005：28）。换句话说对个别事件的详尽无遗的因果解释是不可能的，我们只能通过选择历史个体对我们具有文化意义的方面才可能给出具体的因果解释，这正是巴什拉所谓的对世界的简化，而此种通过简化所获得的对象所具有的文化的独特性使之无法通过普遍的规律来加以解释，我们只能用个别现象来解释个别现象。这种解释不是自然科学的规律性的解释，不是抽象的一般性的公式，而是具有其个体化和独特性特征的若干具体的因果关系（Weber，1958：48），即特殊相配的因果联系和对客观可能性范畴的运用（韦伯，2005：30），也就是寻找可能性的因果法则而不是必然性的因果规律。由此韦伯在两个重要的方面拒绝了实证主义和实在论的认识论立场。一方面韦伯肯定了认识活动至少就其对象的选择和形成而言，不可避免地具有先入之见，从而排除了无前提的客观认识的可能性。这暗示了社会学乃至社会科学的理论所描绘的世界是一个选择性建构的世界，它被深深地打上了人类主观视角的烙印，而这些用于对实在进行评价和选择的视角并不是实在本身所固有的特征（社会科学的对象本身是视角和实在之间的一种关系建构）。另一方面，韦伯将社会科学和自然科学加以区别，强调社会科学的研究并不像自然科学那样以普遍的规律为目的。社会科学的对象是精神或文化的事件，因而只有通过采用自然科学所没有的理解方式才可能领会对象的独特意义，从而解释其独特的因果关联和存在的客观可能性。这意味着韦伯批判了实证主义和实在论的自然主义倾向，反对将社会科学和自然科学不加区别地进行类比，反对只是采用自然科学的方法来研究社会科学的对象，并且否认社会科学的对象具有与自然科学对象相类似的本体论特征，从而完全放弃了寻找有关文化现象的决定论式的因果规律的企图。这些显然是受到了新康德主义思想启发的方法论立场，揭示了韦伯社会学思想中最具反实证主义和反实在论的方面。

不过，当韦伯以具体的因果解释来取代规律性解释的时候，他并没坚持他在对象的选择和形成问题上所采取的价值关联的立场，相反一种价值中立的意图显示了出来，而这恰恰暗示了韦伯思想的复杂性和多样性，韦伯的社会科学方法论并没有彻底拒斥实证主义和实在论。韦伯认为，当价值关联为社会科学确定了对象之后，随后针对对象所展开的因果解释却具有截然不同的认识论特征。"因果分析绝不提供价值判断，而价值判断也绝不是什么因果解释"（韦伯，2005：72）。价值问题只能留给社会学研究的原材料的选择，而真正的社会学研究在价值判断的层面尚未开始。韦伯断然地主张，在因果解释的问题上社会科学能够达到绝对的和无条件有效的认识（韦伯，2005：107），尽管这一认识并不具有普遍的解释力，但是这一论断已经清楚地表明了韦伯正在以一种客观主义的立场要求社会科学对其独特的对象给出价值中立的因果解释（韦伯，2005：156）。即研究者不能将自己的价值偏好强加于对对象的因果解释，而是要从已经基于某种立场所选定的实在的方面出发（这意味着没有什么解释可以一劳永逸地穷尽认知历史现象的可能性，没有什么理解是唯一必然的，不同的立场会导致不同的理解。Weber，1958：47—48），客观地理解并解释对象的意义，这可以被称作一种历史实在论（奥克斯，2006：12，13）。在韦伯看来，事实判断和价值判断是两个根本不同的问题，将它们混为一谈只会导致对两者的破坏（韦伯，2005：146，147），就此韦伯严格地要求区分事实与价值（韦伯，2005：140）。我们不打算也无须对这种带有浓厚客观主义认识论色彩的观点进行进一步的讨论，这已经清晰地展现了韦伯思想中不同于建构主义的一面。我们也无须以证明那些在韦伯自己的社会学研究中所存在的各种价值立场来以韦伯反对韦伯，我们在本书的第一部分对韦伯社会学的本体论视角的分析已经足以从一个方面表明这一点。我们想指出的是，韦伯显然低估了价值判断在除对象选择之外的社会科学研究中所可能扮演的基础性角色，即便将那些明确的党派的、伦理的和美学的倾向从研究中尽可能地排除出去（这种排除显然并不像说起来的那么容易，甚至难以被彻底地清除），规范性的立场依然会以更加隐蔽的方式内在于社会科学的研究之中，而这恰恰是韦伯所指出的人类精神有限性的一个重要表现，它意味着我们不可避免地总是具有某种认知的视角或立场。这一先入为主的视角的存在被以海德格尔与伽达默尔为代表的解释学传统加以充分展现（这一展现继承并发展了尼采的透视主义和胡塞尔的生活世界理论），同时也被巴什拉等人的现代科学哲学的研究加以充分揭示，更是在不同阶段的建构主义社会学中得到了大量的探讨（我们的研究将充分地展现这一点），如此等等。

二　主观形式与客观性

齐美尔和韦伯在社会学的思想上无疑有着众多的相似性，他们同为解释社会学家；他们都主张方法论的个体主义；都是本体论上突出主体视角的半建构主义者；也都在新康德主义的影响下强调历史科学和自然科学的差异，并主张社会学的对象是"历史的个体"而非普遍的规律，如此等等。但是在社会学的认识论问题上他们之间却存在着巨大的分歧（尽管我们将看到依然存在着某些相似之处），这充分地表明在本体论立场上的相似不等于认识论立场上的一致，在两者之间并没有什么简单的必然联系。

齐美尔写道："考察认识论的实在论，它把真理解释成思维与其对象之间——从一个镜像的意义上讲——的一种符合，这个对象必然外在于它所对应的思维"（齐美尔，2006：90）。然而齐美尔明确地指出，这种反映论的真理观对于无论是自然科学还是社会科学都是错误的（齐美尔，2006：90），因为认识不可能排除估价和立场（这里渗透着尼采的影响），心灵并不是反映现实的一面客观的镜子，客观性本身就需要一个主观性的价值前提，我们将看到齐美尔的认识论思想将主观主义和相对主义发展到了他的同时代人韦伯所无法容忍的地步。"一旦我们的心灵不只是一个消极的镜子或实体——这也许从来就没有发生过，因为甚至客观的知觉也只能来源于估价——我们生活在一个价值的世界之中，这一价值的世界在一种自主的秩序中安排了实在的内容"（Simmel，1990：60）。对齐美尔而言，不可能外在于价值来谈论真理，因为任何真理都只有在一定的标准的基础上才可能被理解，而标准又是分成等级的，低级依赖于高级而获得合法性，这就需要一个最终的标准，但我们永远都不可能知道一个绝对的知识是什么，对它的寻求是无止境的（Simmel，1990：103）。这就杜绝了探究绝对真理的可能性，因为人们显然不能自相矛盾地宣称发现了某种绝对的价值标准，估价之作为前提的本体论地位彻底消除了客观主义的幻觉。由此所带来的就是将相对性视为真理的本质，以至于真理正因为它是相对的才是有效的（Simmel，

1990：116）。那么这是否意味着齐美尔以一种相对主义的认识论姿态倒向了怀疑主义的虚无态度？事实上，他明确地反对将相对主义与怀疑论相混淆（Simmel，1990：104），他提出了一种关系主义的真理观，也就是说任何知识的真实性都总是在知识总体的内部相对而言的，就像物体的轻重也只是在物质总体的内部相对而言的那样。换句话说，某种知识是否具有真理的价值并不取决于它是否反映了某种客观的事实或者说与某个作为绝对标准的外部对象相一致，知识的真理价值来自于它与其他表象之间的相互证实的关系，只不过由于那些用于证实一个表象的此刻不成问题的表象总体相对于这个表象而言过于庞大，从而使得人们忽视了在两者之间的相互证实的关系（Simmel，1990：116）。因此真理的意义来自于关系的建构（正如我们已经指出的，这种关系主义的视角往往是建构主义者们所广泛采用的立场，它是反实在论的一个重要武器），而不是一种绝对的实在。这一立场类似于我们曾经指出的亨普尔有关科学假说的可信赖性与其所处的科学情境中的其他所有相关的假说和理论的关系主义的立场，只不过齐美尔的总体立场较之作为实证主义者的亨普尔显然要更加激进。在齐美尔看来，没有绝对的真实，只有相对的有效，而这种有效性实际体现了特定社会历史条件下的关系和功能，"我们赋予那些作为实际的力量或运动活跃于我们之中并激起我们的有用行为的表象以'真理'的美名。因此有多少不同的生命的组织和条件就有多少根本不同的真理"（Simmel，1990：107）。由此可见，真理的内容完全依赖于我们的独特的生存模式（Simmel，1990：107），它是我们自身存在的一种功能性的表现，是由我们的存在的方方面面之间的关系所决定的，这是关系的功能，也是功能性的关系。它所激起的行为之所以是有用的，就在于它与我们的其他表象之间达成了某种社会历史性的协调，它所激起的行动获得了其他表象所激起的行动的支持（就像它同时也在支持其他表象一样），而这一切都只不过是一个社会历史性的事件，它内在于知识发展的过程（我们清楚地看到，关系、事件与过程这一建构主义的主流思潮在齐美尔的认识论思想中获得了清晰的展现）。正是基于这样的立场，齐美尔指出："实际上，对于一个表象的真理性而言，除了建立在它之上的行动导致了被欲求的结果之外，我们没有任何其他的明确的标准"（Simmel，1990：108）。这一论断与实用主义的真理观是如此的接近，其原因就在于齐美尔和实用主义者同样分享了由康德所意外推动的主观相对主义的认识论立场，不过齐美尔的这种实用主义精神无疑被打上了更为浓厚的康德哲学的先验主义烙印。我们可以通过如下的一段话来体会那种被齐美尔以康德所试图避免的相对主义的方式改造了的康德的影响（我们也可以将之视为齐美尔将一种相对主义拓展到康德试图用普遍主义来加以规范的现象领域的成果）："为了驳倒这个观点（认识论的实在论——引者注），我们必须明白，每种认识形式都描述了从直接给定的材料到一种新语言的转换，即一种有其固有的形式、范畴和要求的语言。为了有资格成为一门科学，事实——内在的、不可观察到的事实以及外在的、可观察到的事实——必须回答它们在实在中和在作为单纯的材料的形式中所从未面对的那些问题。为了有资格成为认识的对象，事实的某些方面被置于突出的位置，而另一些方面则被归类到不再重要的范围内。某些特征被强调。某些内在的关系被建立在概念和价值的基础上。所有这一切——正如我们可以这样说——超越了实在。作为认识对象的事实被形成为新的建构，这些建构有其自身的规律和特有的性质"（齐美尔，2006：90—91）。

齐美尔坚持将康德的认识论批判引入社会科学的研究，这意味着社会科学所认识的对象与自然科学的对象一样都不是自在之物，它们仅仅作为现象而呈现给我们。并且之所以能够以此种现象的方式呈现，就像康德所表明的那样，某些先天的观念作为预设被强加于历史的材料，正是通过这些作为心理能量的形式化表述的先天观念或范畴的规范和组织，那些知觉的原始材料才得以被转变成为认识的对象（齐美尔，2006：51，73）。从中不难看出，康德的形式概念深刻地影响了齐美尔的社会学思想，他正是试图通过先天的主观形式来解释认识活动中的主体的能动性，从而表明认识活动并不是对外部对象的机械反映，而是在认识者的先天结构和外部事实之间的一种关系状态。以至于任何事实若要成为科学认识的对象就不可避免地要面对那些代表了主体的自由和能动性的先天形式的选择和建构（我们看到韦伯有关选择对象的主观兴趣的思路已经被包含在其中），这是一种无法用材料本身加以解释和推论的新的语言（我们在此只是突出了齐美尔认识论思想的建构主义的方面，稍后我们将揭示齐美尔在对待实在论问题上的另一面），它表明科学的建构不是一种简单的复制，它超出了实在本身的范围。因为我们不可能从单纯的实在中推论出认识的先天形式或者说认识的结构和重点（齐美尔，2006：92，192—193，196），它只能来自于认识主体的先天预设。事实的重要性只能来自于主观价值立场的赋予，而认知的结构则只能是一种先天的心理预设。与此同时，原始材料的无限多样和复杂不仅在量上排除了一种试图把握实在整体的科学的可能性，而且这样一种科学也将由于缺乏若要使认识得以可能就必不可少的观点或问题结构而陷入瘫痪（齐美尔，2006：97），因为实在本身并不能够为我们提供历史认识的目标，我们不可能以无前提的方式去把握无限复杂和多样的实在，这只能使我们陷入不知从何谈起、不知如何下手的窘境之中。因此只有凭借那些先天的心理预设或者说先天的心理结构，我们才可能以某种规范的立场将原始材料的碎片拼接成我们所能够加以认知的对象（这就是主观性的现象而非客观的自在之物），并建构出有关对象的命题（齐美尔，2006：98）。因此历史的真理不是历史实在的一个镜像（齐美尔，2006：101），因为作为一种知识建构的科学的对象具有它自身的规律和性质，这是一种内在性的规律和性质（齐美尔，2006：165），它们意味着科学的对象不是单纯的客观事实，而是基于先天的形式或范畴所进行的创造性的建构，在这一过程中某种原始材料本身所没有构成的东西得以作为认识对象而被建构起来，正是人的心智将问题和意义赋予了实在的某些方面，从而为认识活动打上了主观性的烙印。

不过齐美尔并没有像康德那样坚持形式的先天普遍性，齐美尔认为具有规范性特征的形式不是包罗万象的，它是历史地决定和易受历史变化的影响的（齐美尔，2006：102）。因此不同的形式适用于不同的内容，不存在包罗万象的形式，形式是不可还原的多样化的。与此同时形式的多样性还意味着形式是等级性的，我们在前文所提及的齐美尔有关真理标准的等级性实则就是形式的等级性，因为正是形式为真理提供了标准。在齐美尔看来，多样化的形式并非一个个不变的视角或预设，形式的多样化同时也是在历史的过程中发展变化的多样化。这一立场将形式历史—先天化了。结合齐美尔有关形式的本体论意义的论断，不难看出形式概念对齐美尔而言是一个包含了本体论和认识论维度的主观的历史—先天的概念。那么这是否意味着齐美尔的形式概念也获得了一种建构性的特征，就像福柯的历史—先验的权力一样，对此"是"或"不是"的简单答案无疑将是引人误解的。尽管我们指出了福柯的权力概念具有某种形式本质主义的残余，也看到了齐美尔对形式的多样性和历史性的强调，但是与福柯的权力概念相比，齐美尔对形式的说明显然要含混得多，它具有更多的实在论倾向。齐美尔将原本只是一种分析性建构的形式和内容的划分转变成所谓的先验前提和原始的经验材料之间的划分，这一做法本身就是一种反建构主义的实在论想象。① 因为他赋予形式的本体论和认识论的前提条件的地位，以及他在形式和内容之间所制造的先验和经验的区别，使得形式和内容的划分被披上了一种具有本质主义色彩和事实性的特征，这些显然都不利于与实在论撇清干系。此外，齐美尔在先天形式和主体能动性之间所建立的联系也充满了主体主义的本质主义倾向，这进一步强化了形式的实在论色彩。因此"形式"对于齐美尔而言更像是一个历史—先天的主观实在（齐美尔毫不讳言地指出，所谓的历史主体和历史客体其实都是心理实体。齐美尔，2006：73），它是为存在和认识提供前提条件的主观性的本质特征，只不过在一种相对主义倾向的影响下，齐美尔承认这个先验的本质条件并不是不变的，这就带来了形式概念的某种含混性和歧义性，而齐美尔本人似乎并没有能够就此给出令人满意的澄清。

那么当齐美尔主张认识活动以先天且相对的主观形式为前提的时候，这是否只能为我们带来一种主观相对主义的任意构造？我们曾经说过齐美尔反对将他的相对主义立场视为一种自相矛盾的怀疑论，在他看来历史认识的主观性并不排除某种客观性的存在，相反客观的认识恰恰要奠基在主观性预设的前提之上（这种有关主观和客观的划分本身就具有浓厚的二元论色彩），只不过社会科学的客观性"比自然科学所要求

---

① 人为地将某些相对普遍且相对较少变化的特征从经验的事实中抽象出来（在现实中根本就没有所谓的形式和内容），从而以反事实的方式赋予其先天形式的名称（它原本只是一个经验的抽象），并自相矛盾地宣称无法从所谓的经验事实中推论出形式的存在，这不过是追寻永恒和不变者的西方形而上学传统的陈词滥调。齐美尔既深受这一传统的影响（对此康德是一个重要的中介），但同时也受到来自于相对主义思潮的巨大冲击，从而便孕育出了齐美尔那个含混且充满歧义的形式概念。

的那种客观性更加易变、灵活和更少的结论性或确定性"（齐美尔，2006：107）。"客观性不能与其主观的基础相分离，主观性的这些要素也不能从历史认识的结果中被消除。相反，它们只能根据由方法论的和真实存在的范畴所提供的标准来评价和构成"（齐美尔，2006：108）。这是一种基于本体论上不可消除的主观性的客观性，正是主观性的前提使得社会科学的客观建构得以可能。而与此同时，这种主观的预设也的确为认识带来了某种限制或障碍，不要忘了形式所组织的是现象而非自在之物，而且齐美尔的形式概念也并不具有康德意义上的绝对普遍的特征，这意味着形式不可避免地包含着偏见和局限，因此"只有当这种主观性能被限制或减少的时候，认识才是可能的。但是假定这个减少的过程被进行到最终的逻辑结局，以至于再创造的主观性被全部取消。那么，历史认识将是不可能的"（齐美尔，2006：105）。

尽管我们此前指出了齐美尔对实在论的激进批判，但是齐美尔认识论思想中的客观性问题正是通过对历史实在论的一种温和态度来加以确立的，这一看似自相矛盾的状况实则为我们揭示了一个更加完整的齐美尔，尽管这种完整性同时也包含着某种不成熟和不协调。齐美尔并没有将其有关历史—先验的主观形式的思路推进到一种主观相对的极端性中，相反他似乎只是想表明历史的认识不可避免地有其先天的主观预设，只有在这一前提下有关历史的客观认识才是可能的，因此认识本身就具有不可消除的主观建构性，尽管这并不是主观的任意性。齐美尔认为历史的先天形式不同于康德所谓的自然的先天形式，后者是强加到自然上的理性的法则，因此在自然现象中没有任何与之相符合或对应的东西。然而历史科学的原始材料不是毫无意义的物质现象，它不可避免地已经蕴含了主观的意义和动机，从而已经由理解力的各种先天的形式所构成（齐美尔，2006：72，165）。因此"将这种材料构成为历史的那些范畴，已经至少以一种胚胎的或更改的形式存在于这种材料自身内"（齐美尔，2006：72）。"激发历史兴趣的这种实质性意义或重要性是对象自身的一个属性。这些对象由于其本质的和固有的关于存在的属性而引起我们的兴趣：它们必然既是极其多样的、又是被预先定义或区分的"（齐美尔，2006：210）。这一论点完全合乎齐美尔有关社会历史现象的本体论判断，社会历史现象无非就是人与人之间的互动过程，它当然不可能像原子和分子那样不具有任何固有的价值或意义特征，社会世界的现象与自然现象的一个重要区别就是它是价值的现象，它不可避免地已经被那些互动中的个体们所拥有的先天形式赋予了意义和价值，这也就是为什么齐美尔要像韦伯一样强调理解对于社会科学的重要性。因此社会科学的理解是对理解的理解，而被理解的原始材料正因为已经在各种经验的范畴中获得了规范，研究者才可能理解这些材料。否则社会科学家就只需要采用那些自然科学的方法，像研究自然科学对象那样来研究社会历史现象，但对于齐美尔而言这显然是不可取的。

　　然而，正如我们的研究已经表明的，对齐美尔而言，承认社会历史现象本身已经具有了某种形式的建构，不等于社会科学的研究就仅仅是以研究者的形式来符合对象的形式，否则的话齐美尔的认识论就将陷入极其荒唐的自相矛盾之中。然而即便由于理解本身所不可避免地需要先入为主的前提条件并将遇到各种影响客观性的困难（如主观预设本身对客观性的影响，研究者和研究对象之间的差异，把握历史人物的主观经验的困难，等等），从而使得对历史对象的理解不可能等同于精确的复制，但是由理解所揭示的思路已经不可避免地偏离了建构主义的理念类型，从而倒向了实在论的路径，尽管这不是一种激进的实在论。我们可以将齐美尔的认识论思想视为一种介于建构主义和实在论之间的不成熟的尝试，其原因就在于，齐美尔并没有能够有效地处理好其理论中的建构主义和实在论这两个方面之间的关系，他的许多表述透露出不协调的音调，以至于难免自相矛盾。例如，他一方面断言不能从经验的原始材料中推论出将这些材料建构成认识对象的先天形式，但另一方面他又自相矛盾地宣称这一形式已经至少以胚胎的方式存在于材料自身内。再如，齐美尔在提出认识主体和认识对象之间的形式近似论的同时，又宣称"一个人物的'历史'的概念本质上不同于真实的人物或人物的实在"（齐美尔，2006：103）。尽管我们理解齐美尔所试图强调的建构主义意义上的视角性和创造性，但是如果历史的范畴与历史对象之间具有本质的区别，那么齐美尔所谈论的先天范畴已经以某种至少是更改了的方式事先存在于历史研究的对象之中的论断，以及由这一论断所引发的关于理解之可能性的大量讨论（其中不乏有关"对现象内容的恢复"、"对现象的真实体验"、"心理学的复制行为"之类的话语①）就显得有些不知所云，或者说其理论的意义是令人费解的。这也就难怪奥克斯以如下的口吻对齐美尔的认识论思想进行了评价："令人啼笑皆非和似矛盾而可能正确的是，齐美尔贸然接近于接受历史实在论"（奥克斯，2006：35—36）。

到此我们不难看出，齐美尔以一种不同的方式与韦伯一样徘徊在建构主义和实在论之间，就像他们在本体论上所表现出的模棱两可一样，他们的认识论也同样是模棱两可的，甚至可以说是存在着矛盾和张力的。究其根源不能不说在很大程度上正是因为他们依然困扰于由二元论的思维方式和相对主义思潮在本体论和认识论领域中所造成的混乱，由此我们才看到在他们的思想中充斥着诸如主观性和客观性之类的看似理所当然但实际颇成问题的概念，看到他们在建构论和实在论之间的犹豫不定或武断划分。更加不幸的是，当他们试图超越或综合这些困扰着西方近现代思想的不同方面的时候，他们的企图却无意中至少部分地沦为了这些方面的牺牲品。

第二节　实用主义与科学假设

我们对米德的社会本体论所进行的研究揭示了米德是在关系、事件与过程的理论框架中思考社会现实的，因此对认识活动的理解自然也不能外在于这一框架。正是在这一思路中米德明确肯定了视角（perspectives）在认识活动中的重要性，因此也就不存在所谓的绝对认识。米德写道："我奉行这样的假设，即认知和思考作为认识过程的一部分是重建性的，因为重建对于存在于宇宙中的一种理智的行为而言是本质性的"（Mead，1932c：3—4）。因此，尽管过去发生的事件不会受到后来事件的影响（过去的事件在这一意义上是不可改变的），但是一旦我们询问过去是什么的时候，对这一问题的回答作为一种理智的现象却是可以改变的，这个回答从属于变革的过程，因此总是可能遭遇历史的重建。就此而言，任何尽管现在不成问题的有关过去的解释都可能被质疑

①　齐美尔明确地指出，尽管对历史人物的理解不可避免地会改变对象，"但是，现象的内容一定以某种方式被保留或恢复"（齐美尔，2006：76）。

（Mead，1932c：6），过去作为一个事件就其意义而言具有某种相对于现在的开放性。因此不存在独立于所有现在的过去（Mead，1932c：7—8，8—9）。在米德看来，独立于任何现在的、不成问题的、给定了的过去的假设不属于历史研究，它不存在于有关过去是什么的判断之中，这种假设充其量不过是神学的或形而上学的。换句话说，说一种关于过去的历史判断是正确的，并不意味着假定其所研究的过去是不受任何现在视角的影响而独立存在的，这种认识论上的独立性仅仅存在于神学或形而上学的幻想之中。因为在现在之中无论是我们已经发现还是没有发现的东西，从后来的观点看，作为一个事件都将具有不同的意义和不同的结构（Mead，1932c：7—8）。一方面，过去作为条件限制了突生的出现，而这一突生的建构反过来又不可避免地改变了对它出现于其中的过去的陈述（Mead，1932c：15），这就是过去在现在之中被重建的逻辑关系所在，过去正是它所影响的突生事件与该事件从中产生的情境之间的一种关系性的建构（Mead，1932c：23），也正是因此过去和未来一样都是假设性的（我们对未来的预期也同样是一种在现在之中的关系建构），它们不可能不是一种建构的产物。只要将过去和未来这两个概念所意味的东西拓展至记忆和历史、预期和预言这些概念形成的领域之中，它们的精神性和建构性特征也就显而易见了，在那里它们仅仅存在于心灵之中（Mead，1932c：24）。米德反复强调过去在现在之中（Mead，1932c：17），这不仅是因为过去影响了现在的突生，而且是因为过去总是在现在之中获得其含义和价值，从而被建构为实在的。这也就是为什么米德反复强调"实在存在于现在之中"，实在并不是自在存在的事实，它总是一种现在心灵的社会历史建构。过去的意义总是在与现在的独特关系中被不断地重建，这一重建不可避免地服务于现在的目的，现在的突生性为这一重建打上了独特的烙印，因为不同的观点所看到的世界自然也是不同的（Mead，1932c：80）。

由此我们不难看出，米德并没有赋予理智万能的认识能力，我们的心灵无法穷尽任何情境（Mead，1932c：26），它不能超越现在的框架，它所用以建构过去的所有材料都来自于现在之中，这既是它得以可能的条件也是它所无法超越的局限所在，因此"我们对过去的重建在它们的范围上发生变化，但是它们从不能期待其发现的最终完成"（Mead，

1932c：29），因为总是存在着别样认识的可能性，这是任何现在都无法穷尽的。而这也正是米德的过程社会学的重要内涵之一，在一个以变革为核心视角之一的社会理论中，心智不可能不从属于历史的变换，这一变换所带来的是不断更新的关系形态，由此便导致了不同事件的生成。然而，这样一种对绝对认识的批判和拒斥并没有将米德引入一种怀疑论的陷阱，他以一种兼容了现代自然科学的假设逻辑和进化论思想的实用主义精神来为其相对主义的认识论奠基，尽管其实用主义的立场不可避免地暗示了一种人类学的主观视角，只不过其科学主义的外衣使之显得更加隐蔽。米德认为，在科学的程序中没有什么与伴随着突生的事件而产生的新的过去相矛盾的（Mead，1932c：46），"科学的任务就是去阐明过去在现在之中的存在，并在其基础之上去预见未来"（Mead，1932c：33）。而带来不同阐释的人类智能的变革其实质不过是反映了有机体对环境的适应，以及相伴随的环境本身的重构，这是在有机体和环境的关系中所发生的一种共同的重组（Mead，1932c：4）。正是这一关系的变革导致了视角的变换，并确立了相对性的含义所在。这当然不是一种个体主观任意的相对性，而是基于人类群体与其生存环境之间的不断变换着的关系事件的相对性，因此它具有某种客观的现实性，尽管这种现实性毫无疑问地隐含着人类学的功能性视角。这种相对性的存在再清楚不过地表明，作为突生建构的心智对过去的重建并不是针对那个不可改变的过去本身所进行的一种无条件的客观认识。对实用主义者而言，知识所涉及的是在共享的经验中的人类活动的方向，以及那些围绕着富有意义的合作目标来组织这些活动的客体（Murphy，1932：xii—xiii）。

这种实用主义的立场不可避免地为认识活动注入了某种不确定性，米德以此批判了实在论的立场。在他看来实在论者将经验主义者视为主观的、而康德主义者视为先验的因果关系视为客观存在的事实，从而以分析的方式寻找对象的基本元素以及它们之间的关系，并认为这些基本元素是不变的，它们之间的关系是外在的事实（也就是说，这些关系不会改变作为相关者的基本元素）。实在论者认为"对基本元素自身的经验乃是对象存在在那里的明证；否则它就不可能被经验。知识就是心智和这些基本元素之间的关系。鉴于这种关系，心智和基本元素就都是存在的"（米德，2003：398）。在米德看来，实在论者不仅强调那些以人为分析的方式所分解出的元素之间的关系是外部的客观事实（而非对象内部的过程性的关系建构，后者直接影响了关联各方之所是，决定了对象作为一个整体的性质）；而且将心灵和元素之间的关系也视为一种直接给定的客观关系，从而否认存在着一种由内到外的过程所带来的传统的认识论难题。然而实在论者的这种客观主义立场却无法回答那个经验主义的老问题，即为什么会有错误。实在论无法解释认识活动中不可避免地存在着的不确定性，然而米德并不甘心用一种彻底的怀疑主义立场来诠释这一不确定性，相反他采取了一种以反（教条的）机械论的科学立场和进化论哲学为基础的实用主义的解释。此种实用主义用于检验真理的标准不是主观的感受（后者被某些实用主义立场所采用），而是行动的继续，即由于问题而被阻碍的过程的继续运作，也就是可以用新的理论假说来突破旧的理论假说所限制的过程（米德，2003：416）。米德写道："对真理的检验就在这样一些对象的发现和建构之中，它们将调节我们的冲突的和受阻的活动，并允许行动继续推进"（Mead，1932c：68）。因此米德从其社会行为主义的视角出发，在一种行动主义中来思考认识问题，这便是杜威的工具主义所意味的，"知识是一种获得工具的过程"（米德，2003：417），这是人类有机体在其生存进化过程中为了维持其最大意义上的生存所创造的适应环境或者说与环境相互作用的工具，"认知只是一个有机体对它环境的选择性态度的发展，是随着这样的选择而来的调适"（米德，2003：417）。这个调适随即就被赋予了现代科学的意味，米德将这种科学称为研究科学。

我们无意在此对米德的科学哲学进行分析和评价，这些讨论将使我们过于偏离主题。我们在此仅满足于勾勒米德通过考察现代研究科学所得出的一些重要结论，它们被用于支撑其实用主义真理观的合法性。在米德看来，现代科学的认识活动表明，科学家并不思考那些形而上学的终极实在，他们在面对突生于无止境的新颖之中的事件时思考持续的重建（Mead，1932f：101—102）。也正是因此科学没有终极的发现（Mead，1932f：105），也就是说科学不可能一劳永逸地完全理解世界，世界始终是未完成的，科学的资料（感性经验）总是有被改变的可能性，这意味着另一个世界的可能性。因此，一个科学的理论在逻辑上的完美和广泛的可应用性与它在面对新问题时生存下来的可能性无关（Mead，1932f：93，93—94）。我们当然不能将这样一种观点和怀疑论画上等号，事实上相对温和的实证主义者也完全可以接受这样的立场。米德的科学哲学并不试图否认客观性，他只是想表明科学应当拒绝那种牛顿式的机械论的决定论和教条主义立场，科学本身是进化的过程，科学的认识并非心灵和对象之间的直接给定的客观关系，它必须面对过程和变化，并在新的关系中调整自身的视角，从而使得人类主体能够通过不断地解决各种新的问题从而更好地适应其所生存的环境。因此科学的法则无论具有多么普遍的形式也只能是假设性的而不是最终的定论（米德，2003：309，316—317，328，340，369）。

　　事实上，米德将认识理解为人类与其所生存的环境之间的一种关系性的突生建构，它为生存提供了实用的工具，它遵循科学的假设和检验的逻辑，并且在历史的变革中不断地自我调节。这样一种实用主义的立场不可避免地隐含着一种人类学的主观相对性，它当然不是个体的主观相对性，而是群体的主观相对性（尽管这并不是人类群体的纯粹的主观相对性）。"在任何社会科学的领域中，客观的资料就是那些人们在其中采取了共同体的态度，即他们在其中进入共同体的其他成员的视角之中的经验"（Mead，1932a：166）。正是基于这样的立场，米德才提出了看似矛盾的视角的客观实在性的论断，正是当个体的视角与其所属的共同体的视角相重叠也就是当个体采取整个共同体的态度的时候，一种视角的客观性才得以确立（Mead，1932a：174—175）。而共同体的视角本身在米德看来不过是自然进化过程中所产生的有机体和环境之间的关系（Mead，1932a：173），因此视角的客观性不仅仅就其超越了（想象中的）孤立个体的主观性而言才具有一种社会的客观性（当然我们也可以将其视为一种社会的主观性，这完全取决于我们采用何种视角），它同时也超越了二元论想象中的有机体的内在的孤独，因为我们显然不能将共同体的视角还原至人类有机体，它的关系性的突生存在使之跨越了有机体与环境这两个系统，从而也就跨越了二元论思维中的纯粹的主观性和客观性，这体现了米德试图在认识论上超越主客观二元论的努力。① 那么对米德而言，既然视角之中不可避免地总是隐含着某种主观性的存在（因为视角的客观性并不是绝对的），那么超越这种主

---

　　① 不可否认的是，这的确是一种富有建设性的思路。但是米德显然低估了这一问题的复杂性，他显然缺乏对这一问题的更加深入和细致的研究。

观性的做法就只能是不断地以更加普遍的共同体的态度来取代那些相对较窄的视角（Mead，1932a：166），而米德正是将此种普遍性与理性联系在了一起（Mead，1934：269，273，380），因此社会共同体的普遍性的增加也就意味着更为理性的态度，也就意味着获得更大的客观性。这一立场无疑十分鲜明地合乎于现代性的主流价值观，也就是以理性的姿态去追求普遍的同一性，而这也是米德的社会理想所在（Mead，1934：310）。然而米德的实用主义立场已经清楚地表明，这种做法显然不可能在视角中彻底排除主观性的因素，因为它终究是以人类主体的不断变化着的生存适应作为其逻辑的出发点。更何况没有理由认为在共同体的普遍性程度和真理的客观性程度之间存在着什么必然的联系（这种普遍性最多只是意味着为更广泛的人类群体提供调适的工具而已，这种追求普遍性的调适在解决某些问题的同时依然不能排除它所固有的社会历史局限性）。米德显然对现代性的主流价值观抱着过分乐观的心态，以至于没有能够充分地反思他坚定地加以捍卫的这种启蒙的理性主义的进步观，而那些当代的建构主义理论家们则显然对之投以更多的反思甚至批判的目光。

到此我们不难看出，米德的认识论思想的确具有一种建构主义的倾向，它批判了实在论对绝对客观性的错误判断，从而以一种关系、事件和过程的视角来呈现一种包含建构主义倾向的真理观。然而，正如我们的措辞所暗示的，米德并不是一个彻底的建构主义者，尽管他的建构主义立场具有不容忽视的意义，但是很难说在他的思想血液中所流淌着的建构主义基因显示出什么明显的优势。他依然坚信现代科学的假设和检验的逻辑，他依然信仰启蒙的理性进步观，他将知识建构的动力归咎为历史变革所提出的客观要求（从而没有探究知识建构中所可能隐含的复杂的社会历史机制），并依然承认知识相对于特定问题的客观有效性，如此等等。这一切都表明他依然与实证主义和实在论分享着某些重要的世界观，从而使他自己的认识论立场具有一种模棱两可的特征。

第三节　生活世界与客观性

一　现象学的社会学

许茨认为社会科学无疑要将认知能力世界作为自身的研究对象，

更为具体地说就是研究发生在认知能力世界中的人们的行为以及常识对它的解释，这样的研究当然要指涉主观的观点（许茨，2011a：36）。然而他认为，社会科学不可能面对直接经验的社会实在，社会科学实际上从不遭遇实际的人，它不可能以一个互动中的个体理解那个与之发生直接互动的他人行动的主观意义的方式来理解人类行动的意义（Schutz，1967：221，241）。可以从两个方面来说明这一立场，一个方面就在于社会科学无法处理那些由独特个体所实施的独特的活动（这些活动是常识思维的对象而非社会科学的对象），这些具体的活动充满了无法控制的不确定性（这是主观性的原初表现，因而不具有科学的客观性所要求的普遍一致性），因此完全无法从中获得可以被客观地加以证明的理论命题（许茨，2011a：38，65，142；2011b：96）。另一方面，社会科学家为了保证科学研究的客观公正性，从而不得不脱离他在社会世界中所具有的生平情境，也就是将他在生活世界中的实践兴趣和精明成熟的状态置入括号（许茨，2011a：39，142，264—266）。这意味着他不再像一个认知能力中的个体那样对自己的处境采取一种理所当然的自然态度，不再将直接面对面的我们关系视为理所当然的基础，从而也就不可能以一种自然态度的方式去理解他人行动的主观意义。他有意识地采取一种理论静观的态度来面对生活世界，不再以伙伴的姿态来面对他人，这种悬置的立场使得原本不成问题的东西现在变成了研究的对象，这自然也就意味着社会科学家不再生活在认知能力的意识流之中，至少对于不同于科学研究中的工作活动的纯粹的理论化活动是这样（许茨，2011a：270）。①由此可见，那个充满着各种主观意义的活生生的生活世界本身完全逃避了理论社会科学家的直接领会，它无论如何都无法成为科学研究的直接对象，否则研究者将陷入无所适从的不稳定性和价值关联的情感泛滥之

---

① 许茨认为，即便对于那些生活在认知能力的自然态度中的个体而言，要想在面对面的我们关系中完全地把握他人行动的主观意义也是不可能的，这种完全的把握意味着原初地理解他人的主观经验，即完全理解他人在理解自身的活动时所使用的意义情境和活动的动机（Schutz，1967：111，112，217）。尽管这并不意味着他人是不可理解的，但是我们的确不能像理解我们自己那样去理解他人，"我们关系"并不能排除差异的存在，我们关于他人意识的知识原则上向质疑开放（Schutz，1967：107，128）。

中。但是另一方面，许茨拒绝采取一种无视主观意义的自然主义态度，反对将社会世界等同于自然世界，反对将自然科学的方法视为唯一科学的方法，因为这种做法完全无视生活世界的实在是心灵的主观活动所进行的意义构造的产物，无视这一构造的主观性和意义关联，试图将生活世界等同于本身没有意义的自然世界，这种做法只能导致客观主义的谬误（许茨，2011a：60，61，68，135）。至此如何既不忽视主观意义情境的至关重要性又确保社会科学研究的客观性以及科学理论的清晰性便成为许茨所要思考的主要的认识论问题。

许茨认为社会世界与自然世界存在着结构性的差异，因而社会科学和自然科学也不可避免地存在着根本差异。毕竟自然科学的对象不像社会科学的对象已经在常识的构想中被预先选择和解释过，[①] 这种选择和解释直接决定了日常个体参与建构社会实在的行动，因此认知能力世界固有的就是一个意义的世界，它是作为一个意义的世界或者说文化的世界而被建构起来的。相比之下，自然科学的对象本身是没有意义的，自然的事件就其自身而言并不意味着什么，因此自然科学家也无须考虑认知能力中的人们对自然事件的选择和解释，后者只会使得自然事件转化为社会科学的对象。[②] 尽管存在着这样的差异，但"某些与正确的思维组织有关的程序规则是所有各种经验科学所共有的"（许茨，2011a：7），例如有节制的推理原则，通过经验观察来客观证实的原则，有关理论的统一性、简单性、普遍性和精确性的原则，以及科学知识必须符合

[①]　许茨显然忽视了自然科学家赋予其对象的意义对于自然科学的研究所具有的重要地位，这主要是因为许茨缺乏一个科学的生活世界的概念，事实上各种不同于对科学同样重要的非科学信念的科学的信念为科学的研究奠定了重要的基础，这些信念包括那些被视为理所当然的公设，如有关物质世界的客观存在的公设、在自然中存在着规律性或一致性的公设、有关同一性的公设等。正因为自然科学的对象被这些科学的日常信念赋予了意义，它们才可能被科学地加以说明，科学的说明正是以这些科学的先入之见为前提才得以可能。

[②]　许茨所忽视的是，本身的确没有意义的自然事件只有当它们被赋予了某些意义之后才可能成为科学的对象。许茨只看到非科学的认知能力世界中的人们对自然事件的选择和解释，却没有看到科学世界中的科学家对自然事件的同样是不言而喻的选择和解释，后者意味着一个许茨所没有认识到的科学的认知能力世界的存在。

形式逻辑的原则，等等（许茨，2011a：45，51，53—54）。① 我们在此可以充分地看出，许茨一方面从韦伯的解释社会学立场出发批判实证主义和实在论无视意义和主观性问题（这种无视的结果就是用某种虚构的、并不存在的、由科学观察者建构出来的世界来取代社会实在的世界。许茨，2011b：9，22），另一方面却也和它们分享了某些共同的原则，其中不可避免地透露出对理论的客观有效性和理论与对象之间的再现性关系的期待。事实上，许茨显然继承了韦伯的价值中立学说（Schutz，1967：5）和胡塞尔现象学认识论的客观主义立场（它们是许茨所处的那个科学的生活世界的重要构成）。我们在前文所提到的许茨有关社会科学家必须将他的自然态度置入括号的科学的悬置显然也是这样一种客观主义的表现，尽管这不同于胡塞尔的现象学还原意义上的悬置（许茨，2011a：266）。必须指出的是，许茨显然过高估计了科学悬置的彻底性，忽视了各种非科学的利益、道德和政治等因素对于科学研究的干扰所具有的社会学的重要意义，它们在科学研究中的或多或少的社会历史性的存在暗示了许茨所谓的科学悬置并不像他所想象的那样易于彻底。许茨写道："以无偏见的目光来看待社会事实的世界，以一种可靠的和逻辑的方式将这些事实用概念来加以分类，并使如此获得的材料从属于精确的分析——这必须是每一种配得上科学之名的社会研究的指导性宗旨"（Schutz，1967：4）。这样的论调似乎使得我们在此对许茨的讨论显得有些多余，毕竟他的一些基本的认识论立场与我们所关心的建构主义有着很大的距离，不过我们将看到，尽管存在着这样的距离，许茨的认识论思想中依然包含着一些建构主义特征以及迈向建构主义的可能性。

正是基于对社会科学知识的客观有效性的要求，许茨主张社会科学的知识所传达的总是一种客观的意义情境，它或者来自于一般意义上的主观的意义情境，或者来自于某种特殊的主观意义情境（Schutz，1967：223）。这便有意识地将主观的意义和客观的意义联系在了一起。

---

① 这些原则不过都是一些被自然科学家们视为理所当然的信念，它们构成了自然科学研究的不言而喻的先入之见。而许茨对这些原则所采取的态度显然是一种科学生活世界中的自然态度，也正是因此许茨才没有能够去反思这些原则本身的存在状态，更不可能意识到他自己的想法正是来自于他不言而喻地生活在一个科学的生活世界中这一事实。

然而正如我们已经指出的，许茨明确拒绝社会科学将个人的具体活动作为研究的对象，因为这些活动中的主观性是无法用客观的方法来加以把握的。因此社会科学所面对的自然也就不是那个原初意义上的主观意义情境，它不过是人格理念类型的类型化的主观过程（Schutz, 1967：224），这一由人格的理念类型所建构的主观意义情境是认知能力个体在朴素的自然态度中所建构的常识性的构想，其所包含的动机是类型化的，它并不涉及行动者对其行动的主观经验，相反它是日常的解释者依据自身的兴趣和问题以类型化的方式构想他人行动的主观意义的结果，这是一种派生的主观性，其实质不过是将认知能力的客观意义客观意义情境转化为主观术语并使之人格化的产物（Schutz, 1967：188，190）。由此可见，社会科学的对象仅仅是间接经验的社会实在，这种实在只能以他们关系（They-relationship）因此也就是以类型化的方式来理解（Schutz, 1967：227）。这里的他们关系显然区别于面对面的我们关系，这种关系所包含的对于他人的知识并非来自于个人对其伙伴的独特经验，而是来自于常识所理解的人们的共性（客观的意义情境），这种对独特性的排除意味着类型化的特征。例如我与我的同时代人之间的关系就是这样一种他们关系，这种关系正因为它所具有的不同程度的匿名性而显示出不同程度的类型化特征，这种匿名性的程度越高，我就越是倾向于以类型化的方式来建构他人的存在，因而也就越是求助于客观的意义情境。事实上，无论是关于我的同时代人还是关于我的前人，以理念类型来理解他人行动的方式都广泛地被采用，甚至在面对面的直接经验中，理念类型也同样会发挥作用（Schutz, 1967：185）。只不过类型化的他们关系更为典型地适用于我的同时代人或前人的情况，因此社会科学并非起源于面对面的我们经验，而是有关单纯的同时代人或前人的明确的知识（Schutz, 1967：223），许茨甚至认为同时代人的世界是社会科学的唯一的对象（Schutz, 1967：14—15）。因此正是类型化的常识构想为社会科学的研究提供了有关主观意义情境的一个派生的对象，它既确保了科学研究所要求的对象的稳定性，又是日常行动者对社会世界中的主观意义的客观建构，从而在无法客观地研究直接经验的社会实在的情况下，最大限度地考虑了社会科学研究对生活世界的意义的参照。对许茨而言，正是基于这样一种常识的构造，社会科学家构造出自己的概念，这是关于构想的构想，由此社会科学得以构造出关于主观意义结构的客观概念，以及一种可以得到客观证明的理论（许茨，2011a：65）。当然这样一种基于常识经验的构想所建构的第二级的构想与作为第一级构想的日常理解一样都是客观的理念类型的构想，所不同的是，科学的构想是更高层次的客观构想，它是基于对所有的经验科学都有效的原则所建立起来的可以在经验上加以检验的理论，它不仅要和社会世界的经验相容，①而且要和已经确立的整个科学经验或者说科学的结论兼容（Schutz，1967：223，224）。因此科学的构造或者说科学的知识是与认知能力的构造在结构上完全不同的，它很大程度地摆脱了对研究者的生平情境的依赖，它悬置了第一级构想中发挥作用的自然态度的主体性（主我），从而不像常识构想那样依赖于认知能力世界所提供的知识储备及其所预设的各种视角的互易性，"在科学的思想领域中'活动'的并不是完整无缺的自我，而仅仅是部分自我、仅仅是某种角色的扮演者、仅仅是一种客我——也就是说，仅仅是理论家"（许茨，2011a：265）。

正是这样一个理论家必须以在一个科学情境之中的存在来取代其社会世界的生平情境，这个由同伴科学家确立为知识的东西所组成的科学的情境或者说科学的总体为他提供了理所当然的科学存在的基础，正是在这个情境中社会科学家才得以为其科学研究选择问题并作出决定（Schutz，1967：222；许茨，2011a：40，41）。许茨原本可以从这个科学情境的思路中发展出一种科学生活世界的理论，在这个世界中存在着各种被科学研究者视为理所当然的科学信念或者说科学的意义，然而许茨显然热衷于指出这一科学情境和认知能力世界的差异，从而没有能够抓住建构一种科学的认知能力世界的理论机遇，究其原因主要还是因为他痴迷于客观主义的科学逻辑，似乎只有那个作为主观意义建构的认知能力世界才能够为科学的世界奠基（这种奠基当然只是就科学中的工作

---

① 也就是在某种意义上与研究的对象相一致或相符合。在许茨看来这就意味着社会科学的解释必须基于对生活世界之中的主观意义的理解，科学模型所探讨的事实必须被视为与某种主观意义联系在一起的；科学的构想必须与常识的经验构想相一致，也就是说科学的模型所考虑的那些类型化的行动必须是被行动者本人及其伙伴都可以理解的；当然这一切同时还不可避免地要合乎形式逻辑，从而确保其客观有效性（许茨，2011a：45，46）。

活动而言的，它们并不涉及纯粹的理论思考），而科学的世界是不可能拥有它自己的生活世界的（科学的生活世界的思路将为科学知识的建构主义解释打开一个重要的门径，毕竟它在根本上挑战了客观主义的认识论立场，揭示了科学研究者在其纯粹理论活动中也不可避免地拥有社会历史性的先入之见，这当然并不仅仅局限于许茨所谈及的对科学的问题视角的选择）。在许茨看来，社会科学的理论家只能采用合乎形式逻辑和解释方案的理性方法来研究那些处于各种合理性范畴框架之中的行动，并建构起有关社会行动者的理性的模型（Schutz，1967：240；许茨，2011a：46；2011b：96）。当然作为研究对象的理性行动并不是严格意义上的（许茨认为由于对行动信息加以精确掌握的困难，这种严格意义上的理性行动在认知能力中是行不通的），而是常识水平上的部分理性的行动，它们具有不同程度的合理性（许茨，2011a：35）。而这些并没有被自然态度的个体从理性的角度加以理解的常识水平上的理性行动，以其不同程度的类型化特征为科学的研究提供了可以被合理解释的对象（类型化的确定的活动）。① 而以之为对象的科学的理性模型则通过科学的简化工作最大限度地实现了对行动的理性化，因为那些纯粹的理性活动只有在简单化的社会世界的科学模型中才是可能的（许茨，2011a：45），当然这并不是说社会科学不能构造关于非理性行为的理性模型，因此许茨要求区分关于人类行动模型的理性构想和关于理性的人类行动模型的构想（许茨，2011a：46）。但无论是何种情况都不可避免地是科学家所建构的思想傀儡，因为科学的行动者模型中并不存在活生生的主体，它只包含由科学家所创造的傀儡，它们的意识、处境、知识储备、社会关系等都只不过是科学研究者基于自身研究的问题所进行的选择和决定的结果，因此，科学的理性模型仅仅涉及社会科学家所研究的问题，是有关社会世界中与科学问题相关部分的模型。之所以如此就在于社会科学的模型不考虑具体社会情境中的独特性，作为一种理念类型的建构，它是高度形式化和理想性的，这当然是在韦伯的理念类型意义上来理解的。不过在许茨看来科学的模型并不因为其傀儡的特征而

---

① 然而这种行动的标准化程度越高，它们就越是被视为理所当然的，也就越少可能被理性地加以分析和理解，从而悖论式地增加了行动本身的非理性程度（许茨，2011a：35—36）。

成为一种任意的建构，也不因此而降低了其客观的有效性，相反，"正是这种形式化和一般化赋予理念类型以普遍的有效性。这样的理念类型并不指向任何个体或时空性的个体集合。它们是关于任何人的行动的陈述，是关于被视为发生在完全的匿名性和没有任何的时间或空间的具体性之中的行动或行为的陈述"（Schutz，1967：244）。用韦伯的术语来说，这种陈述就必须既是因果充分（causal adequacy）的也是意义充分（meaning-adequacy）的（Schutz，1967：224，229）。之所以是因果充分的就在于，属于理念类型的行动必须依据经验的规则可以或然性地重复发生，换句话说，类型的建构可以或然性的方式来预见什么将实际地重复发生（Schutz，1967：232，233）。因此与韦伯一致的是，社会科学的因果充分性不是严格意义上的因果必然性（Schutz，1967：231），它是行动的或然的可重复性。基于理念类型的解释只能是一种或然性的解释（Schutz，1967：193），行动并不像实证主义者所想象的那样遵循决定论的因果逻辑。许茨进一步指出，因果充分性以意义充分性的原则为基础，"因为这种因果充分性意味着一种人类行动的类型建构与我们过去经验的总体情境相一致"（Schutz，1967：233）。这显然反映了许茨的基本立场，即社会科学的因果解释必须以理解对象所具有的主观意义为基础，尽管这种主观意义仅仅是一种类型化的常识建构。

与韦伯对理念类型的理解相一致，许茨所谓的科学的类型构造不过是科学研究的手段，其目的实则是为了了解真实的世界（许茨，2011b：97）。只是因为真实的世界中充满了无法用科学的方法加以处理的不确定性和境遇性（它们直接威胁到了科学知识的客观性和普遍有效性），科学才需要通过理性的方法来建构关于那些可以被纳入合理性范畴之中的行动的理念类型，从而以间接的方式来研究真实的世界。这充分地表明，社会科学的理论模型仅仅是一种理性的建构，它隐含着由科学的情境所提供的历史性的兴趣和视角，正是这种研究的视角决定了一切，不同的视角会导致为理解同样的事实而建构不同的理念类型（Schutz，1967：211—212），这与韦伯的立场显然是一致的，因此它充其量只是表明了不同的科学问题所引发的视角差异，而并没有影响研究本身所坚持的客观和公正的立场。因此理念类型无论从何种角度来说都不是有关事实本身的绝对的真理，它是基于特定知识情境所建构起来的反映了特定视角的理论工具。

二 理解与对再现性认识的批判

我们之所以讨论许茨的认识论思想还有一个重要的原因，那就是它与我们即将论及的加芬克尔的认识论立场之间形成了鲜明的对照，尽管他们都强调对常识意义的理解对于社会学的研究具有不可或缺的重要性。

尽管我们已经在本书的第一部分指出了加芬克尔的常人方法学并非没有任何理论立场的认知能力本身，但是常人方法学的确是最缺少理论形式的理论，也是最试图避免理论化的理论。正如罗尔斯所指出的："对常人方法学的研究者而言，理论是一个巨大的危险，这就是为什么常人方法学家如此地不愿意去理论化他们自己的事业以及这个事业和作为一个整体的学科之间的关系的一个原因。理论会导致他们试图去说明的建构社会秩序的过程变得不可见。其观念是研究者不应当以一种理论为开端。他拥有观念或理论，但尽力不在它们的基础上行进"（Rawls, 2002：29—30）。也正是因此，我们不可能期待加芬克尔为我们提供一个系统性的认识论理论，但这并不意味着他没有一种认识论的立场，我们可以将这个立场简单地说成是以理解来反对再现性的认识，而这一点已经在我们有关加芬克尔的本体论思想的研究中被揭示了出来，在此我们只是更加清晰地将其中的主要方面集中勾勒出来。

我们只能从加芬克尔著述的只言片语中领会其对于社会学认识论的态度，这可以从正反两个方面来加以说明。首先，从反面的角度而言，加芬克尔对实证主义的形式分析的批判为我们提供了重要的线索，它表明加芬克尔坚决反对像形式分析那样以符号再现的方式来认识社会秩序，因为这种认识的结果只能是以许茨所说的那种虚构的、并不存在的、由科学观察者建构出来的世界来取代社会实在的世界。加芬克尔认为形式分析的研究以其方法建构起对象的一个结构模型，这个一致的、统一的结构实质上是形式分析的成就的具体化，形式分析的公式化描述是形式分析的抽象概念的具体化，这种具体化冒着丢失现象的风险，它将一个名称（概念）放在现象的位置上，并操作着名称，其风险是形式分析的描述无法被人类行为学化，无法被作为指导来阅读，形式分析者专注于具体化，从而没有将他们所描述的现象生产出来（Garfinkel，2002：164）。与此同时，从正面的角度来说，加芬克尔主张常人方法学的方法就是那些以共同协作的实践活动建构社会秩序现象的社会成员所使用的实践方法（Garfinkel，2002：72，175—176，176），其结果就是常人方法学的研究成果与彻底的秩序现象是同一的（Garfinkel，2002：170），常人方法学的研究本身就是对社会秩序建构过程的展现。这一立场极大地突出了理解对象的重要性，以至于研究者要使自己成为建构社会秩序的那些地方性的土著成员本身，而他们的研究活动就是去展现这一建构的过程。

由此可见，常人方法学无非是从人种论那里借用了田野研究的技术（Coulon，1995：45），以期深入地理解和实践其所研究的对象，从而避免形式分析所陷入的那种再现性的客观主义幻觉。就此而言，加芬克尔也与同样强调理解的许茨拉开了距离，毕竟加芬克尔并不回避认知能力的具体活动，没有像许茨那样试图将科学的客观构造建立在日常构造的基础之上，并寻找两者之间的一致性。其根本原因就在于许茨并没有拒绝形式分析的再现性逻辑，没有拒绝追求价值中立的客观主义的认识论立场，在这些方面他的现象学社会学与实证主义和实在论没有根本的分歧。它们之间的实际分歧主要在于如何看待对象的性质以及如何获取有关对象的经验资料，许茨试图将对意义的理解与科学的客观性整合在一起，从而以此来弥补实证主义社会学由于忽视意义和理解的问题所存在的巨大缺陷。而加芬克尔的常人方法学则更多地满足于对意义的理解和富有意义的日常实践本身，它并非没有理论的观点，但它却试图让这些观点隐没在其田野研究的实践之中，使之仅仅作为一些启发性的观念，而不是作为研究所依赖或追求的理论体系。换句话说，许茨希望社会学的研究者既是能够理解的局内人也是客观认识的局外人，而加芬克尔眼中的社会学家则更满足于成为一个投入社会建构的局内人，因为在加芬克尔看来，局外人的身份很可能导致现象的丢失，从而无法真正地理解社会现象本身。

正是基于这样的分歧，常人方法学的极其朴素的认识论立场使之的确没有能够为我们提供太多的理论分析，它的研究是描述性的而非说明性的（贝尔特，2002：111），这对于社会学家的雄心壮志而言显然是无法接受的，当然你也可以说这种雄心壮志根本就不是加芬克尔的志向所在，因此这与其说是对加芬克尔的批评还不如说是陈述了常人方法学的自我认同的特征。总之加芬克尔的常人方法学放弃了进行客观的因果说明的企图，它以强调主观融入的理解来向世人展现作为客观现实的认知能力世界的实在是如何被社会成员的共同活动所不断地建构起来的，就此而言，常人方法学所追求的就是无偏见地实践生活的真实，这也许可以被视为一种常人方法学的客观性。然而正如我们的研究所表明的，无论是其本体论所倾向的主体视角，还是其认识论对主观理解的固守，抑或是其有关社会秩序的保守立场都不可避免地显示了其理论的倾向和偏见。

第五章　批判客观主义和绝对主义

第一节　人文科学

　　我们可以将福柯对人文科学的认识论问题的讨论视为对社会学的认识论问题的研究，因为福柯显然将社会学理解为一种人文科学。① 而人文科学的产生则被福柯赋予了一种认识论断裂的内涵，它意味着西方世界的思想史就其认识论的立场而言并不存在一个连续渐进的线性过程。福柯的这一观点显然是受到以巴什拉等人为代表的法国科学哲学的影响。这一观点充分表明了任何特定的认识论立场都不可避免地有其时空的限制，因此作为一种特定的社会历史建构而生成。它并非某个线性的单一历史过程的连续演化的产物，因此不存在认识论的总体性战略，相反思想史的不连续性打破了长时段的渐进系列，从而导致了不同系列的个体化（Foucault，1972：8）。这一思路直接导致了福柯对西方文化的古典认识论领域和现代认识论领域的划分，对福柯而言人们不可能从前者推论出后者，在两者之间存在着认识论的不连续性或者说断裂（Foucault，1970：xxii）。这一断裂被福柯视为对西方文化的认识论领域而言具有重大的意义，但是福柯并没有说明这一变革的原因，他仅仅满足于对变革本身进行描述，并将其视为必要的前提步骤（Foucault，1970：xiii）。

　　在福柯看来各种人文科学正是这样一种认识论断裂的产物，它们的

---

① 但这并非有关福柯自身研究的认识论维度的讨论，我们将在稍后研究这一问题。

出现与现代认识论领域的出现密切相关。然而作为现代性之产物的人文科学却处境尴尬，这主要是由于在现代认识论领域的三面体中，人文科学并没有占据一个稳定的地位，相反构成这三个维度的演绎科学（数学和物理科学）、经验科学（语言学、生物学、经济学）和哲学的反思既排除又包含人文科学（Foucault，1970：347）。之所以排除就在于在这三个维度中并没有人文科学的位置，而之所以包含就在于，正是在这三个知识维度所界定的容积中人文科学得以安身立命（Foucault，1970：347）。因此我们看到，尽管人文科学并非福柯所谓的演绎科学、经验科学和哲学反思，但是人文科学却尝试使用数学的形式化，人文科学向生物学、经济学和语言学借用模型或概念，它同时还关注哲学试图在彻底有限性的层面加以思考的人的存在方式，只不过人文科学试图研究这一存在方式的经验表现。然而这一切并没有能够赋予人文科学以其所期待的科学地位。毕竟数学化对于人文科学所特有的实证性而言并不是构成性的，人文科学并不能够将自己建设为一种数学化的形式科学，相反它们自身的建构以及它们对于人的建构都与一种去数学化联系在一起（Foucault，1970：349）。而它们借用经验科学的模型或概念的做法也不能将它们转变成真正意义上的经验科学，因为生物学、经济学和语言学这三门经验科学的研究对象是人的一般本质，而人文科学虽然向它们借用了模型和概念（如来自于生物学的功能与规范的模型或范畴；来自于经济学的冲突与规则的模型或范畴；来自于语文学［philological］和语言学的意义与系统的模型或范畴），并且其研究也涉及生命、劳动和语言，但是人文科学所研究的是人的存在方式的经验表现，是围绕生命、劳动和语言所形成的表象，是在已经做出的行为、态度和姿态中以及在已经说出和写下的句子中研究生命、劳动和语言，所以人文科学并没有研究人的本性，而是在研究人的社会历史的特殊性。因此当人文科学煞费苦心地复制经验科学的时候，它实际不可能建立起一种真正意义上的形式化的话语，相反它们在有限性、相对性和透视的领域中将人作为对象，研究在时间中变化的人（Foucault，1970：352—355）。人文科学显然没有能够像哲学那样以彻底有限性的方式来思考它们所关注的人的存在方式，它们并没有意识到它们的对象仅仅是社会历史性的经验表象，它们正是在这个表象的领域中才得以形成，这个表象的领域构成了人文科学知识的一般基础，它无法越出表象的领域（Foucault，1970：363，364）。

福柯认为大写的历史（History）是所有在经验中被给予我们的东西的存在方式（Foucault，1970：219），它为人文科学提供了形式、对象和方法（Foucault，1970：370—371），以至于人文科学所分析的内容完全不能逃脱大写历史的运动，这意味着人文科学所研究的内容无法获得一种稳定性，它们的领域存在于变换的大写历史之中，这些在时间中变换的就是表象。大写的历史为人文科学的知识的有效性规定了文化的地域，并由此摧毁了人文科学对知识的普遍有效性的要求（Foucault，1970：371）。因此人文科学的实存、存在方式、方法和概念都扎根于文化的事件（Foucault，1970：371），它们只能具有一种相对主义的身份，它们的确定性充其量只是相对于特定文化事件或特定文化时空的确定性，只是特定社会历史时空中的表象的确定性，因此人也不可能出现在它们所建构的有关人的普遍的实证性之中，因为这个有关人的普遍的实证性不过是一种基于有限性和过程性的无限性和绝对性的幻觉。人文科学的知识不能逃脱时间的法则，不能豁免于时间的变换，"通过揭示时间的规律作为人文科学的外部边界，大写的历史表明一切已经被思考过的东西将被一个尚不存在的思想重新思考"（Foucault，1970：372）。因此人文科学不可能提供经受得住时间考验的绝对客观的永恒真理，不仅它们的对象本身并不像它们所设想的那样能够支持一种普遍规律性的话语建构，而且它们自身也不能够摆脱历史的束缚，历史的变换意味着不同的视角将出现在原先被思考过的地方，从而以不同的方法和概念来重建那个已经被建立起来的对象。

因此人文科学无论是从对象还是从自身的概念和方法的角度都无法满足其实证主义和实在论对客观主义和绝对主义的要求，它们所思考的是人的有限性即人之存在的过程性事件，而它们本身的思考正是这一有限性的产物，是这一有限性本身的一个过程性事件。由此可见，人文科学并非像其自我宣称的那样是一种和经验科学一样的科学（Foucault，1970：365，366），但这并非由于它们自身的什么缺陷（如尚不成熟）或某种外部的障碍所导致，而是由于人文科学在现代认识论领域中被建构这一事件本身就决定了它们不可能是科学，它们本身就不是作为科学而被建构起来的，它们与科学在同样的考古学地基上肩并肩地存在，或在这些科学（生物学、经济学、语言学）之下存在，但它们所建构的知识形态不是科学的形态（Foucault，1970：366）。因此讨论人文科学是不是科学，或如何能够成为科学，以及指责人文科学是伪科学，这些都是没有意义的，人文科学原本就不是作为科学被建构起来的，它们所研究的对象作为西方文化的建构本身就不是科学的对象（Foucault，1970：366—367）。不过即便如此，人文科学也不是意识形态（Foucault，1970：365），其原因就在于，福柯认为意识形态概念总是与某种被认为是真理的东西相对立；它必然涉及一个主体的秩序；它相对于作为其物质的、经济的决定因素的基础而言是派生的（Foucault，1980：118）。换句话说，意识形态概念产生并依附于笛卡尔主义的意识哲学和理智主义传统，它以虚假意识所暗示的是尚未被主体所察觉的绝对的真实，而理性的责任就在于去除那个遮蔽了主体意识的屏障，从而达到那个被隐蔽了的真理。但这与福柯对人文科学的理解大相径庭，人文科学并不具有那种被掩盖了的绝对真实，也不存在那种可以揭示此种真实的绝对理性，笛卡尔主义的意识哲学和理智主义正是福柯及其后结构主义的同僚们所极力批判的对象。与此同时在福柯的眼中人文科学也不是人类主体的建构，而是现代认识论领域建立了人文科学，并使后者能够把人构成为它们自己的对象。福柯的本体论立场使之不可能接受一个具有实质地位的主体的存在，而那正是意识形态概念所暗示的一个重要方面。此外，意识形态概念被马克思所赋予的上层建筑的含义也与福柯的立场不相一致，福柯反对像马克思那样把基础的地位赋予物质生产因素，在他的眼中人文科学的知识只能是一种权力关系的建构，而这一权力关系也同样需要凭借人文科学的知识来维系自身的存在并发挥作用。正如我们曾经指出的，对福柯而言任何知识都不能外在于权力，而谱系学时期的权力分析之改造乃至扬弃考古学时期的认识论领域和话语分析的提法体现了福柯自身思想的发展过程。这意味着对谱系学时期的福柯而言，人文科学认识活动的视角特征是通过特定的权力战略的支配地位所展现的，正是历史—先验的权力决定了知识的历史—先验性，使得人文科学的认识不可能不是一种具有其历史局限性的知识，尽管相对于人类主体而言它又是先验的前提。

然而我们到此所谈论的仅仅是福柯有关人文科学的认识论问题的研究，我们尚未涉及福柯自身的社会学研究（如果可以这么说的话，因为福柯很可能反对这样称呼他的研究，也许福柯更乐于将他自己的研究称为哲学的反思，① 并以此将他自己的研究与他所批判的人文科学区分开来，事实上福柯眼中的社会学正是当代社会学理论所批判的那种实证主义和实在论的社会学）。事实上，福柯自身的认识论立场具有某种复杂性，一方面，福柯拒绝像那些主流现代性作者所做的那样给出任何理论体系。他反对构造掌控一切的总体性的系统理论，而是主张理论应当去分析权力机制的具体性，以确定其联系和外延，从而一点一点地去建造一种战略性的知识（Foucault, 1980：145）。这种知识当然是用于揭露暴力和批判现实的工具，"理论作为一个工具箱的观念意味着：①被建构的理论不是一个系统而是一个工具，是权力关系以及围绕它们的那些斗争的具体性的一种逻辑；②这样的研究只能在对既定情境的反思（它在其某些方面必然是历史性的）的基础之上一步一步地被实现"（Foucault, 1980：145）。然而福柯对这些观点并没有给出十足的确信，他丝毫也没有掩饰他自己在这些问题上的不确定性，他甚至写道："我在此所说的并不是'我所思考的'，而是常常毋宁说是我怀疑是否人们无法思考的东西"（Foucault, 1980：145）。但尽管如此，它们还是向我们透露了福柯对待其自身理论的某种倾向，即他并不试图去建立那种基于反映论真理观的宏大理论，不试图为革命提供包打天下的理论体系（Foucault, 1972：146），他承认理论的历史局限性，主张理论所隐含的战略性的或者说价值的立场（福柯从来也没有阐明这种战略性究竟是什么，这恐怕也是引发福柯以上困惑的一个主要原因。事实上描绘这种战略性的方案显然是福柯在一定程度上试图与之拉开距离的现代解放政治的话语所热衷的），强调理论思考的对象有其社会历史的独特性，并主张理论本身是一个过程的产物。这些观点都向我们透露了福柯在面对自身理论时的审慎态度，这一态度的实质是一种建构主义的认识论立场，正是这一立场使福柯努力回避包罗万象的体系及其有关解放的许诺（但

---

① 福柯认为现代认识论领域的哲学维度与数学学科（包括语言学、生物学和经济学中可以数学化的方面）共同界定了一个平面：思想之形式化的平面（Foucault, 1970：347）。

矛盾的是福柯显然又不愿意彻底放弃对解放战略的憧憬，这导致其思想中的一个难以消除的张力）。可以肯定的是，尽管福柯并没有将他自己的理论等同于人文科学的知识，但是他并不否认其自身的理论依然是一种权力的社会历史建构，从而不可避免地具有其历史的局限性。但是在福柯将权力—知识的战略一劳永逸地相对化的同时，他的这一做法却暗示了其认识论立场的另一面，即力求在变换的历史事件中寻找普遍的形式（如权力和知识的本体论关系在形式上的不变性，等等），这也就是我们在导论中所指出的福柯思想中的形式化的本质主义残余，尽管这一形式化是如此的空洞和隐蔽，以至于常常被人们所忽视。事实上，当福柯将哲学的反思与演绎科学、经验科学一同视为现代认识论领域的三个维度，并赋予它们不同于人文科学的优越地位的时候，就已经暗示了福柯对于自身所从事的哲学反思具有某种普遍主义的要求。就像演绎科学所寻找的是普遍的形式，而经验科学所研究的则是人的一般本质一样，哲学反思试图在人的社会历史存在的变换中发现那些普遍的形式，这当然不是人文科学在具体的社会历史现象中煞费苦心地试图寻找的共时性法则，哲学并不否认这些现象的有限性特征。然而我们所揭示的福柯认识论立场的复杂性已经清楚地表明了福柯并不认为他自身的认识论立场能够豁免于建构主义的解释，这意味着这种普遍的形式也应当是一种话语的建构，尽管福柯似乎并没有给出清晰的回应。①

福柯并不否认在自己的思想中存在着某种怀疑主义的倾向，他将其归功于法国科学史专家们的贡献，他写道："我采用了方法论的谨慎和激进但不过分的怀疑主义，它的原则是不要把我们现在所处的时间点视为一种目的论进步的结果，这种目的论的进步将成为某人历史性地加以重建的对象：那种怀疑论考虑我们自身和我们之所是，考虑我们的此时

---

① 事实上，形式化本身就是一种建构主义特征，毕竟在任何对象中都不存在内容和形式的天然划分，它们不过是研究者的分析策略而已，因此人为抽象出的普遍形式并不能够获得一种实在论的地位，它依然是一种社会历史的认知建构（这种建构在常识的话语中也十分常见，日常语言中充斥着各种分析性的词汇）。如果这是有关形式化的建构主义的强论证的话，那么如下则是一个相对较弱的论证，即有关普遍形式的论断不可避免地也是一种经验归纳的产物，因此它的普遍性不应当具有绝对主义的特征，即使人们尚不能够针对某种概括给出相反的例证，也并不意味着它不应当向未来的检验敞开，这恐怕是一切经验知识所不可避免地要面对的一种理性的怀疑。

此地，阻止人们设想我们所拥有的要优于（或多于）过去的人们所拥有的。这并不意味着不试图去重建生成的进步，而是我们在这么做的时候不要把一种实证性或一种估价强加于它们"（Foucault，1980：49—50）。这一怀疑主义的倾向意味着福柯赞同以一种建构主义的姿态来反对任何有关绝对的话语，历史的过程不等于绝对的进步，它并不固有地包含着某种目的论的本质，进步不可避免地从属于历史性的重建，它不过是一种估价的产物，将这种估价强加于历史，仿佛它所诠释的进步是一种绝对客观的事实，这不过是客观主义和绝对主义的幻觉。

第二节　迈向虚无

在谈到像物理学这样的自然科学的时候，布希亚宣称："真相是，科学就像任何其他的话语一样，是在一种约定俗成的逻辑的基础之上被组织起来的，但是就像任何其他的意识形态话语一样，需要一个处于物质过程之中的现实的、'客观的'参照，以便证明它自己"（Baudrillard，1993：61）。科学不再享有任何认识论的特权，它不过是各种意识形态话语中的一种，它与其他的意识形态话语一样需要一个客观的基础，然而这个基础的可靠性只不过是一种约定俗成的建构，就像同一性的逻辑不过一个约定的假设，尽管科学家相信它代表了客观的实在，然而其实质只不过是人们共同相信（或者说约定了）它的客观真实性而已。于是科学的基础不过是一些约定的惯例，科学的真实正是建立在这些被视为客观的惯例的基础之上的，它们除了被如此相信之外并没有其他的可靠性来源。这样科学的活动就陷入了一种恶性循环，因为相信前提是客观真实的，那么结论也就是客观真实的，而这恰恰是形而上学的逻辑（Baudrillard，1993：61）。于是布希亚写道："科学说明那些事先被界定和形式化了的东西，这些东西随后也符合这些说明，这就是'客观性'所意味的一切"（Baudrillard，1993：61）。换句话说，自然科学所面对的对象并不像许茨所以为的那样是没有被选择和解释过的，相反科学的公设已经构成了对对象的解释，这是科学的先入之见，而这在根本上质疑了那种奉行绝对客观主义的认识论思想。应当说现代自然科学的发展和现代科学哲学的研究已经向我们充分展现了科学的研究并非无前提的绝对客观的活动，科学的知识一定程度地具有建构主义的色彩。而布希亚则将这一事实的逻辑推向了极致，以至于将科学和意识形态相提并论，从而使科学的证明彻底沦为一种自证预言式的循环论证，把科学的逻辑等同于形而上学的逻辑。科学"是一种秩序和一个编码，它并不比巫术或任何别的东西更多或更少是'唯物主义的'"（Baudrillard, 1993：242)，当然也并不更多或更少是唯心主义的。其原因就在于编码的统治彻底颠覆了在唯物主义和唯心主义之间的传统对立，作为编码秩序的科学就像生产一样从属于符号的建构，以至于不再有能够区分唯物与唯心、主观与客观的现实标准。

这样一种激进的立场显然与布希亚关于当代资本主义社会的超级现实秩序的理论密切相关，由于宣称在当代资本主义社会中参照的维度业已消失、对立面可以相互替换、客观的标准不复存在、现实已死、确定性已死，布希亚将对象征着主流现代性的核心价值观的客观主义认识论立场的颠覆推向了极致。不过这并不意味着在布希亚看来，他的认识论思想就此彻底倒向了主观主义，因为主观与客观的划分在编码统治的时代已经失去了它原本被赋予的意义，主观主义并不比客观主义更合理，反之亦然。那么我们是否应当认为布希亚就此超越了困扰着西方近现代思想的主客体二元论，或者说布希亚以其超级现实主义秩序的理论解决了二元论的问题，因为在这个秩序中二元双方变得可以相互替换。然而正如我们对布希亚本体论思想的研究所表明的，他并没有超越一种客体主义的本体论思路，事实上这一思路也直接导致了布希亚将其相对主义的认识论立场以一种客观相对性的方式表达出来，也就是说认识本身不过是一种客观的符号秩序的建构，认识的相对性是一种客观秩序的产物，因为这个秩序本身不能还原为一个主体的立场，因为这个秩序彻底颠覆了捍卫某种客观性认识的现实标准，就像它颠覆了任何传统意义上的主观标准一样。我们从中不难看出，在传统的二元论思维中与客观绝对性相对立的主观相对性被布希亚的客体主义立场彻底转换为一种客观相对性的论断，原本被冠之以主观主义之名的认识论上的相对主义只能以一种隐喻的方式存在于客观相对性的声音之中。应当说，布希亚并没有在认识论上解决主客观二元论的问题，就像他没有在本体论上解决二元论问题一样。他在否认认识论的客观主义的同时，将认识论的主观主义彻底隐喻化了，使之隐藏在一种编码统治的客观相对主义的话语中。

事实上，布希亚并不认为模拟物的第三种秩序阶段真正地克服了现代性的二元论，相反他认为二元论恰恰是当代资本主义社会的编码（Baudrillard，1993：86），二元双方的对立仅仅是一个符号的表象，这种二元的模拟所体现的不过是编码统治的稳定形式而已（Baudrillard，1993：73）。布希亚以资本主义社会的两党制为例说明了这一点，在他看来看似民主的两党制避免了一党制的不稳定，但其实质依然是一个阶级的统治，二元垄断不过是垄断的完善形态，在两党之间的模拟的对立背后是权力的绝对化（Baudrillard，1993：68，69）。事实上，布希亚对符号统治的批判已经包含了对二元论的批判，然而具有讽刺意味的是，他的批判理论本身又是极端二元论的，他不仅在本体论上是客体主义的，而且在认识论上存在着与主观主义的极其隐蔽的合谋，后者在很大程度上被他以夸张的手法所描绘的超级现实秩序的抹平一切对立的激进的相对主义形态所掩盖了。

这种激进的相对主义直接反映在布希亚对当代理论的判断上："所有的当代理论都在漂浮，并且除了作为符号彼此服务之外没有别的意义。坚持它们与某种'实在'的一致是没有意义的，无论那个实在是什么。系统就像它对任何其他的劳动力所做的那样，已经从理论那里除去了任何可靠的参照。理论不再有任何使用价值，理论的生产之镜也已经被摧毁。那就更好了。我的意思是理论的不可确定性是编码的一个效果"（Baudrillard，1993：44）。我们可以按照布希亚的逻辑补充如下的观点：在知识和无知之间可以相互替换，理论业已终结。如果真是这样的话，我们将不知道布希亚本人的理论应当被如何看待，以一种合乎逻辑的方式，这个理论似乎应当从属于编码的效果，但是有趣的是，这个理论却试图揭露编码的真相，并且还酝酿着对编码统治的颠覆，难道它是被系统所吸收的对立面？恐怕这并非布希亚所希望的。事实上，追求标新立异和语出惊人的布希亚从不吝惜极端的辞藻，他似乎从不担心这些极端的言论所包含的不严谨乃至自相矛盾。布希亚写道："今天任何事件实际上都没有结果，它对所有可能的阐释敞开，没有一个可以确定含义：每一个原因和每一个结果的同样的可能性——一种多样的和随意的归因"（Baudrillard，1988：193）。我们甚至可以说布希亚将福柯那种谨慎的怀疑论推向了某种过度，这不可避免地为他的理论带来了某些消极的影响，事实上，他总是将一些非常具有启发性和积极意义的观点引向极端甚至是自相矛盾。

布希亚在马克思、尼采、巴尔特、列斐伏尔和麦克卢汉等人的影响下敏锐地洞见了现代消费文化所具有的社会潜能，把握了文化符号在建构社会实在方面所发挥的巨大作用，意识到这一建构的社会历史性所具有的本体论价值，从而为我们提供了一种富有启发性的关于当代资本主义社会的社会理论。但是，他似乎并不擅长合理地驾驭这匹思想的烈马，以至于将文化与符号的相对性变成了文化主义的霸权，将对客观主义和绝对主义的批判变成了怀疑论的虚无。然而正因为理论抽象的逻辑被毫无节制地推向了极致，正因为二元论的幻觉已经堂而皇之地吸收了对二元论的批判，在此种抽象的方向上继续进行下去将难免东施效颦的窘境。布希亚是不可复制的，复制布希亚并不会带来第二个富有启发性的布希亚，相反只会制造出一个空洞的模拟物，一个可笑和多余的傀儡。极端的话语也许只能讲述一次，仅仅一次就已经耗尽了人们的好奇心。如果要避免这种尴尬，恐怕最好的方法就是重新面对事实本身，毕竟理论的意图原本并非制造远离事实的神话，只不过神话常常比真实看起来更像真实，从而使人误入歧途。正因为人们厌倦了在主观和客观之间的非此即彼或暧昧的选择，厌倦了二元抽象所带来的极度兴奋和随之而来的空虚和疲倦，于是寻找在主观与客观之间的道路便成为一种超越主客观二元论的理想，人们相信这一冒险也许更加接近事实本身。

第六章　在主观与客观之间

第一节　投入与超脱

一　自然科学与社会科学

埃利亚斯认为尽管社会科学的发展滞后于自然科学，但是这种作为两种文化而存在的社会划分却只是暂时的现象（Elias，1992：88）。这当然并不意味着埃利亚斯是一个主张无差别地对待自然科学和社会科学的自然主义者。然而它也的确向我们传达了埃利亚斯的思想受到启蒙理性传统的影响，他并没有像福柯那样贬低像社会学这样的学科的认识在实证性方面的潜能。例如，他主张西方世界乃至更广泛的人类世界在文明进程的结构和趋势上具有某种普遍的相似性（Elias，2000：380，381，389，397，433，437，438。尽管他并不否认不同社会的独特性）；他像所有受到启蒙的理智主义精神所鼓舞的作者一样坚信可以通过更加清晰的理解和认识，从而有朝一日达至对文明进程的更加有意识的控制，虽然目前这个过程看起来很像是我们无法掌控的自然事件，现代人在面对这个过程的时候就像中世纪的人们在面对自然力量的时候一样无可奈何（其中的潜台词无非是人类对社会现象的认识有朝一日将像现代自然科学对自然现象的认识一样有效。Elias，2000：xiv，367）。由此可见，埃利亚斯的社会学认识论认识论思想无疑带有某种复杂性，它无法被贴上某种简单的标签。

埃利亚斯认为社会科学和自然科学的一般目的都是探究被知觉到的资料是如何相互联系在一起的（Elias，1998：225），也就是说它们都热衷于寻找事物之间的联系（比如因果关系）。与此同时，既没有理由认为人的关系要比非人的关系更难理解，也没有理由认为人的理智在研究社会资料时不能达到研究自然资料时的适当水平（Elias，1998：225）。这一切都充分表明埃利亚斯并不认为社会科学就其作为一种科学而言在本质上或潜能上要逊色于自然科学。然而这是否意味着埃利亚斯以一种自然主义的态度主张社会科学不过是一些尚不成熟的自然科学，或者说它们只不过是自然科学中发展滞后的一部分，回答是否定的。埃利亚斯认为社会科学知识的发展并非必然遵循自然科学知识发展的方向（Elias，2009a：20）。这是因为这两种知识的对象之间存在着某些重要差异。例如，非生物的社会发展过程和生物进化过程以及自然物质发展过程是十分不同的（Elias，2009b：83）；再如，社会是高度组织的单位，相比之下物理学家所研究的单位的组织程度要低得多（也就是说与社会相比，物理学对象的系统性要低得多，它的组成部分的独立性相对较高。当然这只是在总体上相对而言的），不加选择地采用物理学的模型和方法来研究社会现象就难免会造成混乱（Elias，1998：238）。正是基于这样的判断，埃利亚斯断言，我们不能期待有关人的科学总有一天将成为生物科学（biological sciences）的一个分支，就像人们不应当期待生物科学有朝一日将变成物理科学（physical sciences）一样（Elias，1998：239，240）。因此，要想把社会科学转变成物理科学（或者说研究非生命的物质现象的自然科学）无异于天方夜谭。

然而，尽管埃利亚斯并没有无视对象之间的差异对社会科学和自然科学之间的差异所造成的影响——这种影响显然是无法通过任何技术手段来加以克服的，但是他显然更加关注于导致两种知识在发展上存在差异的另一方面，这一方面显然有着改进的余地。在他看来造成两种学科知识不均衡发展的社会学理由"并非像当今所经常假设的那样仅仅在'对象'的本质中被发现，而是毋宁说在情境中、在主体面对他们的'对象'时的态度和观点中、在主体面对他们自身作为他们探寻知识的对象时的态度和观点中被发现的"（Elias，2009a：20）。事实上，埃利亚斯正是主要循着这一思路来探讨社会科学家在实现超脱方面所遇到的困难，也就是主要关注于研究者与研究对象之间可能扭曲知识建构的关系。这一问题主要表现为社会科学家也是社会性的人，他们参与了他们所研究的那些社会形态（研究物质世界或生物有机体的自然科学家显然不存在这样的问题），这种参与对于社会科学家作为人的社会存在的重要意义使得他们更难抵挡他治性估价在其研究中的侵入（我们将看到这种参与对于社会科学家理解他的研究对象也同样重要）。这也就是为什么"甚至当对社会领域的探究逼近了科学阶段（直到我们自己的时代），客观定向相对于主观定向的至上性在社会科学中从来也没有达到像在自然科学中那样确信"（Elias，2009a：30）。埃利亚斯认为，自然科学家所要解决的问题和他们所采用的各种价值立场相对于其所属时代的个人与社会的问题具有高度的自主性，尽管自然科学家的工作并非价值无涉，但是与许多社会科学家的工作相比，它受到严格建立的职业标准和其他制度性的安全条款所保护，以抵抗他治性估价的入侵（Elias，1998：220）。相比之下，社会科学家的处境要艰难得多，社会科学研究与尖锐的社会和政治紧张之间的联系使之在绝大多数情况下无法像许多自然科学研究那样保持其研究的稳定的连续性，各种短期社会问题所造成的压力破坏了此种连续性，使得社会科学家追求更为广泛的理论框架的理想要么难以实现要么不值得期望（Elias，1998：226）。在社会科学的研究中，由时代的紧迫问题所引发的对超脱倾向的阻碍并未减弱，投入的力量依然强大，以至于社会科学家们的"作为科学家的任务和他们作为其他群体成员的位置要求之间常常是不一致的；并且当群体的紧张和激情的压力依然如其实际那么高时，后者（作为其他群体成员的位置要求——引者注）就倾向于占上风"（Elias，1998：228）。这也许就是为什么社会科学家总是难以摆脱各种日常观念和概念的困扰的主要原因所在。[①] 但另一方面，埃利亚斯清楚地认识到对社会和政治事务的参与对于社会科学家的研究又具有不可回避的重要性，因为如果没有这种参与和投入，社会科学家将无法理解他们的问题，生活于社会世界中是社会科学家有可能理解其所研究

---

① 埃利亚斯认为，当人们将自己时代的问题放入更大的社会历史框架中来理解，并由此寻求更具普遍有效性的理论框架的时候，人们便显示出了更高的超脱性；反之当人们以自己的时代的问题为标准，将人类社会的发展置于他们自己时代的紧迫问题中来加以看待的时候，他们就显示出更高的投入性。不难看出，社会科学家与其研究对象之间的特殊联系，使得社会科学家更有可能以自身所处时代的某些非科学标准来看待研究的对象，从而大大增加了歪曲对象的可能性。不过埃利亚斯似乎低估了科学自身的自治性的职业标准和制度性条款所具有的社会历史性，科学研究的共同体同样会生产出属于其自身的相对独立的紧迫性问题，这些短期问题对研究者所造成的压力有时丝毫也不逊色于那些非科学的社会问题的压力（例如那些得到多数人拥护的科学方法所造成的压力，当人们将这些方法视为衡量研究的科学性的唯一或主要标准的时候，它们将极大地压制对更为合理的方法的探究）。

的对象的重要条件之一。因此问题的关键就在于将参与者和探究者的角色清楚和一贯地分开，并使探究者的角色占支配地位（Elias，1998：229）。换句话说，社会科学家既要成为深谙底细的局内人也要保持一种独立自主的局外人的优势，前者是理解的条件，后者是超脱的要求。

　　然而埃利亚斯认为，人们常常把社会科学知识与自然科学知识发展不均衡的问题的关键仅仅归咎于对象的差异或社会科学研究方法本身的问题。前者由于其不可改变的实况而自不必说，但后者却造成了许多自然主义的错误，从而严重误导了社会科学的研究，以至于使得社会科学的研究者无法看清实际的困难所在。例如人们抱怨社会科学的方法不像自然科学的方法那么科学，从而盲目地照搬自然科学的方法，将自然科学的模型作为社会科学模型的典范来加以机械地模仿。埃利亚斯严厉地批评了这种自然主义的倾向，他认为社会科学家不去解决其研究的超脱方面所面临的真正困难，相反只是把自然科学的方法（这里主要是指以物理学为代表的物理科学的方法）运用在高度投入的研究之中，其结果只能是制造一些自我欺骗的高度超脱的表象，它使得那些不适于采用物理科学方法来处理的问题领域被忽视甚至被排斥（例如对意义的理解问题），从而导致了社会科学研究根据方法来选择问题的畸形状况，导致许多重要的问题被当成是不值得关注的东西而扔在一边（Elias，1998：231，232，244）。埃利亚斯反对像那些实证主义者那样盲目地推崇物理科学的方法，反对将物理科学的方法视为所有科学方法的原型，在他看来，"经验研究中所实际使用的方法不可避免地根据所要解决的问题的不同类型而在不同的学科之间发生巨大变化。它们的共同之处、将它们认同为科学方法的东西仅仅是，它们使得科学家能够检验是否他们的发现和断言在他们的共同目标的方向上构成了一种可靠的进步"（Elias，1998：232—233）。因此，鉴于社会科学的对象和问题的独特性，社会科学应当与之相应地具有不同于自然科学的某些独特方法，只要这种方法能够保证科学研究可以提供可验证的知识进步，那么它就是科学的方法。

　　因此，承认社会科学具有或者说可以具有自然科学的科学性，并不意味着将社会科学和自然科学画上等号。这一方面体现了埃利亚斯在启蒙的进步理性观的影响下对科学的认识抱有一种普遍乐观的精神，另一方面又显示了埃利亚斯对实证主义和实在论的自然主义倾向的批判和拒斥，他不仅在本体论上主张社会科学对象与自然科学对象之间的差异，而且承认社会科学与其对象之间的情境关系极大地干扰了社会科学研究的超脱（降低此种干扰并非没有可能）。埃利亚斯宣称知识发展的方向就是从主观中心性占优势迈向客观中心性占优势，这是一个一直持续到当代也还没有完成的历史的长时段（Elias，2009a：29，33）。当然这并不是一个绝对的过程，倒退的可能性也依然存在。而社会科学的特殊处境使之在这一迈向更高的客观性的进程中遇到了更大的困难，但即便如此，这一长时段所揭示的方向也显然要比福柯对人文科学的判断乐观得多。埃利亚斯认为，随着文明化的自我控制的不断增强以及认识活动与自我的主观性之间的距离的拉大，科学的认识显然迈向了一种更为超脱的境地（这种超脱包含了客观性的增长，但是超脱不等于绝对的客观），因此在自然科学中便出现了由更为超脱的日心说对更为投入的地心说的取代。虽然这一文明的进程并没有能够在对社会的认识中产生同样的推动力，但是当今的社会科学也正在逼近科学的阶段，虽然它的进步更加缓慢且步履维艰。

二　过程社会学视野中的知识

埃利亚斯认为，要想克服哲学上的绝对主义（对绝对真理的主张）和知识社会学所陷入的相对主义，[①] 人们应当从历史发展的长时段的角

---

① 埃利亚斯认为，以曼海姆和墨顿为代表的传统知识社会学受到马克思的经济基础和上层建筑的二元论的影响，但它却拒绝了马克思有关结构性的社会发展的模型（结构功能主义也持同样的拒绝立场），主张只有静止的社会条件才是结构性的，从而在基础和上层建筑的双重层面谈论无结构的变迁（Elias，2009a：13，13—14）。这样马克思的二元论就被改写为不变的社会结构决定无结构的知识的教条主义的相对主义，于是知识社会学家也就放弃了对知识的结构性发展的研究（Elias，2009a：14）。他们所开出的教条主义的相对主义的处方是，一种思想就是其作者的群体处境或者说群体结构的功能（Elias，2009a：14）。也就是说，他们不是从动态的社会发展的角度来看知识，而是将知识还原为特定社会结构的功能，这种二元论的相对主义不再将知识视为一种历史发展的产物，从而陷入一种静态的形而上学之中（例如曼海姆的关系主义的相对主义就是一个典型的案例。有趣的是，霍克海默在批判曼海姆的知识社会学时也指出，曼海姆的关系主义将真理还原至特定群体的社会存在的做法对社会变革采取了一种寂静主义的立场，这一立场既不能够辩证地看待意识和存在之间的关系，同时也因为其对变革的忽视而悄悄地回到了追求纯粹知识的形而上学上去了 [参阅杰伊，1996：77]。不过必须指出的是，曼海姆等人的知识社会学以特定知识对于特定社会群体的相对性而破除了绝对主义有关真理的无条件性的神话，就此而言他们是反绝对主义的。但是由于他们仅仅将知识视为特定社会结构或群体存在的功能，从而忽视了知识本身的历史生成的过程性，于是又陷入了一种绝对主义的静观之中）。事实上埃利亚斯认为，即便是马克思也没有能够进行这种知识发展的研究，这是因为马克思将知识视为非结构的上层建筑（Elias，2009a：7），而这恰恰是埃利亚斯所反对的。

度入手来发现知识发展的历史标准和条件（不是去讨论知识的绝对最终
状态的标准，后者是完全虚构的），将知识的获得视为在作为长期过程
的社会之中的一个长期的过程（Elias，2009a：3）。任何知识都是一个
长期的知识获取过程的产物，只有参照属于社会发展乃至人类发展之一
部分的知识的结构性发展，人们才可能理解或说明知识（Elias，2009a：
15）。正是基于此种过程性的研究，埃利亚斯才得以给出其有关知识发
展的历史方向的判断以及对社会科学的不失乐观的态度，也正是基于此
种过程的视角，埃利亚斯才提出了他的那种反对绝对主义和教条主义的
相对主义的认识论立场或范式。这种有关长时段的知识进步或倒退的范
式既不像哲学家那样设想存在着绝对的真理，也不像流行的知识社会学
那样仅仅关注于知识与社会群体的静态关系，埃利亚斯试图提供一种比
流行的知识社会学更具有客观充分性的范式，从而不再将知识仅仅看成
是意识形态或价值规范之类的东西，而是力求揭示知识在历史的长时段
中如何在客观性上逐步前进的过程和机制（Elias，2009a：28，29）。
代表这一立场的核心概念就是回避了主观与客观的二元论假设的"投
入"与"超脱"。

　　埃利亚斯坚决反对哲学的知识理论所采取的个人主义和先验论的立
场，前者忽视了知识的主体不是个体而是群体（这是埃利亚斯所理解的
社会学立场的一贯表现），后者则错将一种社会历史现象（或者说过程
性的现象）误以为是先验的绝对，从而陷入非历史的形而上学之中。然
而对知识之形成的长时段的研究则清楚地表明，人们用于经验世界的概
念是经验的而非先验的，是生成的而非先天存在的，因此认知的形式不
是永恒的先天构造（例如康德所幻想的那种先天构造），而是社会性地
习得的（Elias，2009a：25）。知识是在人与人之间的沟通中生成、习得
和改进的现象，[①] 这便是知识社会学存在的理由所在（Elias，2009a：

----

　　① 它的参照框架是具体的人的形态（Elias，2009a：26），因此总是和社会关系结构的发
展变化密切相关。这也就是为什么如我们前文所指出的那样，埃利亚斯将知识的客观性增长的
进程与文明化的自我控制和情感约束的进程联系在一起，后者解释了前者的社会过程机制。这
表明认识的主客观程度是与社会关系结构的变革密切相关的，埃利亚斯认为个体之间越高的社
会依赖和越长的社会链条将意味着个体在认识活动中越高的自我控制和越少的任性，这意味着
认识的越高的客观性程度。他就此将本体论和认识论联系在了一起。

26）。否则知识就只能留给依然带有神学的绝对主义残余的哲学的玄想，后者陷入一种迷恋绝对主义神话的主体主义的先验形而上学的桎梏之中。正是基于对此种立场的拒斥，埃利亚斯拒绝讨论所谓的价值无涉的问题，相反他主张去研究科学和非科学的价值在科学工作中的使用（Elias，2009a：3—4）——也就是去探讨具体的科学实践，并宣称在科学中真理概念是不合时宜的，科学家不应当询问其研究的结论是否最终的真理，而应当询问他们的研究结果相对于现存的知识是否意味着某种改进（advance）（Elias，2009a：28—29）。这一切都清楚地表明，埃利亚斯不再试图在主观和客观之间进行非此即彼的形而上学式的选择，相反他试图在知识发展的过程中寻找蕴含着某种复杂性的知识事件，我们可以从这些事件中洞见各种科学和非科学的价值之间的组合与博弈，从而根据它们各自所占的比重来判断知识事件在主观性和客观性的连续统中占据着怎样的位置，但无论如何它们都不可能成为绝对客观的知识，因为即便是高度超脱的自然科学的知识也不可能排除科学价值的影响，更何况并不存在绝对超脱的认识，绝对的投入与超脱不过是一个连续统的抽象的两极。① 那些用来评价科学的研究成果并指导科学家的科学实践的价值标准不同于高度主观定向的政治意识形态的价值（Elias，2009a：40），在自然科学中后者严格地从属于前者（前者是客观定向的价值），② 而在社

---

① 埃利亚斯写道："人们不能在任何绝对的意义上说一个人的观点是超脱的或投入的（或者如果人们喜欢的话，是'非理性的'、'客观的'或'主观的'）。……如果成人行为的标准在任何方向（指投入与超脱的方向——引者注）上走得太远，我们所知的社会生活就将终结"（Elias，1998：217）。

② 并非自然科学家不具有投入的倾向，事实上各种个人的期望、社会的需要以及社会认同和理论认同的影响都会导致自然科学家的投入，但是这些投入的因素最多也只是影响研究的方向（韦伯所谓的对研究对象的选择），它们在多数情况下都会被制度化的程序所抵消和阻止，这些程序迫使科学家或多或少地超脱于眼下紧迫的问题（Elias，1998：219）。与此同时，自然科学在评价研究对象的价值的时候不是以观察者为标准来确定的，而是以该对象在其所属的事件的固有秩序中所拥有的位置和功能来确定的（Elias，1998：219）。这就将评价对象的科学价值和非科学价值区分了开来，后者基于个人或群体的短期的利益或需求来评价对象，而前者则将对象放入其所属的客观秩序之中，考察其相对于这个秩序具有什么样的价值或重要性，这显然是更加超脱的。埃利亚斯想指出的是，尽管自然科学不可能排除价值，因而不可能是价值中立的，但是自然科学的价值却因为其不同于非科学的价值，从而能够确保科学研究具有某种较高程度的客观性，尽管这不是绝对的客观性。

会学乃至社会科学中主观定向往往较之客观定向更具优势（Elias，2009a：39，40）。但是这一处境并不意味着社会学的知识仅仅是意识形态，在社会学中显然既包含着非科学的意识形态的投入，也包含着科学的超脱。因此，必须考虑到价值本身在类型上的多样性，即区分科学的估价和非科学的估价。由于科学的价值对于任何科学都具有不可或缺的重要性，因此任何科学都不可能自称具有一种价值中立的地位，同样也没有什么科学是完全主观定向的。埃利亚斯写道："没有知识的主观或客观关联的零点，只有人们可以凭借在与知识主体的关系中的诸如'多'或'少'、'更大的主观中心性'或'更大的客观中心性'、'更大的自主性'或'更少的自主性'之类的术语所提及的（粗糙表达的，因为我们的语言在这方面依然是不发达的）知识发展中的不同阶段"（Elias，2009a：36）。这也就是为什么埃利亚斯要使用投入与超脱这对概念来取代主观与客观，因为根本就不存在主观和客观的二元对立或事实划分，实际存在的不过是不同程度和比例的主观性和客观性的历史性的混合状态（也就是在两极之间的连续统），知识不可避免地是一个社会历史性的事件。

　　在知识的规律性（或者更完整地说超越时间和空间的普遍的规律性，或者说牛顿物理学所主张的机械论和决定论的规律性）这一敏感的问题上埃利亚斯依然采取了一种过程社会学的视角。在他看来像规律一样的再现并不具有纯粹认知的功能，他将此种再现称为理念类型意义上的，实际可观察的事件只是不同程度地近似于它，而不是与之完全一致（Elias，2009b：72，73）。这一做法在实质上颠覆了实证主义对普遍规律性的幻觉，埃利亚斯明确地指出，社会的规律与自然的规律都是伪装为事实的理想（Elias，2009b：75），这种理想依然停留在笛卡尔和牛顿的认识论模型之中，以至于完全忽视了科学在 17 世纪以来所发生的变化。这一变化足以颠覆那种以牛顿物理学所主张的机械论的自然规律作为事件之间的联系的主要的甚至是唯一可能的符号再现的立场，因为高度分化了的各种科学（如物理科学、生物科学和社会科学）已经给出了其他类型的符号再现（Elias，2009b：67—68），从而表明古典物理学的知识类型并不是一切科学的标准，相反它所坚持的那些看似理所当然的概念，如"因果关系"、"实体"、"自然规律"、"机械论"等并不是不变的形式或范畴，它们都是人类在几个世纪中发展出来的社会历史性的产物（Elias，2009a：34，34—35）。因此机械论的法则不过是人类在认识世界的过程中所建构出的一种认识的工具，而规律般的符号再现模型被结构模型乃至过程模型（埃利亚斯所谓的形态模型）的取代则意味着向具有更高的客观性和自主性的更为超脱的思维方式的转变。因为规律或秩序的提法依然体现了一种人类出于自身利益而对世界的期待，有序和无序的提法不可避免地体现了一种情感的介入和主观中心的判断，事实上，自然过程和社会发展并非主观中心意义上的有序和无序的，它们对于人的命运和情感是盲目和冷漠的（Elias，2009b：75）。对埃利亚斯而言，过程模型相对于规律般的模型无疑具有更高的超脱性，社会学的过程模型当然不会提供那种看似机械论式的一般规律（Elias，1991a：137），而将时间和空间引入其认识论模型的自然科学也同样如此。

正是基于以上的讨论我们才能够更加充分地理解埃利亚斯所主张的科学范式，这一范式被视为更加客观充分的，它没有终点，它是对过去的社会学和哲学范式的改进，它向系统的检验开放，既可以被证实也可以被证伪，可以局部地或全部地被改变或拒绝（Elias，2009a：29）。我们可以设想这便是埃利亚斯本人所倡导的过程模型所具有的认识论特征，它因为引入了空间和时间的维度，从而不再局限于任何有关绝对的想象；它不再停留于在知识和相关群体的静态关系中来把握知识，从而将知识视为过程的产物，并向未来的检验开放；它坚持长时段的历史连续性的视角，从而反对采用科学革命的字眼（Elias，2009b：82），它主张科学的颠覆性的创造其实是漫长发展的完成与综合，因此被巴什拉和福柯等人用断裂或革命来描绘的现象在此则表现为改进或进步。总之埃利亚斯采用他的过程社会学的投入与超脱的视角来驳斥哲学的绝对主义和流行的知识社会学的相对主义，在他看来哲学的绝对主义（绝对真理）和知识社会学的相对主义（意识形态或价值规范）构成了一个连续统的抽象的两级，而现实的知识恰恰处于它们之间："对证据的详细研究表明，存在着许多合理性与非理性的混合与程度，存在着许多符号的现实一致性和符号的幻想内容的混合与程度"（Elias，1991a：75）。埃利亚斯正是试图以此来表明认识之处于主观和客观之间的状态，这不是一种固定的状态，它遵循科学的多样化，更从属于历史过程的多样性。因此埃利亚斯依然是在以一种相对主义的立场来展现其认识论思路，只不过这种带有浓厚历史观的相对主义同时还兼容了启蒙的理智主义精神，从而形成了一种带有综合气质的建构主义的认识论立场。它的相对主义丝毫也不意味着放任于无参照的任意性，相反它试图打破各种有关知识的绝对主义和怀疑论的神话，并从历史变革的视角来揭示认识之客观性的增长是一种历史的可能而非必然，它在不同的学科中展现出不同的特点，在不同的历史时期展现出不同的形态。我们完全可以用关系、事件与过程的框架来表达此种多样性的论调，它意味着认识不可避免地体现了认识者和认识对象之间的关系，后者在不同类型的科学中表现出不同的形态，而知识正是这些关系形态的建构，这不是一种静止的现象，而是在历史中不断变化着的过程，由此知识的建构只能被理解为体现了不同关系形态的历史的事件。

我们可以将埃利亚斯的认识论思想视为对布希亚那样的过分偏激的怀疑主义倾向的纠偏，它显示了一种更为温和的相对主义立场，并以其建构主义精神而主张社会学的认识乃至任何科学的认识都是处于主观与客观之间的过程性的关系事件。不过埃利亚斯在本体论上对客观关系结构的逻辑优先性的强调，使得他的认识论思路依然是由社会群体的关系结构所主导的，这就使得无论是认识上的投入还是超脱都隐含了埃利亚斯在本体论上的同样问题，从而无法真正地以一种本体论上非二元论的关系主义思路来诠释认识论上的主客观问题。这一缺陷对于认识论的意义由于埃利亚斯十分强调社会形态的变迁对于认识活动的主客观性的影响而被强化了。对埃利亚斯而言，认识的主观性和客观性的程度都是由社会关系形态所支配的，只不过不同的关系形态在主观与客观之间的倾向有所不同。如果用一种本体论的口吻来描述认识论的问题的话，那么这意味着对埃利亚斯而言认识论问题所涉及的是什么样的关系结构在支配着认识活动，或者说社会关系结构的怎样的变革影响了认识活动中的主观性和客观性的比重，这涉及社会历史性的社会本体在认识活动中的历史意义的问题（本体论首先关心的是社会关系结构和认识者的认识活动的关系问题，而关系结构所支配的认识活动与对象之间的关系问题则处于潜在的状态，后者是由认识论来加以凸显的）。

　　不过就认识与认识对象的关系层面来说，埃利亚斯以投入和超脱的连续统来防止主观和客观的二元论错误的做法的确避免了在主观主义和客观主义之间的二者择一。① 但是投入与超脱作为思想的工具而非实在的名称并没有排除主观和客观的预设，投入及其非科学的估价所代表的是认识的主观性，而超脱及其科学的估价则被强调了其对客观性的意义，尽管不是绝对的客观性。这一做法一方面指出了科学即便就其超脱而言也不可能是价值无涉的（连续统的假设表明我们不可能在实际的科学活动中找到超脱本身的实在状态）；但另一方面，埃利亚斯显然缺乏对于科学估价的主观性面相的深入分析。科学估价自身的主观和客观的连续统的社会历史意义显然没有得到重视，这使得埃利亚斯的实际讨论主要集中在非科学估价对科学认识的客观性的威胁上，从而一定程度地忽视了科学生活世界之中的科学估价的社会历史性及其危险，仅仅以这一估价的不可排除的存在来破除价值中立的幻觉是远远不够的。究其根本就在于埃利亚斯显然缺乏一个科学的认知能力世界的理论，他主要是在科学与非科学的认知能力世界的关系中来思考科学研究的投入问题，事实上，科学生活世界对科学研究之投入所造成的影响同样不可低估。

　　此外，必须指出的是，埃利亚斯的长时段的过程性视角与福柯等人的认识论断裂的取向形成了鲜明的对比，后者显然更多地关注于由差异

---

　　① 当然如果埃利亚斯不是对科学的历史理性或者说科学的检验和证明依然抱有某种信仰的话，那么这一切也无从谈起。毕竟越是超脱就越能够摆脱某种非科学的束缚这一论断最多只能证明超脱有助于减少认识对象时的非科学的干扰，它既不能够保证客观认识的存在，也不能够决定客观认识的程度（客观认识的问题显然超出了非科学束缚的话题，且不论绝对的客观不过是无法实现的极限）。经验认识的有效性只能以经验的方式来加以验证，而经验验证的不确定性意味着始终存在着某种潜在的危险，这在某种意义上便又回到了康德的问题（福柯与布希亚的客观相对性的立场无疑是对康德问题的一个非康德式的当代的回应）。不过埃利亚斯显然用群体的存在解释了康德的范畴的存在，那么群体的历史理性如何能够比康德所想象的先天范畴更好地确保认识的有效性的问题还尚需讨论（且不论先天范畴之缺乏经验的依据）。不过这并不是埃利亚斯的问题，因为他将超脱可以带来认识的客观有效性的论断视为理所当然的，这当然是基于科学史所提供的有关知识有效性的经验证据的鼓舞（只不过这个证据和超脱之间的关系并不像埃利亚斯所想象的那么简单），但经验的证据并非绝对的证据（怀疑论者完全可以借此大做文章），只不过对于部分分享了启蒙理性传统的埃利亚斯而言这似乎已经足够了。

所引发的不连续性，而前者则强调变革所依赖的历史土壤，它们体现了两种不同的视角，从而在揭示出思想史的不同面相的同时，也不可避免地陷入了某种对立之中。当埃利亚斯用改进或进步来取代革命或断裂的时候，这种对立就尖锐地摆在我们的面前，这是思想史的连续性和不连续性立场之间的争论，它直接挑战了埃利亚斯有关长时段的立场在思想史研究中的地位问题。事实上，埃利亚斯所面临的最大困难就是长时段的连续性思路不能有效地说明新的认识论模式的独特性是如何能够以一种连续发展的进步观来解释的，例如我们很难将相对论物理学的认识论思路视为牛顿认识论思路的改进产物，尽管我们并不否认两者都是历史的事件。而反之事件的历史性恰恰是主张不连续性的作者所面对的主要挑战，换句话说，他们必须回答如下问题，即一个与此前的过程不连续的事件是如何作为一个历史事件而出现的。福柯在面对这一问题的时候采用了回避的态度，这使得他关于思想史的研究是残缺不全的，将问题加以搁置也体现了问题的困难性。而埃利亚斯似乎并没有将他所面对的问题视为问题，他只是理所当然地在一个长时段的过程框架中来比较和揭示不同认识论阶段的差异，并且尽管他将此种差异和文明化的进程联系起来，但是他依然没有能够针对不同的认识论模型的生成给出清晰的因果解释，这使得他的研究更多地表现为一种在一个长时段中揭示了不同历史阶段的发展趋势的富有启发性的框架。不可否认的是，思想史不可能仅仅是一种分离或断裂的效应，也不可能仅仅用连续的进程加以概括，本书的研究已经充分地表明了这一点。无论多么新颖的历史的事件都不可能是一个无关联的孤立事件，它不能不扎根于某种历史的土壤，甚至于它的新颖性越是独特就越是需要丰厚的历史土壤的孕育，这使我们意识到如果没有一种长时段的考察，我们将无法真正地理解事件的独特性所在。反之，连续性所包含的"改进"往往无法解释某些激进的变革，历史的长时段最多只是为此种变革孕育了可能性或唤起的机遇，但它无法将根本性的变革还原为此前阶段的改进或调整，仿佛一种连续性并没有在激烈的颠覆中被瓦解其逻辑的连贯。唤起并不决定分离，但如若没有唤起却也不可能有分离（郑震，2009：15，16）。对于历史我们显然需要更为复杂的思路，从而放弃在连续和断裂之间二者择一。

第二节　社会的客观性

布迪厄写道："谈论习性就是在对象中包含作为对象之部分的能动者们所拥有的关于对象的知识，并且是在对象中包含这种知识对于对象的实在所作出的贡献。但这不仅仅是返回进人们正在努力认知的现实世界的事情，而且是对其实在（以及还有对其所发挥的力量）作出贡献的现实世界的知识的事情。它意味着赋予这个知识一种真正的构成性的力量，当人们以客观主义的客观性概念的名义将共同的知识或理论知识变成一种对现实世界的单纯反映的时候，这个力量本身是被否认的"（Bourdieu，1984：467）。习性作为一种实践的知识参与了对实在的建构，然而这一构成性的实践性意味着一种前反思、前对象和前话语的不言而喻的状态，也正是这一貌似不言而喻的状态才使得那些自以为无前提的客观主义者没有意识到或者说否认在他们的认识活动中某种实践的知识已经作为前提而发挥作用，习性便是他们那自诩是客观反映的理论知识的不可或缺的先入之见。客观主义者并没有意识到，他们所解释的对象原本就已经是被解释过的，正是他们自己的信念支配了这一前理论的解释（这便是解释学意义上的理解），而信念之对于他们的不言而喻的状态使得他们不可能去反思信念的社会历史性，因为在他们看来信念所揭示的一切不过是理所当然的事实本身，在他们的经验中似乎并不存在什么社会历史性的先入之见。这一立场明确指出了客观主义认识论的幻觉，而这显然是布迪厄的实践理论立场使然，毕竟实践理论没有理由将科学的认识活动排除在外，科学的认识不可避免地依然奠基于科学的习性或科学的信念，而客观主义的认识论立场正是对科学习性的误识的后果。

布迪厄写道："如果没有适当的倾向性的政治意识是非现实的和不确定的，那么，没有被意识到的倾向性则是对自身不透明的，并始终暴露于错误认识的诱惑之下"（Bourdieu，1984：420）。认识论的客观主义正是由于没有意识到科学认识的倾向性，才陷入无前提的绝对客观性的错误之中，但这是否意味着赋予认识活动以一种主观投射的认识论的主观主义特征就更加合理？我们所引用的这段话已经表明这同样违背了实践理论的基本立场，实践理论通过质疑并反思实践的不言而喻的表象，从而揭示在实践的倾向性中所包含的武断性和任意性（它们仅仅是一种历史的建构而不是绝对的必然），这一反思社会学的立场的重要任务之一就是使科学认识的倾向性对认识本身尽可能变得具有透明性，从而尽量避免被各种有害的偏见所误导，使认识活动尽可能远离各种社会历史的局限性（尽管任何反思都不可能一劳永逸地彻底消除认识活动的先入之见，也就不可能彻底消除客观主义试图否认的人之存在的社会历史局限性，否则反思本身就将自相矛盾地陷入客观主义的陷阱之中）。这也就是为什么布迪厄采用了巴什拉的认识论断裂的提法，他写道："我们所说的'认识论断裂'（对认知能力中预先建构的观念加上括号，对一般能在完善这些建构方面发挥作用的原则加上括号），在许多情况下，已经预先设定了一种断裂，也就是和那些表面上看起来是常识、令人感到习以为常、或者使人以为是探寻这些东西的精良的科学武器（占支配地位的实证主义传统所欣赏和推崇的一切东西）的各种思维方式、概念类型、方法途径统统划清界限"（布迪厄、华康德，1998：377）。布迪厄以此来表达一种类似于许茨所说的科学悬置的立场以及对实证主义世界观的拒斥，尽管这并不意味着排除所有的倾向性，但他的确要求将那些不适当的倾向性从科学的认识中排除出去，并使指导自身研究的倾向性变得尽可能对自身透明。对布迪厄而言，实现这一目标的方法就是采用一种反思社会学的立场，即社会学家通过将他自己参与其中的社会学的对象化本身加以对象化，并以此来揭示那些使社会学研究误入歧途的利益和倾向性（如认识论的客观主义或主观主义的倾向性，等等）。因此，主观主义的怀疑论并不是布迪厄批判客观主义的初衷，相反布迪厄的批判是双重的，他同样拒绝怀疑论的自相矛盾（怀疑论的相对主义总是无法澄清怀疑本身的合理性）。

由此可见，实践理论应当在主观主义和客观主义之间寻找一个合适的立足点，对此布迪厄所给出的方案与埃利亚斯的方案十分接近（这里显然有着埃利亚斯的影响），就像埃利亚斯从关系形态的历史变革中寻找认识论的依据一样，布迪厄也从社会的关系结构中寻找客观知识的可能性条件和限度。① 布迪厄认为，如若要在抛弃经典的客观主义的绝对主义的同时，却不陷入相对主义（也就是我们所谓的坏的相对主义或怀疑论）中，仅仅像古典的（康德的）知识哲学所建议的那样在主体中寻找客观知识的可能性和限度的条件是远远不够的，② 人们必须从科学所建构的社会空间或场（它们是科学所建构的对象，这种对建构的强调是布迪厄坚持其建构主义立场的一种逻辑上连贯的表现）中寻找主体及其建构对象的工作的可能性的社会条件，并由此澄清主体的客观化行为的社会限度（Bourdieu, 2000：120）。布迪厄进而指出，使科学知识得以可能的条件与科学知识的对象得以可能的条件是同一的（Bourdieu, 2000：120）。这便清楚地表明，科学的知识及其对象就其根本而言都是特定的社会关系结构的社会历史性的产物，认识的客观化程度不能脱离支配这一认识活动的关系结构，这既排除了绝对主体的个人主观性的支配地位（这是对主观主义的拒绝），也排除了无条件的客观主义的可能性。其实质性的潜台词无非是，任何认识活动都是一种社会历史性的建构，这一建构的逻辑主体就其根本而言便是社会的客观关系结构，因此在不考虑其他因素干扰的情况下（如个体的差异等），认识活动的客观性只能是一种社会的客观性，这既是它能够超越所谓的主观任性的优势所在（绝对的主观任性也只能是一种个体主义的想象），也是它无法彻底摆脱的局限性所在（社会结构并非绝对的实在，"任意性也是所有场的基础，甚至'最纯净的'场也是这样，就像艺术或科学的世界"。Bourdieu, 2000：96）。与埃利亚斯一样，布迪厄清楚地意识到社会科学与自然科学相比更难以摆脱各种非科学估价的困扰。这是由社会科学的研究者在权力场中所处的被支配的地位，以及社会科学研究对象的特有性质所决定的（布迪厄、华康德，1998：53—54）。由于社会实在是

---

① 同样与埃利亚斯相似的是，布迪厄反对用基础和上层建筑的划分来描述这种关系，在他看来前者严重低估了符号结构对社会结构的建构力，尽管符号结构依然有其生成的历史条件（Bourdieu, 1990：18）。

② 我们曾经指出过，康德的先验主观性论调的本意只是想挽救由经验主义的怀疑论所造成的认识论困境，而不是为主观相对主义的怀疑论添砖加瓦。但是布迪厄显然看出了康德不仅不能解决经验主义所提出的问题，而且由于他对自在之物的不可知论的信仰，以及他对主体主义思想的发展，使其思想几乎不可避免地陷入一种事与愿违的困境之中。

广义和狭义的政治权力和政治利益直接内在于其中的切身的领域，而社会科学之以社会实在作为自身的研究对象这一事实也就注定了社会科学与政治权力和利益之间的难以撇清的复杂关联（布迪厄将知识分子视为统治群体中的被统治者，这一身份决定了知识话语不可避免地具有某种政治的微妙性——知识既可能成为统治的话语也可能成为统治的批判，这同时也就暗示了知识分子地位的模棱两可的特征）。社会科学较之自然科学更有可能有意或无意地沦为广义或狭义的政治统治的同谋者（当某种代表了特定的政治利益的倾向性在知识分子的认识活动中被符号化的时候，一种基于误识的符号统治就将在无意之中被知识的建构所再生产，其实质是对实在的政治建构），这是布迪厄强调认识的社会客观性所涉及的一个重要方面。

布迪厄断言，理性的出现有其历史条件（Bourdieu，2000：70），因此不存在所谓的绝对理性，也就不存在由绝对理性所支配的绝对的认识。布迪厄明确地指出："我并不认为理性存在于心智结构或语言结构之中，正相反，它存在于一定的历史条件中，存在于一定的对话和非暴力沟通的社会结构中"（布迪厄、华康德，1998：248）。与埃利亚斯一样，布迪厄试图用社会结构的过程来解释认识论的问题，这也就使他陷入了与埃利亚斯同样的局限性，即对客观关系结构的逻辑优先性的强调使得他们将本体论上的反二元论的不彻底性直接带入了认识论的领域，以至于布迪厄所谈论的社会的客观性在主客体二元论的本体论问题上显然带有更多的结构主义倾向。不过从分析的角度而言，认识论的研究当然不能停留在有关认识主体的本体论地位的问题上，它必须进一步突出认识活动与认识对象的关系问题。以埃利亚斯的口吻这就意味着认识的社会客观性究竟在多大程度上反映了对象的结构而非认识者所属的群体的结构（布迪厄的思路已经承认了群体结构对认识活动的约束，这当然不等于主张一种与对象无关的群体的任性，而是意在给出使认识者超出个人狭隘性的社会条件，这个条件限制并生产了对对象结构的把握。换句话说，虽然认识的理性是历史性的，但历史的理性却并不因为它的历史性而沦为绝对的非理性）。我们不难看出，主张一种社会的客观性的确一定程度地避免了在个体主义的主观相对主义和绝对主义的客观主义之间的二者择一，布迪厄以社会的客观性来捍卫知识的有限的合理性，① 他进而主张以一种理性的现实政治（realpolitik of reason）来期待理性的进步。这意味着"理性的进步仅仅来自于一种政治斗争，它理性地指向捍卫和促进理性运作所需要的社会条件，理性地指向所有文化生产者的一种持久的动员，这是为了以持续和适度的介入去保卫理智活动的制度基础（Bourdieu, 1998: 139—140）。这意味着放弃对任何理性形态的迷信，承认理性的历史基础，并力求以知识分子的群体力量去不断地反思和超越那些在学术习性和场的关系中所隐藏着的阻碍理性进步的广义或狭义的政治暴力。

实践理论无疑要探讨一个更加具体的问题，那就是如何通过相对明确的对象化的语言来把握遵循模糊逻辑的不确定的实践活动。布迪厄认为，由于实践的逻辑与对象化的科学逻辑处于不同的本体论层次，因此"固有地存在于客观主义立场之中的逻辑主义使那些采纳它的人忘记了科学的建构不可能在不改变那些原则的性质的情况下把握实践逻辑的原则：当为了客观研究而加以明确化时，一种实践的连续性成为一种再现的连续性；一个在与作为需求结构（'要做'和'不要做'的事情）而被客观构成的空间的关系中被定向的行动变成了在连续的、同质的空间中被实施的可逆的操作"（Bourdieu, 1977: 117）。原本不确定的实践的原则被一种再现的规律性所取代，仿佛实践所遵循的是在相似的条件下可以重复发生的规则，这就完全改变了实践原则的本体论特征，从而导致客观主义形式分析的错误（科学语言的编码逻辑意味着形式化的特征，Bourdieu, 1990: 78）。也正是因此布迪厄强调与实践相比语言是如此的贫乏，以至于试图用话语去重建实践显然冒着错误解释的风险，因为它导致了实践的本体论身份的改变。语言性的把握不能等同于实践性的把握，后者的丰富性是语言的话语所无法穷尽的（Bourdieu, 1977: 120），通过语言性的规则来重建实践逻辑的行为难免会陷入一种缺乏理解的局外人的困境之中。与许茨提出常识构造有所相似的是，布迪厄提出在绝大多数日常的行为模式中，我们是由实践的模型所指导的，这些模型就是把秩序强加于行动的那些原则（Bourdieu, 1990:

---

① 与埃利亚斯一样这里同样有着布迪厄对历史理性以及科学史证据的信仰作为支撑。

78—79）。这些实践的模型以其准身体的倾向性（quasi-bodily disposi-
tions）表明它们所遵循的是原则（principle）而不是编码（code）的客
观化逻辑所谈论的规则（rule）或规律（law），尽管日常行为中的实践
的模型已经具有了某种编码的特征（这也就是为什么它们是"准身体
的"而非"身体的"），但是它们还没有完全丧失实践的逻辑特征。因
此以客观化的编码逻辑来取代实践模型的编码逻辑同样意味着客观主义
的形式化的错误。这就相当于将你为了理解那些你正在研究的人们的所
作所为而不得不在你自己的心灵中所产生的东西放入你所研究的那些人
们的心灵之中一样，也就相当于把客观化的语法规则视为语言实践者所
遵循的原则一样，其结果就是改变了实践的本体论身份（Bourdieu,
1990：80）。布迪厄清楚地意识到，由科学的编码化（codification）所
带来的那种清晰性和一致性不可避免地意味着对实践的歪曲，这一论断
显然无法让许茨感到满意，但这也许正是社会学的客观认识所必须面对
的事实。因此对布迪厄而言，必须抛弃那种客观主义的逻辑主义立场，
以反思社会学的方式来使其倾向性变得透明，从而放弃有关绝对规律的
幻觉，进而承认社会学知识的社会的客观性。毕竟科学理论只能是一种
临时性的构造（布迪厄、华康德，1998：214）。

结论　对可能性的展望

尽管我们为了论述的清晰和方便以习惯上的本体论和认识论这两条线索来展开讨论，但正如我们在导论中已经指出的，它们之间并不存在什么客观的分裂，认识的活动中总已经蕴含着本体论的支撑，而本体论的事实中也总已经包含了认知的运作。无须刻意地强调，这一切都已经隐含在我们的行文之中，事实上这一"无须刻意"就已经暗示了在本体论和认识论之间的共属一体性总已经是任何一种本体论和认识论思想所无法回避的事实。尽管不同的作者对这一问题所给予的关注程度显然有着巨大的差异，他们也并不一定去刻意地阐明这一点，甚至不一定将这一问题作为一个问题来加以应对，但我们总是或多或少地在他们的行文中能够直接或间接地体会到其中的含义。

我们不难看出，本体论上的主客体二元论的问题始终在困扰着西方社会学的建构主义，与此同时，知识的有效性问题也构成了建构主义认识论的争议核心，而这一问题实质上便是认识论的主客观二元论的问题。由此我们可以将西方社会学的建构主义的历史视为围绕本体论和认识论的二元论立场展开争论的过程，在这一过程中不同的本体论立场和不同的认识论立场相互组合，从而构成了五花八门的建构主义社会学理论。尽管正如我们的研究所表明的，这些分歧并没有什么简单和清晰的阶段性规律可循，本体论上的阶段性与认识论上的历史分歧并不能够完美地重合或对应。但即便如此我们还是不难看出，克服笛卡尔的二元论思维方式成为当代西方建构主义社会学的一个重要趋势，这一趋势也为我们建构更为合理的建构主义社会学提供了一个历史的分离点，毕竟在我们看来这一重要的趋势无疑是西方社会学领域为了克服笛卡尔主义所做出的最为激进的尝试，而它所陷入的困境也为我们提供了具有切身意义的参照。毕竟笛卡尔主义已经伴随着西方思想的进入而在当代中国社会学乃至更广泛的领域中发挥着显著或隐蔽的作用，这便摆明了问题的紧迫性。

我们固然可以在西方建构主义社会学所提供的基础之上进一步开拓一种非二元论的理论框架，但是西方建构主义社会学史并不能够为我们提供一种坚实有效的非笛卡尔主义的精神指引，前者总是在批判笛卡尔主义的同时又无意之中回到了笛卡尔主义的范畴中去。这使我们意识到问题的关键也许并非只是在西方建构主义社会学的争论框架中继续一些概念的设计或观点的辩论，而是在真正的意义上与造成西方社会学的二元论困境的精神源头拉开距离，这不是单纯意义上的否定，而是扬弃笛卡尔主义西方社会学的成就，以期使之在一种截然不同的思路中被加以吸收和超越。因此首要的任务便是重新厘定一种非笛卡尔主义的精神意境，这一精神将引导我们重新认识人及其存在，使我们能够更加有效地展开一种别样的建构主义社会学的建设。就此我们将目光转向了中国社会思想的源头，在那里"天人合一"的理念获得了深刻的揭示，这一没有主客体预设的理念以其非笛卡尔主义的精神向我们昭示了一种截然不同的世界观。它之属于我们自身之独特文化内核的重要地位使之对于我们理解我们自身的存在具有某种特殊的意义，尽管这一思想在现代西方文化的冲击下有时只是以各种变样的方式隐蔽地（例如前意识地）发挥作用，甚至有时可能被压抑为一种文化无意识，从而需要我们以积极介入的姿态重新唤起那曾在的超越。① 当然这并不意味着毫无选择地复制或照搬（尽管纯粹的复制或照搬也只是一种认知的神话而已），而是需要一种以认识我们自身为出发点的重建，毕竟那些主要由儒墨道所阐释的天人合一的思想不可避免地具有那个时代的风格和烙印（更何况它们彼此之间也还存在着各种分歧），而后者常常与我们当代的处境相去甚远。

不过，鉴于本书的主旨显然立足于对西方建构主义社会学的反思和

---

① 之所以是曾在的超越就在于，它在两千多年前的先秦时代便已奠定了中国古代思想乃至人类文明的源头之一，而它在两千多年后的今天却在鼓舞着我们超越以笛卡尔主义为主导的西方现代性的局限。

批判，而并非以先秦思想为源头来系统地重建一种非二元论的理论精神，并在此精神的指引下去重建一种建构主义社会学思想，因此，在这一结论部分我们仅满足于进行一些启发性的展望。

第一节　天人合一

我们当然不能机械地将散见于古代典籍之中的"天人合一"的理念直接拿来批评所谓的笛卡尔主义的二元论世界观（这与直接用当代的思想来批评古人的见解一样的荒谬），毕竟这些理念并不是为我们这些两千多年后的人们量身打造的，它们当中充斥着我们所难以接受的各种形而上学的、神秘主义的乃至人性论的想象；它们也并非针对我们所关心的社会学议题所展开，因此如果没有结合当今处境的理解、引申乃至转换，这些古老的思想将很难发挥出积极的作用（这当然并非肆意歪曲或无节制的推演，它们只会使我们的研究失去意义）。

尽管存在着立场上的差异甚至对立，但是儒墨道三家对于天人合一的理解却都意在揭示一种合乎于"道"的状态。不过这里的"道"被各家赋予了不同的含义，以孔孟为代表的儒家试图在西周礼乐制度的精神境界中实现天命与人心的一统，因此天人合一意味着自然人伦的中和之道在修身、齐家、治国、平天下的政治理想中的一以贯通；墨家则在批判儒家保守于传统等级制度的基础之上，以滥觞于天意的义利观来规范人世的安危，因此天人合一意味着以神权政治的尚同思想来宣扬其天下一统的平等政治的主张；而以老庄为代表的道家则将儒墨的理想皆斥为利欲和智巧，主张回复到浑然一体、绝对自足的天道的境界，这是一个如婴儿般淳朴的自然而然的境界，在它那循环往复的秩序中人与天地并存、与万物一体，从而实现了一种通而为一的合乎于道的状态。这里显然不是辨析这些思想异同的场合，①因此让我们权且撇开这些含义的差别来把握它们之间彼此相通的方面，我

---

① 必须指出的是，总的来说儒墨两家对于自然的物质世界较少关注，它们的关注焦点是人伦和政治，而道家思想则显然是包含了从自然哲学到人生和政治思想的广泛领域。这也就是为什么儒墨两家所理解的道义主要指向人伦政治，而道家的道则是涵括了人生法则的宇宙的本体和规律（参阅陈鼓应，1984：2—13。当然这个论断主要是就《老子》一书而发的，毕竟庄子并不像《老子》那样对规律感兴趣，除此之外老庄对"道"和"德"的理解并没有什么太大的差异）。

们不禁发现它们不约而同地将人的存在融入宇宙的整体之中，在人与万物彼此相通的关联中体会人生的境遇和世间的曲折。虽然这些体会包含了各种形而上的假设乃至神话的想象，但是它们却并没有赋予人的存在以某种独立或优越的价值，尽管这丝毫也没有降低它们那关注于人之生存的人文主义精神（它们丝毫也没有贬低人的存在）。只不过主体和客体的对立在此刻尚未成为思想的自我认同，它并没有被自身的对象化努力所蒙蔽，并没有丧失对人之存在的原始状态的领会（撇开它在这一原始状态上所附加的各种我们所无法接受的想象），它试图描绘的是人与世界之间的前理论的未分离的状态，这是天人合一的朴素的现实。思想的对象化并没有将自身确立为世间的法则，它并没有将自身的状态视为最终的现实，它本身就是那一现实所生成的一种自我超越（但却不是自我否定）的形态，它恰恰来自于并寓于那一现实本身。总之思想者与其对象并没有被视为在根本上是彼此割裂或对立的，思想与其说是试图将它自己与对象区别开来，还不如说是试图揭示那不可割裂的原初现实的超越性的努力，以至于这个超越也只有作为对人与世界之间的无法分离的内在联系的认知才具有意义（尽管它的确因为自身的对象化而冒着割裂现实的危险，这也就是为什么道家将语言对道的对象化视为不得已而为之的权宜之计，因为如若不然的话，那些被利欲遮蔽了本性的人们便无法听到关于道的声音了①），因为思想无意于

---

① 《老子》一书的开篇便是"道可道，非常'道'；名可名，非常'名'"（《老子·一章》，引自陈鼓应译注，1984：53）。《老子》又说："吾不知其名，强字之曰'道'，强为之名曰'大'"（《老子·二十五章》，引自陈鼓应译注，1984：163）。对老庄而言，用语言来描述道实在是无奈之举，毕竟道不像事物那样可以命名，对于人的感官而言，道无影无形、恍恍惚惚、深远暗昧，但却又真实可信（参阅《老子·二十一章》，陈鼓应译注，1984：148），这实在让以感官经验为基础来洞悉世界的人类颇感踌躇；与此同时，任何语言的表述都可能将绝对的道相对化，以至于有可能陷入庄子所谓的人间的成见与争辩之中，认知的局限和语言的贫乏使得对道的阐发变得勉为其难，这也就难怪庄子要发表如下的感慨："夫道，有情有信，无为无形；可传而不可受，可得而不可见；……"（《庄子·大宗师》，陈鼓应译注，1983：181），"夫道未始有封，言未始有常，……故曰辩也者，有不见也。夫大道不称，大辩不言，……道昭而不道，言辩而不及，……孰知不言之辩，不道之道？若有能知，此之谓天府。注焉而不满，酌焉而不竭，而不知其所由来，此之谓葆光"（《庄子·齐物论》，引自陈鼓应译注，1983：74—75）。道只可以通过心灵去领会，却不可以凭借言语来传授。道远远超出了语言的境界，言语的传授总免不了会歪曲心灵的体会，从而冒着割裂现实的危险，这便是用原本贫乏和相对的语言来肢解那非语言的现实本身，从而制造诸如主体和客体、内在与外在、精神和世界之类的人为造作的名称。

在人与天地的差异中寻找自身的最终立足点。相反思想并没有在超越原初的朴素状态的同时遗忘这个状态才是原初的现实，这使之避免了将认识者与对象在本体论上相对立的尴尬。之所以没有此种对立的尴尬，不仅在于就总体而言，儒墨道三家的代表人物一致认为就其根本而言人与天地之间并无不可调和的差别和对立，这与笛卡尔赋予心灵以自由意志和物质世界以机械法则的二元论立场相去甚远；而且还在于，天地之"道"对于多数思想家而言尚未被视为外在于人的法则。① 我们看到孔孟所推崇的合于天理的道义恰恰内在于人心的本性。孔子以其有关"直"的言论道出了他对仁爱作为人之常情的理解（参阅《论语·子路》，杨伯峻译注，1980：139），尽管这个"直"作为人的本性并非没有其需要约束的另一面（参阅《论语·阳货》，杨伯峻译注，1980：184。正是这一面唤起了仁通过礼来加以表现的规范性），但是它却彰显了孔子心目中的仁爱所具有的自由的本性，冯友兰恰当地称之为"真性情"（冯友兰，2000：58。因此孔子所谓的仁是兼具自由和规范的双重特征的，参阅冯友兰，2000：59，60）。孟子继承并发展了孔子人性论中积极的一面，以人性所固有的善端来彰显天道与人心的一统，孟子曰："乃若其情，则可以为善矣，乃所谓善也。若夫为不善，非才之罪也。恻隐之心，人皆有之；羞恶之心，人皆有之；恭敬之心，人皆有

---

① 对于天人合一的问题，荀子的思想具有某种特殊性。荀子写道："受时与治世同，而殃祸与治世界，不可以怨天，其道然也。故明于天人之分，则可谓至人矣"（《荀子·天论》，引自蒋南华等译注，1995：347）。由于受到老庄的影响（冯友兰，2000：216），荀子"心目中的'天'是一种无意志的自在的自然"（葛兆光，2001：156），从而不同于一定程度地将天神秘化的孔孟。但是承认人世与自然具有本体论差异的荀子并非要将它们加以对立地看待，他意在指出人世之道与自然之道不可混为一谈，"天能生物，不能辨物也；地能载人，不能治人也"（《荀子·礼论》，蒋南华等译注，1995：409），因此人世的治乱原因不在自然而在人自身（参阅《荀子·天论》，蒋南华等译注，1995：347，351，352）。对于自然，人所要做的就是掌握其规律，从而顺应自然、利用自然、控制自然甚至改造自然（参阅《荀子·天论》，蒋南华等译注，1995：348，357）。这的确批判了那种带有神秘主义色彩的天人合一的思想，从而在形式上更加接近于现代二元论的世界观（只不过荀子谈的是人世而非个体），但我们切不可将这一立场完全等同于笛卡尔的二元论思想。毕竟荀子所反对的是将自然加以神秘化，进而以此种神秘化的秩序来解读人世的立场，他并没有主张在人与自然之间存在着什么不可调和的二元分裂，天人之分并不意味着二元的对立（荀子所谓的以伪"化性"或"性伪合"便是很好的例子。参阅《荀子·荣辱·儒效·礼论》，蒋南华等译注，1995：60，132，408），这的确是富有启发性的立场。

之；是非之心，人皆有之。恻隐之心，仁也；羞恶之心，义也；恭敬之心，礼也；是非之心，智也。仁义礼智，非由外铄我也，我固有之也，弗思耳矣"（《孟子·告子章句上》，引自杨伯峻译注，2005：259）。而道家的《老子》则索性要求关注自我，以达到致虚、守静、知常的无为境界，这就要求个体摒弃外物的诱惑，回复内心的宁静，在无欲的心灵中省视道的无名之朴，所以"不出户，知天下；不窥牖，见天道。其出弥远，其知弥少。是以圣人不行而知，不见而明，不为而成"（《老子·四十七章》，引自陈鼓应译注，1984：248）。同为道家的庄子更是以强调对道的体悟而捍卫了《老子》的立场，"夫道，有情有信，无为无形；可传而不可受，可得而不可见；……"（《庄子·大宗师》，引自陈鼓应译注，1983：181）。庄子进而提出心斋和坐忘的思想以期实现对道的本真体悟，他借孔子之口写道："仲尼曰：'若一志，无听之以耳而听之以心；无听之以心而听之以气。耳止于听，心止于符。气也者，虚而待物者也。唯道集虚。虚者，心斋也'"（《庄子·人间世》，引自陈鼓应译注，1983：117）。庄子又借颜回之口写道："颜回曰：'堕肢体，黜聪明，离形去知，同于大道，此谓坐忘'"（《庄子·大宗师》，引自陈鼓应译注，1983：205）。这便阐明了道家要求去除遮蔽心灵的物欲和私心杂念，从而体悟人性中所固有的朴实无华的自然之道，以求得与万物一体的精神境界。在道家看来，即便是混乱的人世越来越背离了道的真谛，也逃不过大道那循环运动、返本复初的法则（参阅《老子·二十五章》，陈鼓应译注，1984：163）。这便有如庄子针对天人合一所发表的感慨："故其好之也一，其弗好之也一。其一也一，其不一也一。其一与天为徒，其不一与人为徒。天与人不相胜也，是之为真人"（《庄子·大宗师》，引自陈鼓应译注，1983：170）。总之天与人不是相互对立的，这并不取决于人们是否喜好，这是大道运行的法则，而无关乎人们是否承认这一点，至于人们对这个问题的态度所影响的只是个体的处境而已，看不到天人合一的绝对必然性意味着个体的本真心性被物欲所遮蔽（这一点与现代西方思想中的异化理论颇有神通之处）。

由此可见，儒墨道三家对道的理解并非要寻找无法调和的差异，而是意在表明万事万物那纷繁多样的存在并不排除它们之间可以协调一致，它们息息相关、彼此融通，相互分化却并不割裂。因此我们看到，尽管儒家捍卫着不可肆意逾越的等级和名分，但是它并不因此而将其所推崇的道义加以割裂，①也正是因此荀子写道："斩而齐，枉而顺，不同而一。夫是之谓人伦"（《荀子·荣辱》，引自蒋南华等译注，1995：66）。相较之下墨家讲"尚同"就未免有些为同而同（参阅《墨子·尚同》，周才珠、齐瑞端译注，1995），从而忽视了从差异中来辩证地看待统一（这与墨家反对儒家的等级化的仁爱观念、倡导无等差的兼爱思想是完全一致的）。尽管这当然并不意味着墨家将一切都等齐划一，墨家的"尚同"只是就统一思想而言的，如果不考虑思想内容上的具体差异的话，墨家追求思想统一的最终目标在形式上与儒家并没有什么根本的区别，只不过儒家由于尊奉周礼所捍卫的封建等级制度，从而强调在差异中寻求一致。相比之下道家的思想则显得更为激进，它在一种对立面相互转化和相反相成的思想中来看待事物之间的是非彼此，以至于当这种思想走向极端的时候便消除了人们的认知所主张的各种差异和对立所可能具有的客观意义客观意义（之所以是"可能具有"就在于这些有关差异和对立的判断的确不同程度地包含着认识的主观性），这种倾向从《老子》到庄子被逐步推向了极致。以至于在庄子的眼中，宇宙不再像《老子》所描绘的那样充满了各种道的规律，而是充斥着变化无常的不确定性。"物无非彼，物无非是。自彼则不见，自是则知之。故曰彼出于是，是亦因彼。彼是方生之说也，虽然，方生方死，方死方生；方可方不可，方不可方可。因是因非，因非因是。是以圣人不由，而照之于天，亦因是也。是亦彼也，彼亦是也。彼亦一是非，此亦一是非。果且有彼是乎哉？果且无彼是乎哉？彼是莫得其偶，谓之道枢。枢始得其环中，以应无穷。是亦一无穷，非亦一无穷也。故曰莫若以明"（《庄子·齐物论》，引自陈鼓应译注，1983：54）。这种对立面之间的

---

① 我们可以将这种道义简单地诠释为以基于孝悌的仁爱为核心价值观（有子曰："其为人也孝弟，而好犯上者，鲜矣；不好犯上，而好作乱者，未之有也。君子务本，本立而道生。孝弟也者，其为仁之本与！"《论语·学而》，引自杨伯峻译注，1980：2），以礼乐为其具体的表现形式（子曰："人而不仁，如礼何？人而不仁，如乐何？"《论语·八佾》，引自杨伯峻译注，1980：24），以修身、齐家、治国、平天下为其最高表现（参阅《礼记·大学》，王文锦译解，2001：895—896）。

无条件转化的思想在实质上将是非彼此所揭示的差异和对立完全归咎为人们的主观偏见（参阅《庄子·齐物论》，陈鼓应译注，1983：49—50），从而在以相对主义的立场来促使人们跳出自身的局限、扩展自身的视野（陈鼓应译注，1983：73）的同时也陷入一种极端相对主义的困境之中（这种极端思想在布希亚那里得到了一个当代的回应）。这也就是为什么当庄子提出以"两行"来摒除是非的争辩从而保持事理的自然均衡的时候（"是以圣人和之以是非而休乎天钧，是之谓两行"《庄子·齐物论》，引自陈鼓应译注，1983：62），庄子也意识到他自己的"两行"观也冒着成为一种成见的危险，它显然就是一种是非的主张（冯友兰，2000：179），这样的自相矛盾不能不让庄子感到无奈，于是庄子写道："今且有言于此，不知其与是类乎？其与是不类乎？类与不类，相与为类，则与彼无以异矣。……天地与我并生，而万物与我为一。既已为一亦，且得有言乎？既已谓之一亦，且得无言乎？一与言为二，二与一为三。自此以往，巧历不能得，而况其凡乎！故自无适有以至于三，而况自有适有乎！无适焉，因是已"（《庄子·齐物论》，引自陈鼓应译注，1983：71）。最终庄子劝说人们不要再计较言语的得失，只管因任自然就是了，这恐怕也是庄子的自我解嘲罢了。到此我们不禁要问庄子是否在认识论上陷入了一种主观主义的怀疑论，从而在认识论上陷入了一种二元论？这一问题并没有一个简单的答案。一方面，庄子对除道家之外的人类认识的态度显然是一种极端相对主义所导致的主观主义的怀疑论；但是另一方面，庄子无意对道家思想采取同样的态度，他以怀疑论的倾向来批评的是道家以外的其他思想，只不过庄子也意识到这种怀疑论的立场将不可避免地使他本人的思想陷入自相矛盾的困境。事实上，强调对道的前理论的领悟而非对象化认识的道家思想并没有将认识上的主客观问题发展为一种认识论的自我认同，毕竟这种主客观性对于道家所主张的领悟而言显然尚未开始，而道家也清醒地意识到了对象化的认知所存在的难以消除的主观化的困境（与《老子》相比庄子的确低估了认识的客观性的可能性）。这使得道家并非在认识论上采取一种理所当然的非反思的态度，这也就是为什么庄子清醒地意识到他的怀疑主义使他自己的观点也受到威胁。由此我们可以认为，当庄子以一种主观主义的怀疑论来诠释认识活动的时候，他并没有完全认同于此种怀疑论，相反他力求以一种先于主客观性的前对象化的朴素的领会来消除怀疑论的威胁，只不过这种前语言的领会只能留给非语言的现实本身，它并不能被语言加以原初地把握，而思想永远也无法与语言相割裂，所以用语言所道出的"道"总免不了认知的困惑。由此我们可以说，尽管庄子的认识论思想带有一种不情愿的主观主义嫌疑（这正是庄子认识论思想的局限性所在），但是道家思想所推崇的依然是先于主客观问题的原初的朴素状态，对这一状态的肯定意味着道家在根本上对二元论的拒斥。

到此我们不难看出，先秦思想家们所给出的有关"天人合一"的各种形而上论断中隐含着把握前理论的朴素现实的努力，尽管各家各派甚至每一个作者的论断总是包含着各种视角的建构，但是如果我们并不拘泥于这些建构的社会历史的独特性或局限性，那么我们不难从中看到某些富有启发性的共同之处，后者对于建构一种建构主义的社会学似乎不无裨益（我们当然无意于自相矛盾地宣称这些共同之处就是所谓的绝对的真实）。于是我们看到，在承认存在着事物之间或社会等级之间的差异的前提下，① 差异的各方并没有被置于一种无法调和的矛盾或对立的状态之中，也没有从属于任何非此即彼的选择，相反一种朴素的关系思维将人与自然、将不同的社会等级联系在一起（尽管儒墨道三家对此种关系的理解和侧重可谓大相径庭），从而以变化多样却又融为一体的"道"的名义超越了各种界线（我们在此是针对多数人的观点而言的，毕竟在人与自然的关系问题上荀子是一个例外，他所理解的人与自然的

---

① 我们可以用道家所谓的"德"来解释这种差异，《老子》说："'道'生之，'德'畜之，物形之，势成之"（《老子·五十一章》，引自陈鼓应译注，1984：261）。换句话说"德"不过是"道"这一不可分的总体在具体事物上所表现出的形式，"'德'是'道'的作用，也是'道'的显现"（陈鼓应，1984：12）。而儒家的兴趣集中在人伦政治之上，于是在儒家的眼中，这种不同事物自身的规律就表现为不同等级人群所应当遵循的规范和法则，它们包括从士及其以上阶层所遵循的不同规制的礼和普通百姓所遵循的道德教化。儒家显然更加重视礼乐教化的建设和讨论（孔孟荀三人都没有能够给出任何有关"法"的系统讨论，虽然荀子比孔孟更加强调刑罚的作用，以至于直接影响了法家的思想，但是荀子的理论主要还是关注于作为外部规范和权威的礼义），于是我们便看到了儒家强烈地要求以西周礼乐制度为依据进行"正名"，并指责当时的时代陷入了礼崩乐坏的僭越状态（这可以被视为一种相对于西周礼乐制度的无序状态）。

合一并非来自于这样一种道的概念)。道既是多样的又是统一的，它并没有将世界割裂为主体和客体的对峙，它在承认差异的同时又超越差异。这既不同于现代整体主义者将部分消融于整体那突生的秩序之中，也不同于现代个体主义者将整体仅仅视为部分的简单聚合，因为在此部分与整体的争讼尚未浮现，思想依然迷恋于原初的真实，迷恋于浑然一体的道的本然境界，因为道是超越了部分和整体的原初的状态，在这个状态中人们并没有感到自身的存在与非人的世界陷入对立，心灵的直觉也没有感到其所寓于其中的世界的陌生（只有当人们疏离了道的本然境界，遗忘了道之作为前提和基础，从而陷入思想为自己所营造的对象化的陷阱之中的时候，对立和陌生才作为令思想难以摆脱的梦魇而浮现出来）。于是顺理成章的是，仅就人类社会而言，天人合一的思想自然不会衍生出自由意志的个体与客观的社会结构之间的无法调和的二元对立，毕竟在天人合一的思想中现代意义上的个人观尚未出现，人群也没有化身为消解个人的社会结构。总之天人合一的思想所试图传达的是一种先于对象化的朴素的状态，在这一状态中笛卡尔主义意义上的二元分化尚未开始，一切都还在一种前理论的关联之中融为一体，只有那些试图颠覆"道"的人为之举才会将事情引向割裂现实的造作。

第二节　建构的实在论

至此我们可以设想一种从朴素现实出发并回到朴素现实的建构主义社会学，这意味着我们必须承认社会学思维中所出现的主观与客观、主体与客体的二元划分不过是理论性的研究者为了逼近现实所采取的一种概念策略，这些策略的使用仅仅就其分析或抽象的意义上才具有合理的意义，也就是说它们并不具有我们此前所提到的那种原初的朴素性，它们正是为了揭示此种朴素性而人为建构起的观念的建筑，一旦我们将这一观念的建筑视为客观的真实，我们就只能在主观与客观、主体与客体之间的无休止的争论中来回震荡。当然我们在本书中无论是通过批判西方的思想还是通过诠释"天人合一"的理念所描绘的非笛卡尔主义的原初现实也只能是一种理论的假设，只是它不会陷入二元论假设所陷入的那种分裂和矛盾的困境，并由此才被我们视为一种更加切近于现实的可能。这当然不是要给出一个绝对现实的具体图形，而是意在表明无论现实本身如何地变革或多样化，它终究无法被纳入笛卡尔主义的框架之中。因此这是一种试图逼近现实的建构主义的可能性，它承认朴素现实的社会历史性，而中国古代思想中的天人合一的理念正是以其敏锐的洞察力向我们传达了这一朴素的现实也许是浑然一体的。

因此结合中国古代思想的启发和对西方建构主义社会学思想的反思与批判，我们有理由主张一种正视原初现实的一体性的建构主义立场，它当然不是要宣称社会学将仅仅停留在原初现实的境地，或者更确切地说停留在它所理解的那个原初现实的境地，这将自相矛盾地取消社会学的存在。因为社会学的研究本身就是一种对原初现实的朴素性的超越，如果没有这种超越我们也将无法认识我们的存在的朴素性，尽管这一超越将由于其所不可避免地具有的社会历史的局限性而导致对原初现实的扭曲，也就是以一种派生的思想所建构的现实来取代那也许仅仅是一个极限的原初的真实，这便是对象化认识的两难。因此思想所要做的就是尽可能地逼近那个极限，对笛卡尔主义二元论的超越正是此种逼近的努力之一，它意味着思想已经意识到，由笛卡尔的主客体二元论所规定的超越的框架存在着显而易见的歪曲，尽管清除这一歪曲并不意味着达至原初现实的工作得以完成。

一　基础存在方式

基于以上的陈述我们不难看出，人作为一个构成性的因素在原初现实状态中的非超越的存在方式对于超越笛卡尔主义无疑具有本体论意义，它表明主客体二元论完全是对超越朴素状态的一种误读，它将这一超越所不得已采取的工具性建构视为被超越的状态本身，以至于遮蔽了作为超越之基础的原初的现实（没有朴素现实的奠基，任何超越都将无从谈起，它不仅无所超越，同时也无法超越）。

不再有比原初现实更为基础的社会现实，而且正是在这一原初现实的状态中人与其周围的世界融为一体，他绝不只是作为一个旁观者在单纯的直觉中体验这个世界，他同时还以其自身的前理论的实践活动参与到对这个世界的实际存在的建构之中，这个建构构成了世界之为世界的

内在条件之一（另一个重要的条件就是自然所提供的物质基础）。① 在
这个由人类自身所亲手组建起来的原初现实的层次，一切制造主客体划
分的认识论活动尚未开始，现实只能在一种前理论的直觉中被人的基本
存在方式加以体验和建构，这个体验便是人类所具有的最为原初的领
会，它是一种前对象化的实践掌握。然而这种原初的领会并非不可能包
含某些扭曲原初现实的因素，朴素的直观虽然并非以二元论的方式发挥
作用，但它依然具有社会历史的局限性，这其中就可能包含一种二元论
的信念，② 后者来自于对象化的认识活动所生产的二元论话语的实践化
建构（认识产物的实践化建构远不止于二元论的信念，当然也并不总是
那么消极），以至于人们常常被此种信念所生产的扭曲现实的常识话语
或知识教条所蒙蔽（由于原初体验是以不言而喻的前反思、前对象和前
话语的信念方式发挥作用，因此其所造成的对原初现实的扭曲往往十分
隐蔽和难以察觉）。由此可见，原初体验并不因为其原初性而变得无可
指责，相反我们之所以将其称为原初的仅仅在于它处于一种前对象、前
反思和前话语的在先的层面——它是人类最原始的体验，它并不因为自
身的原初性而享有什么认识论的优越性（这一提法本身就是自相矛盾
的），尽管它也并不因此而陷入对原初现实的完全扭曲，扭曲和切近总
是难以分割地纠缠在一起，它们往往是一体两面的（完全的扭曲和本真
的切近也许都仅仅是极限的状态）。我们大致可以从两个方面来理解原
初体验的局限性：一方面，由于原初的朴素现实依然是一种社会历史性
的实践建构，因此对它的原初体验尽管具有一种天人合一的本真性（即
便是二元论的信念也不能改变它自身的非二元论的事实），但是这种本
真性依然从属于社会历史性的建构，毕竟其所体验的那个现实本身并不
是绝对的现实；另一方面，原初的直觉体验不可避免地受到人类存在者
的生理条件的限制（如视觉、听觉、味觉、触觉等各种感官的生理机

① 我们并不否认人与自然之间的关系是非二元论的，不过我们无意于在此探讨这一问题
（有关这一问题的简要讨论可参阅郑震，2007：28—30），我们所关心的是人类的社会领域，
我们所说的周围世界正是人类在自然的基础之上所建构起来的社会现实。

② 这表明它对它自身的无知，而这是原初领会的一个普遍特征。原初体验仅仅是一种不
言而喻的直觉，它并不反思它自身的存在，更不可能怀疑它自身的存在，这也就是为什么它是
前对象的，这其中就包括它不将它自身设定为对象。

能），它是一种基于特定生理条件的社会历史性的建构，这使之不可避免地具有某种局限性。如果我们抛开此种分析性的论述方式，我们可以说，原初体验的建构在本体论上与原初现实的建构是共属一体的（我们只是在分析上将原初体验和原初现实区分开来），它就是原初现实所内在固有的观念性构成（原初体验扭曲原初现实的幻觉本身也是一种社会现实，这些幻觉除了通过它们所生产的常识或知识来向人类自身掩盖包括它们自身在内的原初现实的本来面貌之外，并不能够发挥什么其他的作用），它正是建构原初现实的实践活动所具有的直觉信仰本身，或者更确切地说它就是生产那些建构原初现实的实践活动的社会历史意义所在（我们将原初的直觉信仰或信念称为实践的意义，并且我们并不是在个体与社会的二元论的意义上使用这些概念的）。因此原初现实的社会历史局限性也就是原初体验的产物，原初的体验所生产的实践活动组建了原初的现实本身，而原初体验对原初现实的扭曲则意味着以某些幻觉来遮蔽原初现实的社会历史的本体论特征，以至于原初现实反倒被视为一种不言而喻的自然状态，现实的幻觉也被视为理所当然的（就如同个体主义者总是幻想自己是自身行动的最终主体，但这种幻想除了使个体无法认知自身行动中所包含的社会历史性之外，并不能够造成什么本体论的后果，现实的本体论特征并不因为我们对现实的幻想而改变）。

因此原初的体验在本体论上显然不是某种主体的内在构成（即便是主客体二元论的幻觉作为一种观念实践在本体论上也同样不是二元论的），它是社会历史性的实践建构，这一建构以其社会历史性而超越了孤立个体的存在，[①] 它意味着任何个体的体验都不可避免地依赖于与其他个体之间的社会联系，这是一种不同个体之间彼此共在的实践联系

---

① 本体论上的孤独个体的逻辑只会导致各种关于主观先天性的个体论预设，仿佛个体不需要他人的存在便已经自在自足地作为一个主体而到场，仿佛个体在本体论上便是一个无须与他人建立基本关联的单子，以至于诸如语言、道德、规范、思想等现象都只能在根本上求助于个体的先天构造。然而这些先天的构造不仅无法在经验上加以验证，不仅与社会现象中难以抹去的他人的存在相抵触（例如很难想象一个孤立的个体为什么会先天地具有语言的能力，很难想象一个孤立的个人为什么会具有顾及他人存在的先天的道德律令，如此等等），而且也注定了会在社会历史的过程中暴露出其强加某种社会历史建构以先天属性的荒谬性，社会历史的变革往往使之不攻自破。

（这一共在的特征意味着每一个个体的存在都在本体论上预设了与之共在的他人的存在，每一个个体的行动都暗示了相关群体中的他人的在场，而这一切对于个体乃至人类社会而言都具有本体论的意义），这一联系的关系性特征无法支持一种自在存在的外部结构的论断（我们无法设想外在于关系各方而自在存在的关系，这本身就与关系一词的本意自相矛盾），相反其实践性暗示了每一个个体在此种关系的形成中不可避免地发挥着能动的实践作用，否则关系本身就将重新承担起强制性结构的特征（将一种外在的关系强加于被动接受的个体），从而自相矛盾地转变成一种自在的客观结构。

至此我们清楚地意识到，一种非二元论的建构主义社会学势必要在原初体验的层面来确定人之存在的本体论身份，它与人类社会的原初现实共属一体，它就是这一现实的一个分析性的层面（之所以是分析性的就在于，原初的体验正是出于我们的分析的需要而被我们从原初现实的浑然一体中人为抽象出来的理论的虚构）。这表明对现实的体验和现实本身在本体论上是同一的。尽管我们说原初体验本身不可避免地包含着扭曲原初现实的幻觉，但这事实上不过是原初现实所包含的自我扭曲的幻觉，因此即便是对原初现实的幻觉体验也不能等同于绝对的内在性建构（这种建构只会重新提出有关孤独个体的荒谬问题），毕竟这种幻觉依然是一种社会历史性的建构，它内在于它所扭曲的那个原初的现实，它是原初现实的一个内在的属性。如果从传统的个体与社会结构的角度来分析此种幻觉的话，我们可以说，它既是一种个体的幻觉也是一种超个体的结构的幻觉。而从综合的意义上来说，它便是一种在特定社会历史时空中的社会关系的幻觉。因此从包含着扭曲与切近的原初体验入手来确定人的基本存在方式无疑具有某种分析的合理性，① 它既从分析上将人的社会历史存在与物的存在区分开来，又以一种社会学上的非二元论的方式揭示了人之社会历史存在的复杂性（对原初现实的扭曲与切近），我们用身体来命名这一基本存在方式。

---

① 这并不意味着我们将认识论优先于本体论，毕竟体验本身是在一种前认识论的意义上在场的，尽管它的确构成了认识活动的前提。另一方面这也暗示了本体论和认识论之间的共属一体性，本体论的论断已经隐含了认识论的条件，与此同时认识的实践后果也参与组建着本体论的构成。

之所以是身体就在于它避免了主体和客体、主观与客观的无休止的争论（虽然身体来自于我们对原初现实的分析性的抽象，但这一抽象只是将人的社会历史存在与物质条件区分开来，它并没有对人的存在本身进行二元的分析），作为一种内在于原初现实的前对象、前反思和前话语的体验—实践者（或者说社会历史性的意义），身体的状态是高度朴素性的浑然一体的状态，那种主体与客体、主观与客观的划分在此尚未开始。当然我们并不是在人类有机体的意义上谈论身体，如果只是将身体等同于具有感官机能的人类有机体，这将不适当地使人联想到一种生物学主义，而身体的高度个人性也将难以摆脱个体主义的隐喻，甚至由于人类躯体的不可否认的物质性存在，这也为实在论提供了想象的余地。正如我们已经指出的，身体是一种非物质的理论抽象，有鉴于此，我们把"身体"区别于作为人类有机体的"躯体"，并主张尽管每一个个体都拥有其身体，但是这种分析性的提法并不能够改变这样一个事实，即身体并不来自于个体，就如同它并不来自于个体之外的某种实在一样，但是身体的确不能脱离人类个体的存在，只不过这不是指向某个想象之中的孤立的个人，而是当个体以共在的方式彼此存在的时候，身体便成为这一共在的内生性的事实。因此我们可以说身体是一种人群中的"散布"，它作为共在之中的每一个个体的投入而依赖着个体的存在，这个身体只能是人的身体，如果存在着不同的身体的话（事实正是这样，这意味着人类社会存在的社会历史多样性，意味着意义的异质性和多样性），那么它也只能是不同的人们的身体。但是身体却并非为任何一个个体而散开，就此而言，它没有一个最终的主人，它不是仅仅属于某一个个人的身体，它始终在属于某一个个体的同时又属于他人。然而这并不意味着我们试图表明这里的真正主体是群体而非个人，以至于身体不过是某种集体的人格，不过是集体意识或集体良知的代名词，这种提法与我们刚刚所指出的身体的散布特性显然是自相矛盾的，因为散布所意味着的是一种既分离又联系的特性，就像早晨的雾气四处飘散却又融为一体。因此在个体之外我们无法想象身体的存在，就如同在个体之内身体也并非实实在在。不能外在于个体谈论身体就如同不能内在于个体谈论身体一样，身体显然不是一个可以被确定位置的实在，它散布于个体的存在之间，它是个体存在之间彼此关联的桥梁，但是这也许是一个易于引人误解的比喻，我们应当看到根本就不存在一个自在的桥梁搭建在共在的个体之间，仿佛我们可以将两端的桥墩去除而桥梁却依然如故一样。甚至将身体视为个体存在之间的桥梁这一比喻也还是因为它似乎将个体的存在与身体区别开来而引人误解，相反我们从不打算将它们区别开来，不要忘了我们正是从原初现实的意义这一带有人类学特征的假设出发来谈论一种人之基础的存在方式。因此较为稳妥的表述也许应当是，身体便是个体存在中与其他个体得以相互沟通的方面，这个方面的本体论意义就在于，当我们将身体从个体的存在中撤离之后，在个体的存在中就再也剩不下什么东西能够使我们相信我们所讨论的个体依然还是一个具有社会历史性的人。那么身体是否意味着仅仅是一种非实体性的个体间的共性，它并不贬低个体的本体论地位，就如同它也没有将个体视为最终的主人，它只是一种被群体中的每一个个体所分享的共性，但究其根本而言，这种共性还是将个体的独特性彻底地取消了。必须强调的是，我们并不主张将身体视为此种意义上的共性，因为它就其实质而言取消了对个体的能动性和独特性的肯定，它只是以变样的方式遵循了那种将个体的存在加以还原的立场，以至于个体们不过是一个个毫无生气的复本，似乎身体之所以依赖于个体只是因为它需要一个载体，换句话说，如果这个世界上不再有人类，又怎么会存在人类的身体呢？对我们来说，这样一种思路与我们所强调的身体对个体的投入的依赖是大相径庭的，这一投入暗示了个体作为能动主体的不可还原的本体论地位，身体并不能够自在地发挥作用，它只能在个人身体的自我实现中得以实现其超越任何一个个人的本体论属性，它只有在成为独特的个人身体的同时才能够成为那个非个体的身体。就此而言，身体并不排斥独特性和能动性，它所具有的共通性从来都只是以个体那独特的能动实践的方式显示出来，这种能动性和独特性不可避免地就是身体的内在属性。换句话说，如果要取消此种独特性和能动性，也就意味着在本体论上取消了身体的存在，只不过它们之属于身体的事实就已经暗示了它们并不是什么个体的先天构造，或者用一种更易于被现代人所接受的科学化的语言来说，它们并不是什么生物性的遗传性状，相反作为一种社会历史性的建构它们并不是绝对的预设，但却又是身体之存在的不可或缺的因素。也只有这样我们才可以说明为什么共在的个体们在同样类型的实践中却可能显示出五花八门的样态，为什么在人们的实践中总是存在着无法消除的偶然性和不确定性，而这一切对于那些生存于前理论状态之中的共在的个体们而言，却又无损于他们彼此之间的看似不言而喻的理解和沟通。身体的存在并不否认相似就如同它并不否认差异一样，同与异的游戏只有在异质的身体（或者说异质的意义）之间才具有区分彼此的价值（这意味着社会存在的差异），① 而在同一身体之中它们并不是非此即彼的对立选项，它们属于同一个流动的过程，是这一过程得以可能的辩证法。

　　这一切都只是为了说明一点，那就是作为一种人类的基础存在方式，身体不过是贯穿每一个个体并散布于个体之间的社会关系，它以其直觉体验—实践的形态、以其内在于原初现实的事实超越了社会学的主体和客体、主观和客观之间非此即彼的对立，因为在身体的层面，这些二元论的人为预设尚未开始。而身体的基础地位也暗示了那些建立在其上的各种对象化的假设并不具有本体论的身份，它们只能从身体中获取本体论的属性。由此我们明确了一种建构实在论的本体论立场，那么这一立场又如何能够向我们揭示一种建构的实在论呢？我们此前的讨论已经指明了身体的社会历史性，就此而言它显然不是超时空的绝对实在，因此原初的现实作为身体的实践建构自然也就不可能是绝对的实在，而以原初现实为本体论基础的全部社会现实当然也就并非绝对的实在，它们都只能是社会历史过程中的事件。那么一种实在论又从何谈起呢？这当然不是一种传统意义上的实在论，它丝毫也不否认社会实在本身是一种建构的产物，只不过它试图表明建构主义的立场不应当和实在论处于一种二元对立的状态，仿佛问题又一次陷入一种非此即彼的对立之中，以至于社会现实如果不是一种绝对的实体，就只能是飘忽不定的事件之流。这种对立的背后所隐含的论调只能是绝对主义和相对主义的不可调和的对立，而这种对立的姿态往往演化成形而上学和怀疑主义的对立，一方面是固执地坚持所谓的绝对存在，另一方面则将存在幻化为虚无。

----

　　① 身体的社会历史多样性意味着基于单一身体所进行的研究仅仅是一种理念类型式的建构，实际的状况总是由多样性的身体组合所构成的不同层次的共在（不同程度的存在的相似性），这同时也就意味着不同层次的异在的关系（不同程度的存在的差异性）。

正如我们的研究所指出的，我们所需要的是一种合理和适度的相对主义，它不应当陷入怀疑论的陷阱之中。

一种建构的实在论就其本体论而言便需要在建构主义的视角中捍卫实在的价值，在我们此处的研究语境中，这就意味着在根本上捍卫身体的类似于实在的价值——一种建构的身体的"实在性"。如果说身体是一种过程性的关系事件，那么这个事件却并不因为它的时空性而显得微不足道，相反它作为人之基础的存在而具有不可替代且影响深远的意义，以至于任何试图颠覆特定身体的企图都将面对最强大的阻力。正如我们已经指出的，身体的体验—实践是在前理论的直觉的意义上存在的，之所以称之为一种直觉，就在于身体的运作无需反思的监控和理智的计算，它总是显得自然而然。此种不被质疑也无需努力的特征在为身体带来巨大效能的同时也为之构筑了强大的现实感，身体的体验—实践对于每一个个体而言是其最顽固的现实，这一顽固性恰恰来自于它那不被质疑的看似自然的状态（再没有什么比自然的东西更为理所当然的了）。换句话说，身体对于每一个个体掩盖了其事件的本性，它正是通过个体那不言而喻的信仰来发挥作用，这也就难怪许茨会将认知能力世界视为最高的实在，毕竟在我们看来以不同于许茨所理解的方式，认知能力世界的结构不过是身体的一个分析性的名称。这个世界的强大之处就在于它总是不言而喻地在场，总是扮演着仿佛是客观给定的角色，以至于个体除了将其作为无法回避的事实加以接受之外似乎别无选择。尽管我们赞同将这一切解释为一种幻觉，毕竟身体的状态不是什么自然的状态，身体的体验—实践也不是像它所显示的那样理所当然，它无论具有怎样强大的力量也不能摆脱作为事件的命运，但是我们的确不能无视这样一个事实，那就是身体的奠基性构成了人类社会生活的基础，我们并不能够像换掉一件衣服那样换掉身体，相反我们的一切生存都以之为基础。身体承载着我们最为基本的情感和利益，获得一种身体就意味着获得一种基本的存在方式，意味着被他人所认同的可能性，意味着具有某种成员的资格，意味着能够被理解和与他人沟通，甚至意味着能够成为一个理性的个体，正是身体使我们成其为我们自身，我们的欢乐、幸福、悲伤、憎恨、友爱、贪婪、勇气、同情、欲望、激情和睿智等一切切身的体验都最终来自于我们的身体所提供的可能性和关系性，正是这个身体为我们搭建了属于我们自己的现实，也正是在这个现实中我们才可能感到如鱼得水。正是因此我们将毫不犹豫地捍卫身体的存在，甚至为之付出一切。这是因为身体构成了我们最深刻的现实，即使这个现实并不像它所显示的那样理所当然、从来如此，但是拒绝这个现实也就意味着拒绝存在。

至此我们有理由将身体视为一种建构的实在（不是真正意义上的实体，而是具有某种类似于实在的价值），它的实在性就在于它并非可有可无的选项，就在于它并非转瞬即逝的幻觉，就在于它所支撑起的生活具有一种阻碍颠覆的强大力量（即使是身体所制造的关于原初现实的幻觉也同样分享着这一力量），这是因为它就是我们最根本的利益和情感所在，是我们最切身的存在所在。当然人们并非不可能在身体的体验—实践遭遇广泛和激烈的挫折时开始质疑身体的不言而喻性，以至于进一步地推动对特定身体的颠覆，但是只有当相关的群体充分地觉醒并被动员起来时人们才可能切实有效地将共在的身体加以改造或变革，否则只要特定的身体依然在特定的群体中具有某种哪怕是有限的存在空间，那么对它的质疑乃至挑战都很可能只是停留在表面。①

二　认识的可能性

我们此前的研究揭示了人之社会历史存在的方式，我们意识到在身体的层面对象化的认识尚未开始，但也正是身体为包括认识活动在内的所有的人类活动奠定了基础。身体为对象化的认识活动提供了貌似不言而喻的前提，身体的直觉体验构成了认识活动的本体论基础，它们在使认识成为可能的同时也为认识活动规定了其社会历史的局限性。这看起来似乎令人沮丧，因为认识活动总免不了要以一个社会历史性的建构作

---

① 当人们意识到身体所制造的不言而喻性并非普遍有效的事实的时候，常常依然坚持一种有条件的信仰，例如将特定的存在方式视为我们的存在方式，而不是他者的存在方式，并常常伴随着对他者的贬低，从而以此来捍卫对自身存在的信念。这也从一个侧面显示了身体对于生存所具有的重要意义，以至于放弃某种身体总是伴随着痛苦的体验。此外值得一提的是，任何对自身身体的挑战和改变都不可能是完全意义上的，人们不可能完全放弃自身的存在，因为任何对自身身体的质疑、挑战和改变的行动都依然需要某种身体的奠基，完全的颠覆将意味着死亡。

为自身存在的前提条件，能够认识本身却是以某种偏见为前提的，这为认识蒙上了一层难以抹去的阴影。

　　然而我们却主张一种建构的实在论，这意味着在承认知识作为一种社会历史建构的同时反对把知识交给极端相对主义的怀疑论。我们曾经指出，原初体验具有一种一体的两面性，即对原初现实的扭曲与切近是彼此交融在一起的。这一论断实际已经暗示了对认识论的某种理解，让我们以那些由对象化的知识所激发的实践信念为例来说明这一点，毕竟它们与对象化的知识具有生成上的天然联系。作为知识的实践化产物的信念尽管已经在本体论上抛弃了知识的话语形态和清晰性，但是它却依然秉承着知识对原初现实的理解，只不过这种理解现在是以一种前对象的不言而喻和不确定的方式呈现出来。这就意味着，激发信念的知识本身同样具有对原初现实的扭曲和切近的属性（只不过它采取的是高度对象化和话语性的立场），它在讲述真理的同时也在宣扬着偏见。因此不存在绝对的真理，任何知识总是或多或少地包含着对对象的扭曲，同时又或多或少地向我们传达了某些真实的信息，尽管这两个方面总是彼此融为一体，以至于我们无法划分出绝对的真假。事实上，如果我们从知识生产的社会学高度来看待问题，也就是将知识视为一种社会历史性的关系建构，而不是个别天才的发现或社会结构的产物，并且让我们排除那些蓄意的伪造或人为的失误等个别的因素，我们将发现在认识活动中绝对的真和绝对的假恐怕都只是极限的情况，几乎所有的知识都分布在这两个极限之间。至此我们只是给出了一种介于绝对真理和纯粹虚构之间的认识论假设，要真正地阐明这一问题恐怕还要回到为认识活动奠基的本体论层面中去，毕竟任何知识与无知的可能性都蕴含在身体之中。

　　我们曾经指出，以一种分析的方式，身体包含着对原初现实的体验的可能性，这里面不可避免地包含着对原初现实的扭曲的可能性，我们可以将其视为认识活动无法达到绝对真实的障碍；然而与之不可分割的另一方面则是，身体的体验也包含着对原初现实的本真性的领会，也就是在常识的意义上知道如何去建构原初现实本身，这意味着对现实的具有原初意味的理解，我们将其视为对社会学知识的有限真理性的本体论保证的可能性之一。尽管身体的理解不是一种话语性的知识形态，但是对原初现实的理解或者说对研究对象的理解却暗示了某种可能性，对于试图揭示原初现实的真相的社会学研究而言，这种可能性具有重要的意义，它至少表明作为社会存在者的研究者并非只是完全盲目地面对他的对象，当他放下他所采取的那种对象化的姿态的时候，他有能力一定程度地与他的对象融为一体，这一能力就存在于他的身体之中（这当然不可避免地提出了一个解释学的问题，即对象的陌生性与对象的可理解性的关系问题，我们无意于在此展开有关社会学方法论的具体研究，但是值得一提的是一种人类学的参与方法为增进此种对陌生现实的理解创造了可能性，它要求研究者尽可能地融入与对象的身体关联之中）。因此，能够一定程度地理解其对象的研究者至少在前对象的意义上已经对他的对象有所了解，这种了解的程度将直接影响着建立在其上的对对象的理论性的判断，毕竟身体的体验是对象化认识的前提，它不仅担负着动机激发地生产对象化意图的任务，而且为对象化的分析提供了最基本的认知条件。尽管研究者无法将他对对象的前理论的理解用语言加以清楚和直接地呈现，但是前理论的理解至少为他解释对象提供了某种实践的提示或参照，使他并非完全陌生地面对他的对象。这种熟悉性暗示了他能够一定程度地体会到对象的所作所为所具有的文化的合理或不合理，并且一定程度地能够为这些所作所为给出常识的理由，尽管这些理由因为体验的扭曲而常常陷入肤浅甚至误解之中，但是它们至少为他的判断提供了某种朴素的参照。这同时也表明，前理论的理解既能够为社会学研究提供不可或缺的积极的基础，同时因为对原初现实的切近和扭曲不过是一体两面的，因此它同时也意味着将研究引入歧途的可能性。这也就是为什么我们认为对对象的前理论的理解充其量只是为社会学知识的有限真理性提供了保证的可能性而非必然性，事实上，不仅原初体验的扭曲性使得理解难以摆脱幻觉的阴影，[①] 而且理解所带来的研究者对被研究对象的前对象的认同也极大地干扰着研究的客观有效性程度。

---

① 我们在此所提及的仅仅是来自于对象自身的意义所制造的幻觉，或者说是研究者所具有的与对象相似的意义所制造的幻觉，而尚未涉及来自于认识者的不同于对象的日常态度和理论视角所隐含的幻觉——也就是由认识者自身的日常的和科学的信念所可能生产的幻觉，它们是研究者的不同于对象的身体所制造的幻觉。

　　前理论的理解为客观有效的认识提供了某种可能，就如同它同样也在威胁着此种认识一样。不要忘了扭曲和切近只不过是我们赋予同一现象的不同名称，它们并不是彼此独立的双方，因此以一种更加合乎其本来状态的方式而言，理解固有地就包含着扭曲的倾向（如将原初现实视为理所当然的），换句话说，我们在理解对象的同时也就陷入了对象所包含的幻觉之中，这也就是为什么包括社会学在内的任何一种社会科学的研究总是要求研究者在理解对象的同时也要有能力和意识与对象拉开距离，从而尽可能地确保以理解为基础去解释对象的时候不被理解所营造的对扭曲的认同所误导。之所以我们在此仅仅提及社会科学，重要的原因不只是因为我们此处所关心的是社会学乃至社会科学的问题，更重要的是自然科学所研究的对象并不是能够赋予意义的人类行动者，自然科学的对象本身并不像人类的社会活动那样固有地包含着文化的意义和价值，这使得自然科学家无须像社会科学家那样去理解其所研究的对象（我们将看到这并不意味着自然科学家无须进行理解），这无疑相对减少了自然科学研究在客观有效性方面所受到的干扰。不过自然科学的对象依然是在认知能力中被赋予意义的，只不过这些意义很少构成自然科学研究的必要前提（例如自然科学家在其研究过程中无须考虑人们将大地比喻为母亲这一日常的意义建构），当然这里也存在着例外，例如自然科学家同样分享了常识中有关物质世界的客观存在的信念，分享了世界是可以被认识的信念，甚至分享了世界是具有规律性的信念，[①] 如此等等。这表明自然科学研究也有其不言而喻的前提条件（它并非无前提的绝对认识，它以来自于认知能力乃至科学共同体的各种不言而喻的信仰为前提，这同时也就暗示了它所包含的社会历史的局限性——这一点已经被现代科学哲学的研究所充分地揭示），自然科学家在某种意义上也在理解他们的对象，只不过他们所理解的意义并不是他们的研究对象自己赋予的，而是来自于他们所寓于其中的科学和非科学的认知能力。

---

　　① 米德认为，有关自然中存在各种一致性这一公设对科学而言是一个实用的前提（它被接受只是因为它有用，而且尚无法被推翻），它有其宗教的起源（米德，2003：9，328）。这意味着它仅仅是科学的一个没能被绝对地证明，甚至也没能被以归纳的方式证明的一个假设（它的宗教起源表明它的确不是一种归纳的产物），它构成了科学研究的大前提，人们只是理所当然地从这个前提出发去进行研究而已（米德，2003：330—331，331）。

这恐怕就是吉登斯将自然科学的解释视为单一解释（single hermeneutic）而将社会科学的解释视为双重解释（double hermeneutic）的原因所在（Giddens，1987：30，70）。也就是说，自然科学家无须像社会科学家那样去理解其对象赋予其运动和世界的意义，因为自然科学家的对象并不是能够赋予意义的人类行动者，或者说自然科学家并不研究这样的行动者及其行动（有关生物学研究是否存在类似于社会科学研究的理解问题不在我们的讨论之列，这的确是一个不容忽视的问题）。这就向我们揭示了一个非常重要的方面，即自然科学和社会科学都不可避免地具有自身的理论视角。我们在前文已经提到，社会科学家对其对象所固有的意义的理解不可避免地包含着三种内部幻觉的困扰，一种幻觉来自于对象自身的意义（社会科学家在努力让自己领会对象的意义的同时也可能陷入这些意义所生产的幻觉之中）；另一种幻觉则来自于研究者作为一个自然态度的个体对其研究对象所采取的认知能力的态度，为了区别于第一种幻觉，我们在此所谈论的是研究者以其不同于对象自身的意义的非科学的日常信念来理解研究对象，这种研究者的日常信念显然不同于研究对象本身所固有的意义（例如研究者将其所属的某种日常群体的身体立场带入对不具有此种身体的研究对象的理解之中，在这一问题上，自然科学与社会科学相比，其所受的影响要小得多）；最后一种幻觉则是来自于研究者的理论立场所包含的科学信念，这种幻觉的问题无疑对社会科学和自然科学都同样重要，这是理论视角的问题（当然这一问题完全有可能与前两种，尤其是第二种幻觉融合在一起，例如一种理论的立场完全可能融合了研究者作为一个非研究者的日常个体所参与的政治群体的信念）。

然而我们当然不能仅仅将理论的视角视为幻觉的制造者，正如我们已经指出的，扭曲与切近总是不可分割的一体两面，理论的视角也概莫能外。事实上社会学知识的客观有效性不仅要依赖于研究者对研究对象的前理论的理解，同时也少不了研究者的理论视角的支撑，毕竟后者直接影响了研究者对研究对象的解释，甚至影响到研究者是否愿意去理解他的研究对象（我们不难看到，实证主义者和实在论者显然以自然主义的态度拒绝去进行此种理解）。那么如果正如我们所一贯主张的那样，科学的认识活动总免不了具有其社会历史性的前提条件，因此绝对客观的研究自然也就无从谈起，那么这是否意味着认识将彻底陷入一种主观主义的偏见之中呢？我们以前理论的理解表明研究者尽管无法彻底清除幻觉的困扰，但也并非只能对其对象茫然无知。但这种理解毕竟还只是处于前理论的层次，它充其量只是暗示了认识的一种可能性，毕竟科学的认识不能仅仅停留在日常理解的层面，否则研究者就将把自己等同于认知能力中的自然态度的个体，而他有关知识的许诺也只能沦为常识之流。到目前为止，我们指出了社会科学不可避免地有其认知的社会历史前设，以及社会科学家可以通过人类学的参与方法来理解他所研究的对象的意义，但这些对于社会学的认识论显然是远远不够的。以我们已经澄清的立场来说，知识作为一种社会历史现象只能是一种非二元论的社会关系建构。作为关系建构的知识既不只是个别天才的创造，也不只是社会结构的产物，但这尚没有阐明知识与其对象之间的关系问题。那么在我们有关知识的本体论的论断中是否还隐含着认识论的非二元论的可能性呢？我们不得不承认的是，使知识避免陷入主观相对主义的怀疑论之中的唯一希望只能来自于生产知识的社会关系所可能提供的认知的可能性，尽管也正是这一社会关系为认识提供了条件和限制。事实上，理解对象的可能性以及采取人类学的参与方法的可能性都来自于特定的社会关系，知识之介于主观和客观极限之间的程度最终取决于建构知识的社会历史关系形态与知识对象之间的关系。十分有趣的是，当研究者所研究的对象正是他成长并生活于其中的社会的时候，我们刚刚提到的两者之间的关系就呈现出一种内在的同一性。① 如果不考虑布迪厄的二元论倾向的话，这种同一性暗示了布迪厄在讨论其习性概念的时候所揭示的一种逻辑——这一逻辑当然具有认识论的意义，即我们用于感知世界的方法正是这个世界的产物，这样在我们的习性和世界之间的准完美的对应之中，就既为认识世界提供了某种可能，也为认识世界制造了某种障碍。也就是说一种社会关系形态所建构的关于它自身的知识既有助于

---

① 这种过于简单的提法忽略了社会内部的关系的多样性问题，社会并不是一个同一的体系，社会内部依然存在着群体之间的异质性问题；它同时还忽略了知识生产过程中不同社会领域所发挥的作用将有所不同的问题，科学的共同体对于科学研究的意义必须得到考虑。这些问题应当留给具体的知识社会学研究来加以讨论，我们在此仅在一种较为理想化的意义上进行讨论，这对于我们揭示认识论的建构主义实在论已经足够了。

切近它自身的存在（如研究者将能够深入地理解他的对象，以至于可以最大限度地降低陌生性所带来的威胁），也可能造成某些内生的障碍（如研究者将更加难以摆脱原初现实所制造的幻觉的困扰）。

不可否认的是，建构知识的社会关系及其与知识的对象之间的关系都是社会历史性的关系，它们各自的建构主义特征决定了知识不可能不具有一种建构主义的属性，① 但是这当然不是与其对象无关的符号的游戏，建构主义的认识论所最终关注的是认识者和认识对象之间的社会历史关系的问题，而不仅仅是认识者自身的社会历史存在的问题，尽管这两个问题不可分割地联系在一起。埃利亚斯的历史社会学研究已经向我们揭示了社会关系结构的变革至少对非科学因素在科学研究中发挥作用的比重产生了重要的影响（如果我们像埃利亚斯一样承认科学的经验研究并非从属于怀疑论的虚无，那么社会关系结构的变革就直接影响到了科学知识的主客观性的程度）。应当说如果并不存在什么绝对理性的话，那么理性的确只是一种社会历史建构，就如同它的对象在不断地改变其形态一样，理性也在社会历史的过程中不断地变革着自身的形态。我们当然不是要在这里谈论一种一劳永逸地获得客观知识的理性的蓝图，而是意在表明某些理性的建构将为我们获得更为有效的社会学知识提供某种并非绝对的保证。其中一个重要的方面就是我们已经指出的以人类学的参与方法去深入地理解对象的意义，与此同时面对日常的理解和理论的视角所可能带来的消极方面，布迪厄所强调的反思性则构成了另一个重要的保证。无论社会学所研究的对象与研究者自身的社会立场具有怎样的关系，反思性都应当构成一种科学认识的制度化保障。正是通过尽可能地对自身的研究活动所采取的各种前理论的预设的反思，研究者才有可能发现自身研究中的局限性所在，从而最大限度地避免对自身立场的盲从，并使自己的研究活动尽可能地与各种幻觉拉开距离。尽管反思

① 社会学乃至社会科学的对象显然具有社会历史性的特征，其实质也就是文化的多样性和多变性（这意味着社会科学的知识将不可避免地根据其对象的变革而变革，一劳永逸地给出绝对普遍的知识仅仅是一种形而上学的神话）。相比较而言，自然科学的对象则要稳定和一致得多（这也就是为什么自然科学的对象——至少在它的某些领域中——更易于用一种机械的方式来加以近似的原因之一，但这种近似也必须面向未来的检验和纠正），尽管自然科学也会面对其对象的历史生成的问题，如在生物学、地质学和气象学等学科中。

本身也不可避免地具有自身的先入之见，这意味着反思只能是一个永无止尽的过程，我们不可能一劳永逸地摆脱幻觉的困扰。我们并不认为我们已经获得了解决认识论困境的最终钥匙，这本身就与我们的过程性的建构主义立场相矛盾。我们清醒地意识到无论是理解的意愿还是反思的意图都仅仅是思想发展过程中的事件，但是我们有理由相信，一种立足于理解对象并自我反思的社会学研究较之那些拒绝理解且无意反思的社会学研究（实证主义和实在论无疑是其代表）要更加切近于原初现实（因为它更有助于减少各种幻觉的困扰），而这种向客观性的逼近显然是一种过程性的关系事件，它即便不能向我们一劳永逸地保证认识的客观有效性，却能向我们揭示某种进步的可能性，至少与那些非理解、非反思的社会学研究相比，它无疑为我们提供了某种进步的信心（我们在此显然忽略了各种具体的方法论问题，社会学当然不能仅仅通过理解和反思来实现对对象的认知）。

　　正是在以上讨论的意义上，我们才将建构主义社会学的认识论称为建构的实在论。它意味着社会学的知识既是一种社会历史性的关系建构，同时也有能力一定程度地为我们提供对象的真实（这种程度本身就是一种过程性的关系事件），事实上，对象的真实正是建构的产物（这也许就是科学认识所无法摆脱的事实，困扰和希望总是一体两面的），社会学认识的先入之见既为知识的获取制造了各种幻觉和限制，也使得逼近对象的理解和反思的社会学研究得以可能，正是后者推动着迈向原初现实的努力。总之我们虽然不能给出绝对的认识，我们的认识方式本身就注定了它无法给出绝对客观的论断，但是没有绝对的真理并不意味着没有任何意义上的真理，真理本身就是一个有可能不断改进的过程性的关系事件，也正是在这一意义上，社会学的知识处于主观和客观这两个极限之间，它的实在论的价值就在于它那建构的属性显然并非对对象一无所知。

参考文献

一　中文文献

奥克斯:《导论:齐美尔的问题结构》,陈志夏译,载齐美尔《历史哲学问题——认识论随笔》,上海译文出版社 2006 年版。

巴尔特:《符号学原理》,王东亮等译,三联书店 1999 年版。

贝尔特:《二十世纪的社会理论》,瞿铁鹏译,上海译文出版社 2002 年版。

波斯特:《第二媒介时代》,范静晔译,南京大学出版社 2001 年版。

布迪厄、华康德:《实践与反思——反思社会学导引》,李猛、李康译,中央编译出版社 1998 年版。

陈鼓应:《老子哲学系统的形成》,载陈鼓应译注《老子注释及评介》,中华书局 1984 年版。

陈鼓应译注:《庄子今注今释》,中华书局 1983 年版。

陈鼓应译注:《老子注释及评介》,中华书局 1984 年版。

笛卡尔:《谈谈方法》,王太庆译,商务印书馆 2000 年版。

迪蒙:《论个体主义:对现代意识形态的人类学观点》,谷方译,上海人民出版社 2003 年版。

冯友兰:《中国哲学史》(上册),华东师范大学出版社 2000 年版。

甘恩:《法国社会理论》,李康译,北京大学出版社 2011 年版。

葛兆光:《中国思想史》(第一卷),复旦大学出版社 2001 年版。

哈耶克:《科学的反革命:理性滥用之研究》,冯克利译,译林出版社 2003 年版。

海德格尔：《形而上学导论》，熊伟、王庆节译，商务印书馆 1996
年版。

海德格尔：《路标》，孙周兴译，商务印书馆 2000 年版。

海德格尔：《尼采》，孙周兴译，商务印书馆 2002 年版。

海德格尔：《在通向语言的途中》（修订版），孙周兴译，商务印书馆
2004 年版。

黑格尔：《精神现象学》上卷，贺麟、王玖兴译，商务印书馆 1979
年版。

亨普尔：《自然科学的哲学》，张华夏译，中国人民大学出版社 2006
年版。

胡塞尔：《笛卡尔式的沉思》，张廷国译，中国城市出版社 2002 年版。

蒋南华、罗书勤、杨寒清译注《荀子全译》，贵州人民出版社 1995
年版。

吉登斯：《社会的构成》，李康、李猛译，三联书店 1998 年版。

杰伊：《法兰克福学派史》，单世联译，广东人民出版社 1996 年版。

凯尔纳：《让·鲍德里亚》，凌琪等译，载乔治·瑞泽尔主编《布莱克
维尔社会理论家指南》，江苏人民出版社 2009 年版。

康德：《纯粹理性批判》，邓晓芒译，人民出版社 2004 年版。

罗尔斯：《哈罗德·加芬克尔》，凌琪等译，载乔治·瑞泽尔主编《布
莱克维尔社会理论家指南》，江苏人民出版社 2009 年版。

罗素：《西方哲学史：及其与从古代到现代的政治、社会情况的联系》
（下卷），马元德译，商务印书馆 1976 年版。

马克思：《资本论》第 1 卷，人民出版社 2004 年版。

基尔明斯特、门内尔：《诺贝特·埃利亚斯》，凌琪等译，载乔治·瑞
泽尔主编《布莱克维尔社会理论家指南》，江苏人民出版社 2009
年版。

米德：《十九世纪的思想运动》，陈虎平、刘芳念译，中国城市出版社
2003 年版。

倪梁康：《胡塞尔现象学概念通释》，三联书店 1999 年版。

尼采：《论道德的谱系》，谢地坤译，漓江出版社 2000 年版。

《尼采遗稿选》，君特·沃尔法特编，上海译文出版社 2005 年版。

帕森斯：《社会行动的结构》，张明德、夏遇南、彭刚译，译林出版社
　　2003 年版。

齐美尔：《历史哲学问题——认识论随笔》，陈志夏译，上海译文出版
　　社 2006 年版。

史密斯：《埃利亚斯与现代社会理论》，李康译，北京大学出版社 2011
　　年版。

斯宾诺莎：《伦理学》，贺麟译，商务印书馆 1983 年版。

涂尔干：《社会学方法的准则》，狄玉明译，商务印书馆 1995 年版。

涂尔干：《宗教生活的基本形式》，渠东、汲喆译，上海人民出版社
　　1999 年版。

王文锦译解《礼记译解》（上下册），中华书局 2001 年版。

韦伯：《社会科学方法论》，韩水法、莫茜译，中央编译出版社 2005
　　年版。

沃特斯：《现代社会学理论》，杨善华、李康等译，华夏出版社 2000
　　年版。

谢立中：《走向"多元话语分析"：后现代思潮的社会学意涵》，香港
　　《社会理论学报》秋季卷，2006 年。

许茨：《社会实在问题》（修订版），霍桂桓译，浙江大学出版社 2011
　　年版。

许茨：《社会理论研究》，霍桂桓译，浙江大学出版社 2011 年版。

亚历山大：《世纪末社会理论》，张旅平等译，上海人民出版社 2003
　　年版。

杨伯峻译注：《论语译注》，中华书局 1980 年版。

杨伯峻译注：《孟子译注》，中华书局 2005 年版。

叶启政：《进出"结构—行动"的困境：与当代西方社会学理论论述对
　　话》，三民书局 2004 年版。

郑震：《论身体》，《社会学研究》2003 年第 1 期。

郑震：《语言与实践》，《社会理论学报》2006 年秋季卷。

郑震：《作为存在的身体》，南京大学出版社 2007 年版。

郑震：《身体图景》，中国大百科全书出版社 2009 年版。

郑震：《列斐伏尔认知能力批判理论的社会学意义：迈向一种认知能力

的社会学》,《社会学研究》2011 年第 3 期。

周才珠、齐瑞端译注《墨子全译》,贵州人民出版社 1995 年版。

二　英文文献

Allen, B. J. 2005, "Social Constructionism", in S. May & D. K. Mumby (eds.), *Engaging Organizational Communication Theory & Research: Multiple Perspectives*. Thousand Oaks, London, New Delhi: Sage Publications, Inc.

Bachelard, G. 1984, *The New Scientific Spirit*. Trans. by A. Goldhammer. Boston: Beacon Press.

Baudrillard, J. 1981, *For A Critique of the Political Economy of the Sign*. Trans. by C. Levin. Telos Press.

——, 1988, *Jean Baudrillard: Selected Writings*. M. Poster (ed.). Stanford: Stanford University Press.

——, 1993, *Symbolic Exchange And Death*. Trans. by L. Hamilton Grant. London, Thousand Oaks, New Delhi: Sage Publications.

——, 1998, *The Consumer Society: Myths and Structures*. Trans. by C. T.. London, Thousand Oaks, New Delhi: Sage Publications.

Berger, P. L. and Luckmann, T. 1966, *The Social Construction of Reality: A Treatise in the Sociology of Knowledge*. Penguin Group.

Bohman, J. 1991, *New Philosophy of Social Science: Problems of Indeterminacy*. Cambridge: Polity Press.

Bourdieu, P. 1977, *Outline of A Theory of Practice*. Trans. by R. Nice. Cambridge: Cambridge University Press.

——, 1984, *Distinction: A Social Critique of the Judgment of Taste*. Trans. by R. Nice. Cambridge: Harvard University Press.

——, 1990, *In Other Words: Essays Towards a Reflexive Sociology*. Trans. by M. Adamson. Stanford: Stanford University Press.

——, 1998, *Practical Reason: On the Theory of Action*. Trans by G. Sapiro. Cambridge: Polity Press.

——, 2000, *Pascalian Meditations*. Trans. by R. Nice. Cambridge: Polity

Press.

Burr, V. 2003, *Social Constructionism*. London, New York: Routledge.

Coulon, A. 1995, *Ethnomethodology*. Trans. by J. Coulon and J. Katz. Thousand Oaks, London, New Delhi: Sage Publications.

de Certeau, M. 1984, *The Practice of Everyday Life*. Trans by Steven Rendall. Berkeley, Los Angeles, Londen: University of California Press.

Descartes, R. 1986, *Meditations on First Philosophy*. Trans. by J. Cottingham. Cambridge: Cambridge University Press. （中国社会科学出版社 1999 年影印本）

Elias, N. 1983, *The Court Society*. Trans. by E. Jephcott. New York: Pantheon Books.

——, 1991a, *The Symbol Theory*. R. Kilminster (ed.) . London, Thousand Oaks, New Delhi: Sage Publications Ltd.

——, 1991b, *The Society of Individuals*. Trans. by E. Jephcott. New York, London: Basil Blackwell.

——, 1992, *Time: An Essay*. Trans. by E. Jephcott. Oxford, Cambridge: Blackwell Publishers.

——, 1998, "Involvement and Detachment" . In *Norbert Elias: On Civilization, Power, and Konwledge: Selected Writings*. S. Mennell & J. Goudsblom (eds.) . Chicago, London: The University of Chicago Press.

——, 2000, *The Civilizing Process: Sociogenetic and Psychogenetic Investigations*. Trans. by E. Jephcott. Oxford: Blackwell Publishers Ltd.

——, 2009a, "Sociology of knowledge: new perspectives" . In N. Elias: *Essay I: On the Sociology of knowledge and the Sciences* (*The Collected Works of Norbert Elias, Volume 14*) . R. Kilminster & S. Mennell (eds.) . Dublin: University College Dublin Press.

——, 2009b, "The sciences: towards a theory" . In N. Elias: *Essay I: On the Sociology of knowledge and the Sciences* (*The Collected Works of Norbert Elias, Volume 14*) . R. Kilminster & S. Mennell (eds.) .

Dublin: University College Dublin Press.

Elias, N. and Scotson, J. L. 2008, *The Established and the Outsiders* (*The Collected Works of Norbert Elias*, *Volume 4*). C. Wouters (ed.). Dublin: University College Dublin Press.

Foucault, M. 1970, *The Order of Things: An Archaeology of the Human Sciences*. New York: Vintage Books.

——, 1972, *The Archaeology of Knowledge*. Trans. by A. M. S. Smith. New York: Pantheon Books.

——, 1977, *Discipline and Publish: The Birth of the Prison*. Trans. by A. Sheridan. New York: Vintage Books.

——, 1978, *The History of Sexuality*, *Vol. 1: An Introduction*. Trans. by R. Hurley. New York: Vintage Books.

——, 1980, Power/Knowledge. C. Gordon (ed.). New York: Patheon Books.

——, 1997a, "The Ethics of the Concern for Self as a Practice of Freedom". In *Michel Foucault* (*Vol. 1*): *Ethics*. P. Rabinow (ed.). New York: The New Press.

——, 1997b, "Penal Theories and Institutions". In *Michel Foucault* (*Vol. 1*): *Ethics*. P. Rabinow (ed.). New York: The New Press.

——, 1997c, "Nietzsch, Freud, Max". In *Michel Foucault* (*Vol. 2*): *Aesthetics*, *Method*, *and Epistemology*. J. D. Faubion (ed.). New York: New Press.

Garfinkel, H. 2002, *Ethnomethodology's Program: Working Out Durkheim's Aphorism*. Lanham, Boulder, New York, Oxford: Rowman & Littlefield Publishers, Inc.

Giddens, A. 1987, *Social Theory and Modern Sociology*. Stanford: Stanford University Press.

Goffman, E. 1959, *The Presentation of Self In Everyday Life*. New York: Doubleday.

——, 1961, *Asylums: Essays on the Social Situation of Mental Patients and Other Inmates*. New York: Anchor Books.

Habermas, J. 1987, *The Philosophical Discourse of Modernity: Twelve Lectures*. Trans. by F. Lawrence. Cambridge: Polity Press.

Heidegger, M. 1999, *Being and Time*. Trans. by J. Macquarrie and E. Robinson. SCM Press Ltd. （中国社会科学出版社 1999 年影印本）

Hume, D. 1999, *A Treatise of Human Nature*. The Clarendon Press. （中国社会科学出版社 1999 年影印本）

Lefebvre, H. 1984, *Everyday Life in the Modern World*. Trans by Sacha Rabinovitch. New Brunswick: Transaction Publishers.

——, 1991, *Critique of Everyday Life（Vol. 1）: Introduction*. Trans by John Moore. Londen & New York: Verso.

——, 2002, *Critique of Everyday Life（Vol. 2）: Foundations for a Sociology of the Everyday*. Trans. by John Moore. London & New York: Verso.

——, 2005, *Critique of Everyday Life（Vol. 3）: From Modernity to Modernism（Towards a Metaphilosophy of Daily Life）*. Trans. by Gregory Elliott. London & New York: Verso.

Mannheim, K. 1979, *Ideology and Utopia: an Introduction to the Sociology of Knowledge*. Trans. by Louis Wirth and Edward Shils. Routledge & Kegan Paul. （中国社会科学出版社 1999 年影印本）

Mead, G. H. 1932a, "The Objective Reality of Perspectives". In *The philosophy of the Present*. A. E. Murphy（ed.）. Chicago and London: The University of Chicago Press.

——, 1932b, "The Genesis of the Self and Social Control". In *The philosophy of the Present*. A. E. Murphy（ed.）. Chicago and London: The University of Chicago Press.

——, 1932c, *The philosophy of the Present*. A. E. Murphy（ed.）. Chicago and London: The University of Chicago Press.

——, 1932d, "The Physical Thing". In *The philosophy of the Present*. A. E. Murphy（ed.）. Chicago and London: The University of Chicago Press.

——, 1932e, "Scientific Object and Experience". In *The philosophy of the*

Present. A. E. Murphy (ed.). Chicago and London: The University of Chicago Press.

——, 1932f, "Empirical Realism". In *The philosophy of the Present*. A. E. Murphy (ed.). Chicago and London: The University of Chicago Press.

——, 1934, *Mind, Self, and Society: from the Standpoint of a Social Behaviorist*. C. W. Morris (ed.). Chicago: University of Chicago.

Merleau-Ponty, M. 2002, *Phenomenology of Perception*. Trans. by C. Smith. London, New York: Routledge.

Murphy, A. E. 1932, "Introduction". in Mead, G. H. *The philosophy of the Present*. A. E. Murphy (ed.). Chicago and London: The University of Chicago Press.

Pascal, B. 1931, *Pascal's Pensées*. Trans. by W. F. Trotter. London: J. M. Dent & Sons, Ltd. and E. P. Dutton & Co. Inc. （中国社会科学出版社 1999 年影印本）

Pizzorno, A. 1992, "Foucault and the liberal view of the individual". In T. J. Armstrong (ed.). *Michel Foucault, Philosopher*. Harvester Wheatsheaf.

Rawls, A. W. 2002, "Editor's Introduction". In Garfinkel, H. *Ethnomethodology's Program: Working Out Durkheim's Aphorism*. Lanham, Boulder, New York, Oxford: Rowman & Littlefield Publishers, Inc.

Schutz, A. 1967, *The Phenomenology of the Social World*. Trans. by G. Walsh & F. Lehnert. Northwestern University Press.

Simmel, G. 1971a, "The Categories of Human Experience". In *Georg Simmel On Individuality and Social Forms: Selected Writings*. D. N. Levine (ed.). Chicago and London: The University of Chicago Press.

——, 1971b, "How is Society Possible?". In *Georg Simmel On Individuality and Social Forms: Selected Writings*. D. N. Levine (ed.). Chicago and London: The University of Chicago Press.

——, 1971c, "The Problem of Sociology". In *Georg Simmel On Individuali-*

ty and Social Forms：*Selected Writings*. D. N. Levine（ed.）. Chicago and London：The University of Chicago Press.

——, 1990, *The Philosophy of Money*. Trans by D. Frisby. Rouledge and Kegan Paul Ltd. （中国社会科学出版社 1999 年影印本）

Walsh, G. 1967, "Introduction". In A. Schutz, *The Phenomenology of the Social World*. Trans. by G. Walsh & F. Lehnert. Northwestern University Press.

Weber, M. 1958, *The Protestant Ethic and the Spirit of Capitalism*. Trans by T. Parsons. New York：Charles Scribner's sons.

——, 1964, *The Theory of Social and Economic Organization*. Trans by A. M. Henderson & T. Parsons. New York, London, Toronto, Sydney, Singapore：The Free press.

Wittgenstein, L. 1953, *Philosophical Investigations*. Trans. by G. E. M. Anscombe. The Macmillan Company. （中国社会科学出版社 1999 年影印本）

主题索引

（以汉语拼音字母顺序排列）

B

被收容者 inmates　　87, 89, 90, 92, 93, 97, 105

本体论 ontology　　1－5, 7, 13, 14, 16, 17, 21－23, 26, 30, 35, 36, 38, 39, 41, 46, 51, 52, 59, 61, 62, 71, 74, 76－79, 84－87, 95－105, 108, 109, 116, 118, 127, 129－133, 137－145, 148－151, 158, 159, 161, 163－165, 168－170, 172, 185, 187, 191, 193, 195－197, 201, 203, 207, 213－216, 220, 226, 228, 229, 231－235, 239

本质主义 essentialism　　3, 4, 36, 40, 42, 62, 70, 83, 88, 98, 100, 101, 108, 116, 123, 145, 169, 193

编码 code　　24, 25, 101, 109, 112－121, 124, 126, 133, 195, 196, 214, 215

表演 performance　　20, 21, 88, 93－95

表意的符号 significant symbols

不可知论 agnosticism　　9, 11, 212

不连续性 discontinuity　　66, 188, 209

不确定性 uncertainty　　1, 10－12, 21, 47, 57, 67, 79, 88, 116, 128, 140, 150, 174, 175, 178, 184, 192, 208, 222, 232

C

参照 reference　　21, 25, 39, 67, 69, 72, 111－114, 116, 120, 121, 123, 125, 132, 181, 194－196, 203, 207, 217, 236

参照的理性 referential Reason

参照价值 referential value

差异 difference　　1，2，4，13－15，20，22，25，31，35，47，61，65，67，71，93，97－99，104，107，112，113，117，119－121，124－126，131－133，135，138，141，144，149，154，158，162，165，171，178，179，182，184，199，201，208，209，212，216，218，220－225，232

产品 products　　111，112，117

场 field　　1－5，7，10，13，14，16，17，19，21，23－25，28，30，35－39，45－52，55－57，59－62，68，70，73，77，78，80－82，86，92－96，99－102，104－106，108，109，111，114，116－120，122－130，132，135－137，139，142－154，158－169，174－178，180，183－188，191－193，195，200，202－205，207－212，214－216，218，220，221，223，226，228，229，231－233，235，238－241

常规 routine　　37，68，95

常人方法学 ethnomethodology　　18，78－81，83－87，185－187

常识 common sense　　71，82，83，86，153，178，179，181－185，193，211，214，227，228，235－237，239

长时段或长期过程 long duration 或 long-term process

超级现实 hyperreality　　24，25，109，113，114，121，123，195，196

超级真实 hypertruth　　114，117

超级现实主义 hyperrealism

超脱 detachment　　12，29，199－208

超我 superego　　27，133，136，137

持存 retention　　13，14，66，67，86，101，111，131，132，145

处境 situation　　19，37，92，134，140，178，183，189，200，202，205，217，218，221

此性 haecceities　　83

D

大写的历史 History 190

道 Tao 3, 6, 10, 19 – 22, 26, 27, 35, 36, 38 – 40, 51, 52, 54, 55, 57 – 59, 62 – 65, 70, 72, 88, 91 – 94, 99, 103, 114, 115, 120, 131, 134, 136, 145, 147, 153, 154, 165, 172, 175, 180, 192 – 194, 196, 197, 204, 205, 209 – 211, 217 – 225, 228, 233, 235, 243

道家 Taoist school

笛卡尔主义 Cartesianism 13, 23, 31, 61, 115, 116, 151, 191, 217, 218, 225, 226

地方性的 local 79 – 81, 83, 186

电磁相对论 electromagnetic relativity 51, 52

定量技术 quantitative method 79

动机 motive 36 – 38, 62 – 69, 75, 133, 170, 178, 181, 236

动机激发 motivation

对象 object 1 – 4, 6, 10, 16, 19, 20, 22, 24, 28, 30, 36, 37, 39, 41, 44, 51 – 57, 59, 60, 64, 66, 67, 78, 82 – 84, 94, 97 – 100, 102 – 105, 108, 124, 125, 127 – 129, 131, 135, 140, 145, 152, 154, 158, 161 – 168, 170, 171, 174 – 186, 189 – 195, 199 – 202, 204, 207 – 214, 219, 220, 223 – 227, 230, 232, 234 – 241

E

二元论 dualism 5, 7, 8, 13 – 20, 23, 24, 26 – 32, 40, 44 – 47, 50, 55, 56, 60, 61, 82, 86, 92, 93, 116, 119, 121, 122, 124, 127, 130, 135, 137 – 145, 147 – 150, 154, 155, 158, 159, 169, 172, 176, 195 – 197, 202, 203, 207, 208, 213, 216 – 218, 220, 223 – 229, 232, 239

F

法家 Legalists 224

反本质主义 anti-essentialism 3

反建构主义 anti-constructionism 4, 5, 104, 159, 160, 169

反身性 reflexiveness 30, 44, 54

反思 reflection　　15，18，19，21，22，24，27－29，31，54，55，58，60，63，65－68，82，83，86，87，94，99，101，102，104，117，133，134，137，140，142，149，151，152，154，177，179，188，189，192，193，210，211，214，215，217，220，223，226，227，230，233，240－242

反思性 reflectivity

反思社会学 reflective sociology

方法论 methodology　　5，7，11，16，18，35－40，45，46，48－50，62，63，70，77，86，97，116，128，135，138，142－144，154，155，161，163－165，170，193，236，241，244

方法论个体主义 methodological individualism

方法论整体主义 methodological holism

非决定论 un-determinism　　10，11

非理性行动 irrational action

符号 sign 或 symbol 符号　　3，14，18－21，24－27，44，48－50，52－55，62，79－81，84，90，109－126，146，150－153，185，195－197，205，206，211，213，240，242

符号或象征暴力 symbolic force 或 symbolic violence

符号互动论 symbolic interactionism

符号系统 system of signs

符号学 semiology

符号秩序 order of signs

G

感官经验 sensuous experience　　56，219

革命 revolution　　7，101，103，111，113，114，120，124，126，140，192，206，209，242

个体或个人 individual

个体主义或个人主义 individualism

工具理性 instrumental reason　　24，37，91，105－108，115，116，118

工具理性化 instrumental rantionalization

工业化 industrialization　　109 – 112, 121, 123, 137

功利主义 utilitarianism　　105

功能 function　　24, 27, 38 – 40, 43, 45 – 47, 79, 90, 100, 105, 107, 110 – 112, 128, 129, 131, 137, 138, 141, 143 – 145, 147, 166, 174, 189, 202, 204, 205

功能主义 functionalism

共谋 collusion　　20, 94

共识 consensus　　48

共同体 community　　43, 44, 47 – 50, 55, 75, 176, 177, 200, 237, 239

共在 Bing-with　　61, 97, 144, 145, 228 – 232, 234

沟通 communication　　18, 20, 28, 48, 71, 75, 76, 138, 203, 213, 231 – 233

构成主义 constructivism　　147

观察性的理解 observational understanding　　64

官僚主义或官僚制度或科层制 bureaucracy

关系 relationship　　2, 5, 11, 12, 14, 18, 21, 22, 25 – 28, 30, 39, 41, 45, 47, 48, 50, 52 – 61, 70, 71, 73, 76, 77, 81, 82, 87, 90, 92 – 94, 97 – 103, 105, 109, 112, 114, 116, 118, 119, 124, 126 – 152, 163, 166, 167, 171 – 178, 180, 181, 183, 185, 191 – 193, 198, 199, 202, 203, 205 – 208, 211 – 214, 224, 226, 229, 232, 233, 235, 236, 239 – 241

关系结构 relational structure

关系主义 relationism

规范 norm　　35, 79, 82, 83, 90, 95, 106, 107, 141, 164, 167, 168, 171, 189, 203, 206, 218, 220, 224, 228

规训 discipline　　90, 91, 97, 107

规律 law　　3, 10, 11, 27, 37, 50, 51, 53, 58, 111, 128 – 132, 139, 141 – 143, 158, 163, 165, 167, 168, 179, 190, 205, 206, 214 – 216, 218, 220, 222, 224, 237

归纳 induction　　101, 102, 193, 237

归纳主义 inductivism

过程 process　　1，8 - 10，14，15，18，19，26，39，41，43 - 47，49 - 52，54，55，57 - 64，67 - 70，74 - 76，78，81，83，85 - 87，93 - 95，99，100，106，108，120，123，127 - 130，132 - 135，137，138，140 - 142，147，150，166，168，170，172，174 - 177，181，185，186，188，190 - 192，194，198，199，202 - 209，213，216，228，232，233，237，239 - 241

过程社会学 process sociology

H

合理性 rationality　　44，48，60，108，122，183，184，206，211，213，229

合作 cooperation　　42，44，45，48，112，144，174

后结构主义 post-structuralism

互动 interaction　　18 - 20，40，41，43 - 46，48 - 50，52，53，55，56，59，60，62，68，71，73，80，81，85，88，93 - 97，130，146，170，171，178

话语 discourse　　8，11，18，21 - 23，26，28，42，43，49，50，79，80，83 - 85，90，91，94，98 - 100，102 - 104，110，112，114，154，171，189 - 194，196，197，210，213，214，227，230，235，244

怀疑论或怀疑主义 skepticism

环境 environment　　18，28，43，44，53 - 55，57，60，70，89，136，141，150，152，154，174 - 176

还原论 reductionism　　1，10，13，27，45，82，95，100，116，127，140，142，143，149，154，155

活动 act　　4，6，12，16，20，25，29，30，39，42，43，48，53，55，63 - 69，71，72，74 - 76，78，80 - 85，89，93，94，100，113，115，129，150，153，163，167 - 169，172，174，175，178，179，181 - 183，186，187，191，194，195，202，203，207，208，210 - 214，216，223，226 - 229，234，235，237，238，240

或然性 probability　　10，11，37，150，184

J

机械论 mechanism　6，7，10，175，176，205，206

集体 collectivity　21，35，38，72，73，79，80，85，86，110，136，139，148，149，151－154，230

纪律或规训 discipline

纪律权力 disciplinary power　97，106－108

纪律社会 disciplinary society　105

技术 technology　10，11，24，79，80，105－108，112，186，199

价值 value　16，21，25，29，39，41－43，50，52，57－59，69，88，97，111－115，117，118，120，121，123－126，129，136，137，144，154，161－168，171，173，177，178，180，186，192，195－197，200，203－206，208，219，222，232－234，237，241

价值关联 value relevance

价值中立 value neutrality

建构的实在论 constructive realism　31，225，232，233，235，241

建构主义 constructionism 或 constructivism　1－5，8，10，12－18，20－22，24，26，28，30，31，35，36，38－40，47，48，50－52，59，63，68，70，76，78，79，83，87，88，93，95，96，98，101，102，104，105，108，109，120，124，127，132，135，139，147，148，152，154，155，158－161，164－167，169，171，172，177，180，183，192－195，207，212，216－218，224－226，229，232，233，239－241

建构主义的结构主义 constructivist structuralism

交换 exchange　25，52，98，114，121，124－126

阶级 class　7，48，105，107，111，119，146，149，153，154，196

接近呈现 appresentation

结构 structure　1，3，5，13－17，20，21，26－28，30，35，36，39，41－43，45－50，52，53，55，57，58，60－62，71－74，76，77，79，81－83，85，86，88，89，91－96，100，101，103，107－109，111，112，118，127－133，135－139，141－152，154，158，

159，167，168，173，179，182，185，191，198，202，203，206，207，211 - 214，225，229，233，235，239，240，242，244

结构功能主义 structural functionalism

结构性特征 structural properties

结构主义 structuralism

结构主义的建构主义 structuralist constructivism

结构主义语言学 structuralist linguistics

解释性的理解 interpretive understanding　　63

解释社会学 interpretive sociology　　62 - 64，158，165，180

解释学 hermeneutics　　164，210，236

进化论 evolutionism　　49，51，174，175

进行 performance　　5，19，27，30，31，42，44，52，53，67，69，72，75，81，85，89，90，92，104 - 107，111，112，122，123，128，131，141 - 145，163，164，168，170，172，174，175，179，183，187，188，197，202，204，218，224，230，232，237 - 239

经验主义 empiricism　　1，3，5，6，9，12，80，103，104，174，175，212

经过 passage　　36，57，58，66，67

剧组 team　　20，93 - 95

决定论 determinism　　3，6，7，10，11，27，35，37，38，96，114，142，143，163，176，184，205

绝对主义 absolutism　　3，9，11，12，29，31，58，123，130，135，145，190，193，194，197，202 - 204，206，207，212，213，232

角色 character 或 part　　23，25，44，58，60，62，86，88，92，94，95，99，101，107，124，140，142，164，182，201，233

K

考古学 archaeology　　98 - 100，191

科学哲学 philosophy of science　　10，11，164，175，176，188，194，237

可能性 possibility　　9，18，26，28，30，35，41，46，69，75，93，101，115，117，123，127，129，131，144，146，147，150，152，

161, 163 – 165, 168, 171, 174, 175, 180, 196, 200, 202, 209, 211, 212, 223, 226, 233, 235, 236, 239, 241

客观结构 objective structure   28, 143, 147, 148, 150 – 152, 229

客观意义 objective meaning   64, 68

客观主义 objectivism   3, 6, 7, 11, 13, 17, 22, 29, 149, 158, 159, 164, 165, 175, 179, 180, 182, 183, 186, 190, 194, 195, 197, 208, 210 – 215

客体 object   3, 5 – 7, 13 – 19, 21, 23 – 31, 36, 38, 40, 46 – 48, 50, 55, 56, 59, 61, 73 – 75, 82, 83, 86, 88, 91 – 93, 96 – 98, 100, 102 – 104, 106, 113, 116 – 119, 124, 127, 130, 135 – 144, 147 – 150, 154, 155, 158, 159, 169, 174, 195, 196, 213, 216, 217, 219, 225 – 228, 230, 232

客体主义 objectivism

客我 me   19, 43 – 48, 50, 52, 54, 55, 182

空间 space   8 – 10, 18, 28, 30, 47, 70, 88, 91, 93, 107 – 109, 128, 145 – 148, 150, 151, 154, 184, 205, 206, 212, 214, 234

L

类型 type   2, 3, 13, 15, 16, 37, 62, 64, 69, 71, 73, 77, 88, 89, 93, 97, 103, 129, 138, 146, 150, 171, 181 – 184, 201, 205, 207, 211, 231, 232

类型化 typification

力比多驱力 libidinal drives   133

理解 understanding   4 – 6, 8, 9, 15, 18, 19, 21, 27, 28, 30, 36, 37, 39, 40, 43, 47 – 49, 52, 54 – 58, 60 – 68, 70 – 75, 78, 80 – 86, 88, 91, 92, 94, 96, 100, 104, 105, 109, 115, 116, 118, 124, 129 – 131, 133 – 135, 138 – 145, 147 – 153, 158, 161, 163 – 165, 170 – 172, 175, 176, 178, 181 – 188, 191, 198 – 201, 203, 206, 207, 209, 210, 214, 215, 217, 218, 220, 221, 224, 226, 227, 232, 233, 235 – 241

理念类型 ideal type   3, 62, 71, 73, 89, 129, 171, 181 – 184, 205, 232

理性 reason 　　3，5，7，9，11，12，18，19，24，28，29，37，43 - 46，48 - 50，60，61，80，90，91，98，99，102，105 - 109，111 - 113，115，116，118，121 - 123，125，134，151，161，166，170，177，183，184，191，193，198，201，204，206，208，211，213，214，229，233，235，236，240，242，243

理性的相对主义 rational relativism

理性化 rationalization

理性行动 rational action

理性选择理论 rational choice theory

理智主义或理性主义 intellectualism

历史的先验性 historical *a priori* 　　23，99，100，102

历史学 history 　　36，99，132，162

利益 interests 　　12，29，37，48，134，137，180，204，206，211，213，233，234

连续性 continuity 　　45，66，132，188，200，206，209，214

M

马克思主义 Marxism 　　24，109，114

媒介 Medium 　　19，25，48，77，109，112，120，124，242

绵延 *durée* 　　64，66，67

面对面 face to face 　　70，73，76，77，94，95，178，181

模 拟 simulation 　　25，81，109，111 - 114，119 - 123，126，196，197

模拟物 simulacra

模拟原则 the principle of simulation

模型 model 　　3，10，21，25，61，79，90，105，109，112 - 114，117，120，121，127 - 130，182 - 185，189，199，201，202，205，206，209，214，215

墨家 Mohist School 　　218，222

目的动机 in-order-to motive 　　65 - 68

N

内时间意识 internal time-consciousness 　　64，66

能动性 activity　54, 67, 74, 82, 87 – 89, 93, 95, 97, 102, 105, 118, 119, 127, 140, 141, 143, 147, 150, 167, 169, 231

能动性作用 agency

能动者 agent　16, 95, 97, 147 – 150, 209

能指 signifier　21, 25, 112 – 114, 118, 120, 125

P

批判理论 critical theory　107, 109, 119, 123, 196, 244

偏见 prejudice　1, 13, 19, 24, 31, 32, 50, 51, 86, 88, 170, 180, 187, 211, 223, 235, 239

普遍主义 universalism　22, 29, 167, 193

谱系学 genealogy　99, 100, 104, 191

Q

启蒙或启蒙运动 the Enlightenment

前现代社会 pre-modern society　109, 122, 123, 137

前意识 pre-consciousness　15, 16, 19 – 21, 54, 68, 94, 122, 154, 217

情境 context　12, 20, 36, 38, 47, 48, 57, 68 – 71, 73, 79, 80, 82, 85, 86, 94, 95, 100, 150, 152, 166, 173, 178 – 184, 192, 199, 202

情境性的 contextual

权力 power　22, 23, 27, 78, 87, 91, 97 – 110, 116, 119, 126, 150, 152, 169, 191 – 193, 196, 212, 213

全球化 globalization　8, 31, 136

区分 distinction　4, 14, 15, 19, 25, 29, 39, 41, 43, 46, 47, 65, 68, 88, 90, 102, 110, 112, 113, 115, 132, 133, 144 – 147, 150, 164, 170, 183, 192, 195, 204, 205, 228 – 230, 232

群体 group　12, 15, 26, 27, 29, 35, 43, 44, 49, 55, 77, 83, 98, 107, 108, 118, 133, 134, 136, 140, 141, 143, 145, 149, 152 – 154, 174, 176, 177, 200, 202 – 204, 206 – 208, 213, 214, 229 – 231, 234, 238, 239

R

人格或个性 personality

人口 population   82，85，97，106，107

人类学 anthropology   7，23，52，102，124，125，174，176，231，236，239，240，242

人文科学 human sciences   22，98，100，102，103，105，107，108，188－193，202

人文主义 humanism   219

人种论 ethnography   186

认识论 epistemology   1－7，10－13，16，17，22，25，28－30，39，58，64，68，78，79，84，98，124，129，130，132，140，149，158，159，161，163－177，179，180，183，185－196，198，203，205－213，216，223，224，227，229，235，239－242，244

认识论断裂 epistemological break

认识论领域 the epistemological field 或 the *episteme*

认知能力 knowledgeability   86，87，89，93－95，97，105，108，109，119，120，132，153，177－179，181－183，185－187，208，211，233，237－239，244

日常生活 everyday life 或 daily life

日常生活批判 the critique of everyday life

儒家 the Confucian school   218，222，224

S

商品 commodity   98，109－111，145

社会化 socialization   19，20，40，41，43，44，46，50，54，55，71，74，77，88，93，95，121，134，141，147，148，152

社会决定论   35，38

社会化或社会联合 sociation/*Vergesellschaftung*

社会化的自我 socialized self

社会科学 social sciences   1，12，13，28－30，85，122，140，147，161－165，167，169－171，176－184，198－203，205，212，213，237－240，244，246，248－250

社会空间 social space   28, 30, 145, 146, 148, 150, 154, 212

社会控制 social control   47, 89 – 91, 118

社会决定论 social determinism   35, 38

社会世界 social world   16, 51, 61, 62, 70, 71, 74, 76, 82, 85, 96, 149, 150, 153, 171, 178, 179, 181 – 183, 200

社会事实 social facts   5, 7, 8, 13, 35, 49, 74, 80, 85, 139, 140, 154, 180

社会行为主义 social behaviorism   46, 49, 55, 135, 175

社会性 sociality   36 – 38, 40, 42, 45, 51, 52, 54, 57, 58, 137, 147, 151, 199, 203

社会学 sociology   1 – 3, 7 – 10, 13 – 18, 22, 24, 26, 29 – 31, 36 – 41, 50, 52, 61 – 64, 68, 70, 76 – 80, 82, 87, 93, 95, 97, 102, 104, 109, 120, 124, 127 – 130, 132, 133, 135, 136, 140, 142, 145, 147, 152, 154, 158, 161 – 165, 167, 174, 180, 185, 186, 188, 192, 198, 199, 202, 203, 205 – 207, 211, 215 – 218, 224 – 226, 229, 232, 235 – 242, 244, 245

社会秩序 social order   79, 80, 82 – 85, 87, 124, 185 – 187

社会秩序的物 the Things of social order

身体 body   28, 65, 75, 84, 97, 98, 103 – 108, 122, 146, 147, 151, 152, 215, 229 – 236, 238, 244

生成的结构主义 genetic structuralism

生活世界 life-world   26 – 28, 62, 69, 72 – 78, 80, 81, 84, 85, 105, 151, 154, 164, 177 – 183, 208

生活世界的对子 Lebenswelt pair

生命权力 bio-power   97, 98, 100, 102, 104 – 107

生平情境 biographical situation   70, 71, 73, 178, 182

生物科学 biological sciences   199, 205

生物学的个体 biologic individual   42

实践 practice   16, 18, 20, 22, 26 – 28, 61, 67, 71, 74, 78 – 87, 89, 92, 94, 95, 98 – 100, 102, 105, 108, 124, 134, 140, 145 – 147, 149 – 153, 178, 186, 187, 204, 210, 211, 214, 215,

226 - 236, 242, 244

实践感 practical sense

实践知识 practical knowledge

实用主义 pragmatism   71, 105, 167, 172, 174 - 177

实在 reality   1 - 8, 10, 11, 13 - 16, 24, 26, 27, 29, 31, 35, 36, 38, 39, 41, 43, 46, 51, 53, 57 - 60, 63, 68, 70, 72 - 76, 78 - 80, 83, 85 - 88, 92, 93, 96, 98, 100 - 103, 110, 111, 113, 116, 117, 119, 124, 125, 130 - 132, 140 - 142, 144 - 147, 150, 153, 154, 161 - 181, 185 - 187, 190, 192 - 194, 196, 197, 201, 208, 210, 212, 213, 219, 225, 230, 232 - 235, 238, 239, 241, 244

实在的建构论 real constructionism

实在论 realism

实在论的真理观 realistic theory of truth

实在论者 realist

实证性 positivity   23, 100, 189, 190, 194, 198

实证主义 positivism   1 - 8, 10 - 13, 16, 31, 37, 79, 161, 163, 164, 166, 176, 177, 180, 184 - 186, 190, 192, 201, 205, 211, 238, 241

实证主义认识论 positivistic epistemology

实证主义者 positivist

时间 time   9, 17, 22, 43, 45, 46, 57 - 59, 64, 66, 68, 70, 99, 101, 108, 115, 128, 129, 131, 132, 135, 138, 145 - 147, 150, 151, 184, 189, 190, 193, 205, 206

时空 time-space   10 - 12, 51, 52, 89, 95, 98, 99, 104, 108, 145, 162, 184, 188, 190, 229, 232, 233

时尚 fashion   119 - 121

事件 event   14, 18, 22, 50, 59, 65, 79, 88, 99, 101, 102, 127, 135, 140, 161 - 163, 166, 172 - 175, 177, 179, 190, 193, 196, 198, 204, 205, 207, 209, 232, 233, 241

视角 perspective   3 - 5, 7, 11, 13, 15 - 18, 22, 30, 35, 36, 38

－41，47，48，50－52，61，62，68，70，71，73，74，76－78，81－83，86，88，93，95－97，99，100，102，104，105，109，117，118，129，132，133，135，136，138，142，143，145－147，149，150，154，158，162－166，168，171－177，182－185，187，190，191，203，205－209，224，233，236，238，240

双重解释 double hermeneutic　　238

说明性理解 explanatory understanding　　36

索引性 indexicality　　80，86

索引性的 indexical

所指 signified　　10，14，18，25，38，45，53，66，83，84，95，110，112－114，118，120，125，129，148，152，158，159，164，185，193，203，214，230，233

T

他们关系 They-relationship　　181

他者 the other

态度 attitude　　5，6，11，12，16，19－22，27，28，38－40，43，44，47，49，50，54－58，63，65－68，72，75，77，78，80，82，87，90，102，104，117，136，151，153，154，159，161，166，170，175－183，185，189，192，199，203，209，221，223，236，238，239

同伴 fellow man　　70－73，75，76，141，182

同时代人 Contemporaries　　70，71，73，142，165，181

统治或支配 domination

投入 involvement　　12，20，29，95，147，186，198，200－208，230，231

透视主义 perspectivism　　9，162，164

突生 emergence　　18，36，42，43，45，46，51－61，173－176，225

突生的 emergent

W

完全人性化的自我 all-too-human selves　　20，88

唯我论 solipsism   4, 30, 63, 70

唯物论或唯物主义 materialism

唯心论或唯心主义 idealism

文化 culture   8, 14, 18, 21, 22, 24－27, 42, 43, 46, 48, 70, 72－74, 79, 83, 86, 95, 100, 108, 110, 112, 114, 118, 121, 123－125, 146, 150, 161－163, 179, 188, 190, 191, 197, 198, 214, 217, 236, 237, 240

文化主义 culturalism

文明 civilization   88, 132－134, 136, 137, 140, 198, 202, 203, 209, 217

我们关系 We-relationship   70, 71, 73, 76, 77, 143, 178, 181

无意识 the unconscious   19, 20, 22, 24－28, 53, 54, 64, 65, 68, 94, 103, 104, 108, 109, 112, 117, 118, 121, 122, 125, 133, 134, 136, 151－153, 217

物理科学 physical sciences   22, 189, 199, 201, 205

误识 misrecognition   27, 117, 136, 152, 153, 210, 213

X

习性 habitus   27－29, 133, 134, 145－153, 209, 210, 214, 239

细节 details   7, 79－81, 84, 85, 95, 104

戏剧理论 dramaturgical theory   18, 93－95

系统 system   24, 28, 49, 51－53, 55, 57－59, 90－93, 99, 100, 103, 111, 112, 114－121, 124－126, 128, 129, 132, 145, 149, 152, 176, 185, 189, 192, 196, 199, 206, 218, 224, 242

先验主义或先验论 transcendentalism

先验现象学 transcendental phenomenology   62, 63

先验自我 transcendental ego   4, 63, 137

现代社会 modern society   5, 14, 89, 97, 105－107, 109, 122, 123, 136－138, 140, 244

现代性 modernity   5, 32, 89, 105, 109, 115, 116, 119－124, 177, 189, 192, 195, 196, 217

现实原则 reality principle   111, 113, 122

现象学 phenomenology   4，18，21，23，26，62 – 64，66，68，71，74，77 – 83，87，105，117，146，148，151，177，180，186，243

现象学的心理学 phenomenological psychology

现象学社会学 phenomenological sociology

相对主义 relativism   6，8 – 10，12，13，16，21，29，30，107，113 – 115，123，124，135，158，159，162，165 – 167，169，172，174，190，195，196，202，203，206，207，211 – 213，223，232，233，235，239

想象 imagination   4，9，12，20，24，25，28，36，64，79，90，93，96，98，105，109，110，113，114，116，117，119，121 – 124，126，131，134，142，162，169，176，180，184，206，208，212，218，219，228，230

象征 the symbolic   18，24，29，57，79，109，111，124 – 126，146，151

象征交换 symbolic exchange

消费 consumption   8，24，25，48，109 – 111，113，115 – 121，197

消费者 consumer

消费社会 consumer society

消费文化 consumer culture

新康德主义 neo-Kantianism   162，163，165

心理学 psychology   2，37，63，136，171

心灵 mind   1，3，6，7，18，19，27，37，41，43 – 46，48 – 54，58，59，62，68，72，74，76，85，108，140，143，165，173，175，176，179，215，219 – 221，225

信念 doxa 或 belief   3，16，28，29，86，94，102，151 – 153，179，182，210，227，228，234 – 238

行动 action   1，3，6，13，15，18，20，21，27，28，30，35 – 39，41，44，49，54 – 56，59，62 – 69，71 – 75，82 – 88，94 – 96，98，101，103，105，108，117，118，130，136，138，140，141，146，148，166，175，178，179，181 – 184，214，228，229，234，237，238，244

行动者 actor   36

行为主义 behaviorism   46，49，54，55，135，175

形而上学 metaphysics   7，9，11，23，36，50，52，56，57，59，70，95，101，110，113，129，138，169，173，175，194，195，202 － 204，218，232，240，243

形式分析 formal analysis   79 － 81，83，84，102，185，186，214

形态 figuration 或 configuration   2 － 4，13，25 － 27，29，38，70，104，108 － 112，119，121，122，127，129，130，132，133，135，136，138 － 140，142，146，154，174，191，194 － 196，199，203 － 207，211，214，219，232，235，239，240，242

虚无主义 nihilism   11，12，25

需要 needs   1，2，15，19，20，24，31，41，62，63，75，79，94，95，97，104，106，107，112，117，118，136 － 138，140，144，152，165，171，184，191，194，204，209，214，217，220，228，229，231，233，234

选择 choice   3，10，35，45，54，67，69，104，128，144，146，148，159，162 － 164，167，175，179，182，183，194，197，199，201，204，217，224，233

Y

一般化他人 the generalized other   44，49

异化 alienation   24，91，109，110，116，120，123，125，221

意识 consciousness   7，9，11，12，15，16，18 － 22，24 － 28，30，35，36，38，40，41，43 － 46，51 － 54，59 － 68，70，71，75，77，78，87，94，100，103，104，108 － 112，117 － 119，121 － 123，125，128，129，131，133，134，136，142，146，147，149 － 154，178 － 180，183，189，191，194，195，197，198，202 － 206，209，210，212，215，217，223，226，229，230，234，237，241，242

意识行为或意向体验 Act/Akt

意识哲学 philosophy of consciousness

意识形态 ideology

意外后果 unintended consequences   7，54，134，135，140

意向性 intentionality　　37，66，71，74，107

意义 meaning　　3，5 – 7，9，11，12，14 – 16，18，19，21，25 – 28，31，35 – 38，40，42，44，45，47 – 81，83 – 91，94，98，99，103 – 107，110 – 117，119 – 121，123 – 125，129，131，132，136，137，139，142，145 – 148，153，154，158，161 – 166，168，170 – 175，177 – 186，188，189，191，195 – 197，199，201，204 – 208，210，217 – 219，222，225，226，228 – 241，244

意义充分 adequacy on the level of meaning 或 meaning-adequacy

意义情境 context of meaning

意义域 provinces of meaning

因果充分 causally adequate 或 causal adequacy　　37，184

因果决定论 causal determinism　　3

因果关系 causality　　11，100，136，163，174，198，205

因果说明 causal explanation　　3，187

印象 impression　　20，66，88，93，94

有机体 organism　　18，35，38，40，52 – 57，59，60，174 – 176，199，230

有教养的行动或被指导的行动 instructed action

语言 language　　14，18 – 23，26，44，52 – 55，73，75，76，78，79，86，90，112，114，120，136，138，141，153，167，189，191 – 193，205，213 – 215，219，224，228，231，236，243，244

语言本体论 ontology of language

语言学 linguistics

预存 protention　　66，67

预期的意义 intended meaning　　68

欲望 desire　　3，27，136 – 138，147，233

元语言 meta-language　　114

原因动机 because-motive　　68，69

原子论 atomism　　128

约束 constraint　　8，24，27，35，38，74，94，95，97，105，111，118，127，134，137，138，147，203，213，220

Z

再现 representation   3，6，25，78－81，83－85，113，155，180，185，186，205，206，214

哲学 philosophy   3，5－7，9－11，13，14，18－23，26，30，41，43，51，54，63，68，94，101，103，104，107，122，123，136，145，146，151，162，164，167，175，176，188，189，191－194，202－204，206，212，218，237，242－244

真理 truth   3，5，6，9－11，31，101，102，108，109，125，165－168，175，177，184，190－192，202－204，206，235，236，241

整体论或整体主义 holism

知识 knowledge   3，10－12，22，23，26，28－30，67－71，73，74，78，91，97－101，103－105，107，108，133，140，146，147，152，159，165，166，168，174，175，177－184，189－193，195，196，199，201－208，210－216，227，228，235，236，238－241

知识社会学 sociology of knowledge

智能 intelligence   18，19，44，174

秩序 order   7，10，21，24，25，28，43，52，78－87，92，93，95，108，110－112，115－118，120，121，123，124，126，130，132，135，150，152，159，165，185－187，191，195，196，204，206，214，218，220，225

主观结构 subjective structure   28，148，150－152

主观性 subjectivity   3，6，29，41，54，74，81，82，86，148，149，153，161，162，165，168－170，172，176－181，202，204，205，207，208，212，222

主观意义 Subjective meaning   36－38，64－69，71，73，178－182，184

主观主义 subjectivism   6，30，149，158，159，165，195，196，208，210－212，223，224，239

主体 subject   3－7，9，13，15－19，21－24，27，28，30，35－43，46－48，50，54，62，63，65－77，81－83，86－89，93，95－104，106－110，112，113，116－119，123，124，127，130，136，

137, 139, 140, 146 – 148, 150, 151, 154, 155, 158, 159, 165, 167 – 169, 171, 176, 177, 182, 183, 187, 191, 195, 199, 203 – 205, 212, 213, 219, 225, 228, 230 – 232

主体间性 inter-subjectivity

主体性 subjectivity

主体主义 subjectivism

主体主义的哲学人类学 philosophical anthropology of subjectivism

主我 I 或 ego   19, 42 – 44, 46 – 48, 50, 55, 182

资本主义 capitalism   8, 10, 14, 24 – 26, 31, 105 – 107, 109, 112 – 116, 120, 122, 123, 126, 140, 146, 195 – 197

姿态 gesture   19 – 21, 39, 44, 49, 53, 57, 96, 135, 150, 152, 159, 166, 177, 178, 189, 194, 217, 232, 236

自然 nature   1, 5, 7, 9 – 12, 14, 18, 19, 21, 22, 24, 26 – 29, 41 – 43, 45, 46, 51 – 53, 55, 61, 63, 65, 66, 70, 72, 75, 77, 78, 81, 87, 91, 96, 100, 108, 110, 111, 113, 117, 119, 124, 131, 133, 134, 136 – 138, 140, 151 – 154, 161 – 163, 165, 167, 169 – 174, 176, 178 – 183, 194, 198 – 202, 204 – 206, 212, 213, 218, 220, 221, 223 – 226, 228, 232, 233, 237 – 240, 243

自然主义 naturalism

自然科学 natural sciences

自然态度 natural attitude

自我 ego   4, 11, 13, 14, 16, 19 – 21, 25, 26, 37, 43 – 52, 54, 60, 62 – 64, 68, 70, 72, 76, 77, 88 – 93, 95, 98, 108 – 111, 114, 116, 117, 123, 125, 129, 133, 136 – 139, 143, 149, 151, 176, 182, 187, 190, 201 – 203, 219, 221, 223, 229, 231, 241

自我 self   4, 11, 13, 14, 16, 19 – 21, 25, 26, 37, 43 – 52, 54, 60, 62 – 64, 68, 70, 72, 76, 77, 88 – 93, 95, 98, 108 – 111, 114, 116, 117, 123, 125, 129, 133, 136 – 139, 143, 149, 151, 176, 182, 187, 190, 201 – 203, 219, 221, 223, 229, 231, 241

自我意识 self-consciousness

自由 freedom   7 – 9, 36, 43, 75, 88, 92, 93, 105, 115, 116,

119，121，140，141，143，146，148，167，220，225

自由意志 free will

自由主义 liberalism

总体性 totality　　24，87－93，96，97，105，109，110，114，116，
117，119，124，141，150，188，192

总体性机构 total institutions

组织 organization　　38，42，47，48，54，55，86，89，92，93，
115，129，136，147，150，154，166，167，170，174，179，
194，199

人名索引

（以汉语拼音字母顺序排列）

A

埃利亚斯 Elias, Norbert　12, 17, 26 - 30, 127 - 151, 154, 198 -
209, 211 - 213, 240, 243, 244

艾伦 Allen, Brenda J.

B

巴尔特 Barthes, Roland　18, 125, 197, 242

巴什拉 Bachelard, Gaston　10, 11, 132, 163, 164, 188, 206, 211

巴塔耶 Bataille Georges　109

贝尔特 Baert, Patrick　1, 3, 13, 48, 54, 87, 186, 242

本雅明 Benjamin, Walter　112

伯格 Berger, Peter L.　78

柏格森 Bergson, Henri　62, 64, 66

博曼 Bohman, James

波斯特 Poster, Mark　8, 242

布迪厄 Bourdieu, Pierre　14, 17, 18, 26, 28 - 30, 78, 100, 134,
145 - 154, 209 - 215, 239, 240, 242

布尔 Burr, Vivien　2

布希亚 Baudrillard, Jean　17, 21, 24 - 27, 30, 96, 109 - 126,
144, 153, 159, 194 - 197, 207, 208, 223

C

陈鼓应　218, 219, 221 - 224, 242

D

德塞托 de Certeau, Michel　92

笛卡尔 Descartes, René　3 – 11, 13, 14, 19, 23, 29, 31, 32, 42, 50, 54, 56, 61, 103, 115, 116, 140, 148, 150, 151, 154, 155, 191, 205, 216 – 218, 220, 225, 226, 242, 243

迪蒙 Dumont, Louis　7, 242

杜威 Dewey, John　175

F

凡勃伦 Veblen, Thorstein　112

冯友兰　220, 223, 242

福柯 Foucault, Michel　17, 21 – 24, 27, 30, 78, 89, 91, 96 – 110, 116, 119, 122, 130, 132, 134, 144, 151, 159, 169, 188 – 194, 196, 198, 202, 206, 208, 209

弗洛伊德 Freud, Sigmund　133, 136

G

甘恩 Gane, Mike　114, 242

戈夫曼 Goffman, Erving　16, 18, 20, 88 – 97, 105

葛兆光　220, 242

H

哈贝马斯 Habermas, Jürgen

哈耶克 Hayek, Friedrich A.　1, 5, 7, 242

海德格尔 Heidegger, Martin　9, 10, 21 – 23, 26, 29, 67, 101, 118, 164, 243

黑格尔 Hegel, Georg Wilhelm Friedrich　9, 126, 243

亨普尔 Hempel, Carl G.　1, 11, 12, 166, 243

胡塞尔 Husserl, Edmund　4, 26, 62 – 64, 66, 71, 74, 78, 105, 164, 180, 243

华康德 Waacquant, Loïc　14, 146, 149, 211 – 213, 215, 242

华生 Waston, J. B.　46

霍克海默 Horkheimer, Max　202

J

吉登斯 Giddens, Anthony　　17, 21, 26, 78, 95, 238, 243

基尔明斯特 Kihninster, Richard　　26, 243

伽达默尔 Gadamer, Hans-Georg　　164

加芬克尔 Garfinkel, Harold　　16, 18, 21, 78–87, 185–187, 243

蒋南华　　220, 222, 243

杰伊 Jay, Martin　　202, 243

K

卡西尔 Cassirer, Ernst　　145

凯尔纳 Kellner, Douglas　　24, 109, 243

康德 Kant, Immanuel　　7, 9, 14, 19, 23, 36, 41, 42, 131, 136, 140, 146, 149, 151, 162, 163, 165, 167–170, 174, 203, 208, 211–213, 215, 242, 243

科隆 Coulon, Alain

孔德 Comte, Auguste　　1, 5, 7

孔子　　220, 221

L

老子　　218, 219, 221–224, 242

列斐伏尔 Lefebvre, Henri　　109, 117–120, 197, 244

洛克 Locke, John　　56

卢克曼 Luckmann, Thomas　　78

罗尔斯 Rawls, An Warfield　　79, 82, 185, 243

罗素 Russell, Bertrand　　5, 6, 243

罗书勤　　243

M

马克思 Marx, Karl　　9, 10, 14, 24, 105, 107, 109, 112, 114, 116, 126, 146, 147, 191, 197, 202, 243

马尔库塞 Marcuse, Herbert　　117

麦克卢汉 McLuhan, Marshall　　25, 112, 124, 197

曼海姆 Mannheim, Karl　　202

梅洛—庞蒂 Merleau-Ponty, Maurice　　26, 74

门内尔 Mennell, Stephen　26，243

孟子　220，221，244

米德 Mead, George Herbert　5，9，11，14，16，18－21，42－62，74，80，86，88，92，102，135，172－177，237，243

墨顿 Merton, Robert K.　202

墨菲 Murphy, Arthur E.

墨子　222，245

N

尼采 Nietzsch, Friedrich　9，103，104，107，109，151，159，162，164，165，197，243

倪梁康　67，243

牛顿 Newton, Isaac　10，11，128，176，205，209

P

帕森斯 Parsons, Talcott　5，35，41，79，80，128，244

帕斯卡尔 Pascal, Baise　9

皮佐尔洛 Pizzorno, Alessandro

Q

齐美尔 Simmel, Georg　14，16，19，20，39－41，43，52，62，88，92，105，141，165－172，242，244

齐瑞端　222，245

S

萨特 Sartre, Jean-Paul　116

舍勒 Scheler, Max　76

史密斯 Smith, Dennis　132，134，244

斯宾诺莎 Spinoza, Baruch de　9，244

斯考特森 Scotson, John L.

索绪尔 Saussure Ferdinand de　14，21，112，124

T

涂尔干 Durkheim, Emile　1，5，7，8，35，38，49，74，80，105，116，131，138－140，244

W

王文锦　222，244

韦伯 Weber, Max　36 – 39，62 – 65，68，71，73，89，105 – 107，115，116，129，161 – 165，167，171，172，180，183，184，204，244

维特根斯坦 Wittgenstein, Ludwig　2，18，26，151

沃尔什 Walsh, George

沃特斯 Waters, Malcolm　16，244

X

谢立中　16，244

休谟 Hume, David　3，4，9，131，136

许茨 Schutz, Alfred　16，18，62 – 78，86，153，177 – 186，194，211，214，215，233，244

荀子　220，222，224，243

Y

亚历山大 Alexander, Jeffrey C.　149，244

杨伯峻　220 – 222，244

杨寒清　243

叶启政　7，14，18，52，244

Z

郑震　6，7，9，13，15，18，19，22，24，61，68，97，100，103 – 106，118，122，123，144，145，151，159，209，226，244

周才珠　222，245

庄子　115，218，219，221 – 224，242

后　记

　　长期以来建构主义的问题一直萦绕在我的心头，可以说我的所有研究都无一例外地涉及建构主义的问题。2010 年我获批教育部社会科学基金青年项目"当代西方社会学中的建构主义思潮研究"，从而以此为契机尝试结合西方社会学理论来讨论建构主义的问题，尽管这并非是对建构主义问题的直接阐发，但也不失为一种富有启发的迂回路径。2013年上半年我一鼓作气写出本书的初稿，之后几经修订终于今年年初得以付梓，至此也算是为我近年来的思考给出了一个交代。

　　至于本书的顺利出版，不能不感谢北京大学社会学系的谢立中教授和南京大学社会学系的周晓虹教授的大力推荐，感谢他们所给予我的支持和信任。与此同时还要感谢中国社会科学出版社的编辑王茵博士为本书的出版所做出的辛勤且卓越的工作。

郑震

2014 年 7 月 6 日于南京